公共事务与国家治理研究丛书·研究报告系列

有为与可为：
积极应对人口老龄化的服务维度探索
——立足江苏的研究

高传胜　王雅楠　宋佳莹　等　著

南京大学出版社

图书在版编目(CIP)数据

有为与可为：积极应对人口老龄化的服务维度探索：立足江苏的研究 / 高传胜等著. —— 南京：南京大学出版社，2023.12

ISBN 978-7-305-27416-9

Ⅰ.①有… Ⅱ.①高… Ⅲ.①老年人－社会保障－研究－江苏 Ⅳ.①D669.6

中国国家版本馆 CIP 数据核字(2023)第 237939 号

出版发行	南京大学出版社
社　　址	南京市汉口路 22 号　　邮　编　210093
书　　名	有为与可为:积极应对人口老龄化的服务维度探索 　　　　——立足江苏的研究 YOUWEI YU KEWEI：JIJI YINGDUI RENKOU LAOLINGHUA DE FUWU WEIDU TANSUO ——LIZU JIANGSU DE YANJIU
著　　者	高传胜　王雅楠　宋佳莹　等
责任编辑	陈蕴敏
照　　排	南京南琳图文制作有限公司
印　　刷	南京玉河印刷厂
开　　本	635 mm×965 mm　1/16　印张 20　字数 270 千
版　　次	2023 年 12 月第 1 版　2023 年 12 月第 1 次印刷
ISBN	978-7-305-27416-9
定　　价	80.00 元

网址：http://www.njupco.com
官方微博：http://weibo.com/njupco
官方微信号：njupress
销售咨询热线：(025) 83594756

* 版权所有，侵权必究

* 凡购买南大版图书，如有印装质量问题，请与所购
　图书销售部门联系调换

本书为

江苏省社会科学基金重大项目
"江苏实施积极应对人口老龄化战略与基于老龄服务业
高质量发展的对策研究"
(21ZD010)
国家社会科学基金重点项目
"民生服务领域实施供给侧结构性改革研究"(22AZD037)
成果

总序

在人类文明体系演进中,政治共同体的良善治理始终是衡量文明发展水平和程度的标尺。在中华民族源远流长的历史中,形成了丰厚的治理文明传统,至今依然熠熠发光。在近现代基于文明互鉴的治理实践中,中华民族不断探索新的治理文明道路。时至今日,在中华民族伟大复兴背景下,推进国家治理体系现代化成为时代发展的主题。推进国家治理体系和治理能力现代化,就是为人民幸福安康、为社会和谐稳定、为国家长治久安提供一整套更完备、更稳定、更有效的制度体系并构建其实践能力。这既是历史发展的主题,也是当今中国社会科学的时代责任,探究合法性和有效性兼备的治国理政知识,无疑是政治学和公共管理的根本旨趣。

在国家"双一流"建设背景下,南京大学确立了创建具有中国特色、南大风格的世界一流大学的总体目标,其中包括"国家治理现代化"学科高峰和"理论创新与社会治理"特色学科群建设计划。为高水平实现这些目标,南京大学以政府管理学院为主体组建了"公共事务与国家治理"学科群。本学科群以人类社会发展中的公共事务及其规律为基本关怀,研究国家治理与全球治理中的理论及实践问题,探索良政善治之道,全面服务于推进国家治理体系和治理能力现代化的总体目标。

南京大学政府管理学院脱胎于1921年成立的国立中央大学政治学系,历经百年沧桑,她既见证了中国现代国家治理体系的形成过程,又致力于通过对国家治理的知识创造积极参与到中国现代国家治理体系的建构之中。"周虽旧邦,其命维新",经过数代学人的不懈努力,南京大学政府管理学院形成了"道器相济,兼有天下""真诚研究、立德树人"的文化传承,确立了基础理论原创性研究和应用问题引领性研究的学术布局;在新时代社会科学发展进程中,南京大学政府管理学院正在成为科研力量雄厚、学术特色显著、传承紧致有序、发展充满朝气的国家治理现代化的研究和教学机构。

南大校歌云:"吾愿无穷兮,如日方暾。"创新性地开展国家治理现代化的研究,是政治学和公共管理的使命和挑战,呈现在读者面前的这套丛书,是我们研究国家治理现代化的学术成果。我们由衷期待这套丛书成为我们与学术界开展对话和交流的平台,并期待与学界同仁一道为探究国家治理现代化的中国话语做出贡献。

目录

总 论

第一章 积极应对人口老龄化、推进老龄服务业高质量发展的江苏探索 ………………………………………………… 3
 一、积极应对人口老龄化的重要意义 …………………… 3
 二、江苏积极应对人口老龄化的实践探索与阶段性成绩…… 10
 三、积极应对人口老龄化、促进老龄服务业高质量发展的可为空间 ……………………………………………………… 22
 四、积极应对人口老龄化、促进老龄服务业高质量发展的着力方向 ………………………………………………………… 33

分 论

第二章 人口老龄化对经济发展的影响：兼论社会保障支出的作用 ………………………………………………………… 41
 一、引言 ……………………………………………………… 41
 二、文献综述 ………………………………………………… 43
 三、人口老龄化影响经济发展的学理分析 ……………… 46

四、经济发展测度与数据来源……………………………… 52
五、人口老龄化影响经济发展的模型设定与数据来源……… 56
六、人口老龄化影响经济发展的实证分析…………………… 58
七、人口老龄化影响社会保障支出与经济发展的实证分析
…………………………………………………………… 64
八、结论与政策建议…………………………………… 73

第三章 严峻的人口形势下家庭生育支持政策建设 ………… 77
一、严峻的人口形势,要求加强家庭生育支持政策建设 …… 78
二、家庭生育支持政策建设的进展与可为空间……………… 83
三、家庭生育支持政策建设面临的突出问题………………… 90
四、家庭生育支持政策建设的国内外先行做法……………… 98
五、加强家庭生育支持政策体系建设的思路与建议 ……… 103

第四章 少子老龄化形势下托育服务高质量发展的几个问题
………………………………………………………………… 108
一、严峻的少子老龄化形势,要求加快推进托育服务高质量发展
…………………………………………………………… 109
二、就业人口连续下降的趋向,要求托育服务走专业化发展道路
…………………………………………………………… 112
三、适应多层次、多元化需求,推进托育服务包容性发展与治理
…………………………………………………………… 116
四、顺应托幼一体化发展,实行以教育部门为主的行政管理体制
…………………………………………………………… 124
五、深化"放管服"改革,实行包容审慎性监管,保障服务安全科学 ……………………………………………………… 130

第五章　老龄服务分类协同发展与社会企业参与 ……………… 135
　　一、积极应对人口老龄化，必须推进老龄服务业分类协同发展 ………………………………………………………………… 135
　　二、社会企业的生成逻辑与为中低收入群体提供老龄服务的独特优势 …………………………………………………… 139
　　三、社会企业参与江苏老龄服务供给的可行条件与障碍因素 ………………………………………………………………… 144
　　四、社会企业参与老龄服务的国内外先行做法与实践经验 ………………………………………………………………… 149
　　五、推进社会企业发展并积极参与老龄服务供给的政策建议 ………………………………………………………………… 154

第六章　老龄服务业"放管服"改革：为何与何为 ……………… 158
　　一、人口老龄化持续深化，凸显养老难与贵问题 ………… 158
　　二、破解"养老难"，必须动员各方面社会资源 …………… 160
　　三、激发社会资本活力，必须推进"放管服"改革 ………… 162
　　四、老龄服务业"放管服"改革政策及其可深化空间 …… 165
　　五、构建包容性制度，促进老龄服务业全面发展 ………… 169

第七章　健康老龄化视域下老年健康服务高质量发展 ……… 172
　　一、健康老龄化：积极应对人口老龄化的重要视角 ……… 172
　　二、推进老年健康服务高质量发展的重要意义 …………… 174
　　三、推进老年健康服务高质量发展的实践探索与阶段性成绩 ………………………………………………………………… 179
　　四、老年健康服务高质量发展面临的突出问题 …………… 181
　　五、推进老年健康服务高质量发展的政策建议 …………… 190

第八章 医养结合,何以推进? ········· 195
一、医养结合是推进健康老龄化的必然要求 ········· 195
二、医养结合的实践探索与基本模式 ········· 197
三、医养结合服务发展面临的突出问题 ········· 199
四、医养结合的国内外探索与先进做法 ········· 205
五、进一步推进医养结合服务发展的政策着力点 ········· 208

第九章 老年长期照护服务的需求生成、供需失衡与治理思路
········· 212
一、高质量发展长期照护服务:积极应对人口老龄化的客观需要
········· 213
二、老年长期照护服务需求的生成逻辑:基于脆弱性视角
········· 213
三、发展老年长期照护服务的江苏实践探索与阶段性成绩
········· 220
四、老年长期照护服务的供需失衡及其成因 ········· 228
五、老年长期照护服务供需失衡的治理思路 ········· 237

第十章 积极老龄化视角下老年教育发展 ········· 242
一、发展老年教育、积极应对人口老龄化具有重要意义 ········· 242
二、江苏老年教育发展的基本状况与地方性积极探索 ········· 246
三、江苏老年教育发展面临的突出问题 ········· 253
四、国内外发展老年教育的先行做法 ········· 257
五、促进江苏老年教育发展的对策建议 ········· 260

第十一章 农村人口老龄化形势下养老资源供需矛盾及其破解
········· 264
一、江苏农村人口老龄化形势分析 ········· 264

二、人口老龄化给江苏农村养老带来的挑战分析 ………… 266

三、江苏农村养老资源供给面临的主要问题 …………… 268

四、加强养老资源有效供给的政策建议 ………………… 274

第十二章 严峻的人口老龄化趋势下社会保障制度如何深化改革？

………………………………………………………… 280

一、严峻的人口老龄化形势要求推进社会保障制度改革优化

………………………………………………………… 281

二、现收现付制社会保险费率调整与制度深化改革 ……… 283

三、完全积累制社会保险的功能缺陷与深化改革 ………… 286

四、部分社会保障制度逆周期调节功能及其增强 ………… 289

五、以改革推进社会保障与经济发展良性互动发展 ……… 294

参考文献 ………………………………………………… 296

后　记 …………………………………………………… 305

总 论

第一章 积极应对人口老龄化、推进老龄服务业高质量发展的江苏探索*

相较于全国,江苏不仅人口老龄化来得更早,目前程度更高,而且整个人口形势也更加严峻,因而,全面实施积极应对人口老龄化国家战略,加快推动老龄服务业①实现以需求为导向的高质量发展,不仅是切实保障"老有所养"、实现家庭和谐和社会安定的现实需要;也是促进我国人口长期均衡发展、实现经济社会持续协调健康发展和推进国家治理现代化的战略要求。为此,需要系统研判江苏人口形势变化的总体趋势,分析江苏积极应对人口老龄化的实践探索与业已取得的阶段性成绩,然后在此基础上,进一步探寻未来的可为空间与着力方向,尤其是促进老龄服务业高质量发展的可行方向与政策着力点。

一、积极应对人口老龄化的重要意义

(一) 江苏面临比全国更加严峻的人口老龄化形势

如图1-1所示,以65岁及以上人口占总人口的比例看,全国在

---

* 本章部分内容参见:高传胜.积极应对老龄社会的规则与政策研究[M]//老龄文明智库.老龄文明蓝皮书2022.南京:江苏人民出版社,2023:191-213.

① 老龄服务即为老服务,就是满足老人各方面需求的服务的总称,其中涉及老有所养、老有所医、老有所学、老有所为、老有所乐等诸多方面的服务。老龄服务业则是为老服务提供者的集合,其中既包括以企业为主体的营利性服务产业,也包括以社会组织为主体的非营利性服务事业,还包括以公立机构为主体的公益性公共服务部门。

2001年才超过7%,正式迈入国际口径的"老龄化社会"(ageing society),而江苏则早在1991年便达到7.51%,比全国早了10年进入老龄化社会。2021年,全国老龄人口占比已经升至14.20%,意味着正式进入国际口径的"老龄社会"(aged society),而如果按常住人口算,江苏则早在2018年便达到14.30%,比全国早了3年进入老龄社会,2021年江苏老龄人口比例更是上升至17.04%,比全国平均水平高出近3个百分点。不仅如此,在全国省级地区中,江苏人口老龄化程度亦位居前列,根据2020年第七次全国人口普查数据,江苏高居第5位。

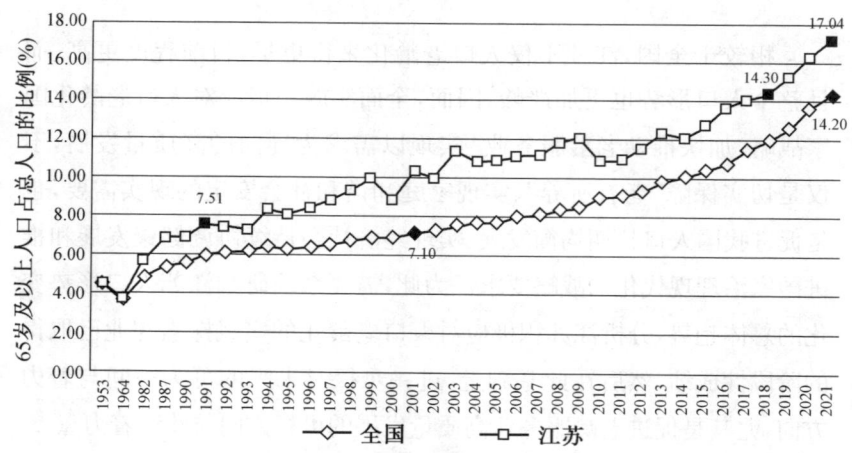

图1-1 人口老龄化趋势:江苏与全国

数据来源:相应年份《中国人口统计年鉴》《中国人口和就业统计年鉴》和2021年全国与江苏省《国民经济和社会发展统计公报》。

(二)严峻的人口老龄化,同时叠加严重的少子化

人口老龄化水平的稳步上升,一方面与经济社会发展水平不断提高带来的人均预期寿命不断延长有着很大关系,另一方面也与少子化直接相关。

首先,江苏的人均预期寿命一直在不断延长,而且一直高于同期全国平均水平。如图1-2所示,江苏的人均预期寿命已经由1990

第一章 积极应对人口老龄化、推进老龄服务业高质量发展的江苏探索 5

年的 71.37 岁延长至 2020 年的 79.32,而且,无论是 1990 年、2000 年,还是 2010 年、2020 年,江苏人均预期寿命都比全国平均水平要高,高出的幅度介于 1~3 岁之间,其中 2020 年高出了 1.39 岁。

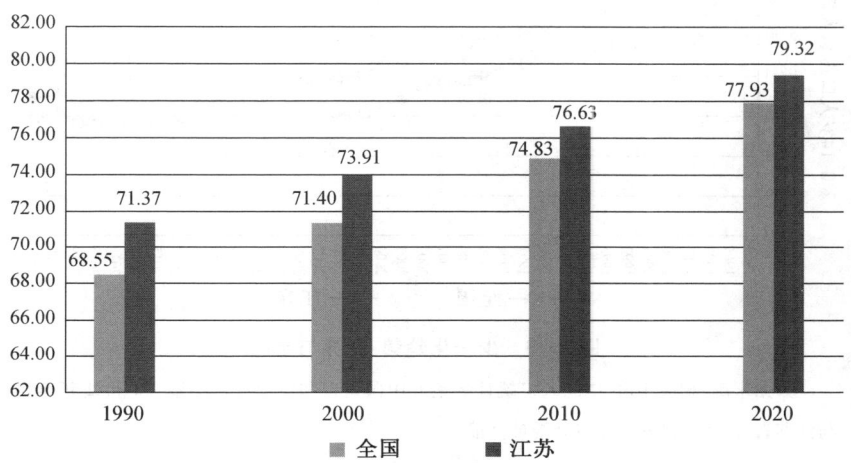

图 1-2 人均预期寿命:江苏与全国

数据来源:《中国人口和就业统计年鉴—2021》。

其次,跟人口老龄化类似,江苏的少子化不仅比全国来得早,而且目前程度也更加严重。如图 1-3 所示,全国是在 2006 年 0~14 岁人口占总人口的比例降至 19.80%,低于 20%,进入国际口径的"少子化"阶段,而江苏则早在 1999 年便进入了"少子化"阶段,比全国早了 7 年;2010 年全国少儿比例降至 16.60%,低于 18%,进入"严重少子化"阶段,而江苏则是早在 2003 年便进入了"严重少子化"阶段,同样是早了 7 年;此后,全国的少儿占比略有上升,2020 年上升至 17.90%,而 2021 年又微降至 17.50%,总体上仍然处于"少子化"阶段,而江苏在 2006 年便进一步下降至 14.97%,低于 15%,已经进入"超少子化"阶段。因此,就总体上而言,江苏的少子化形势明显要比全国更加严峻。

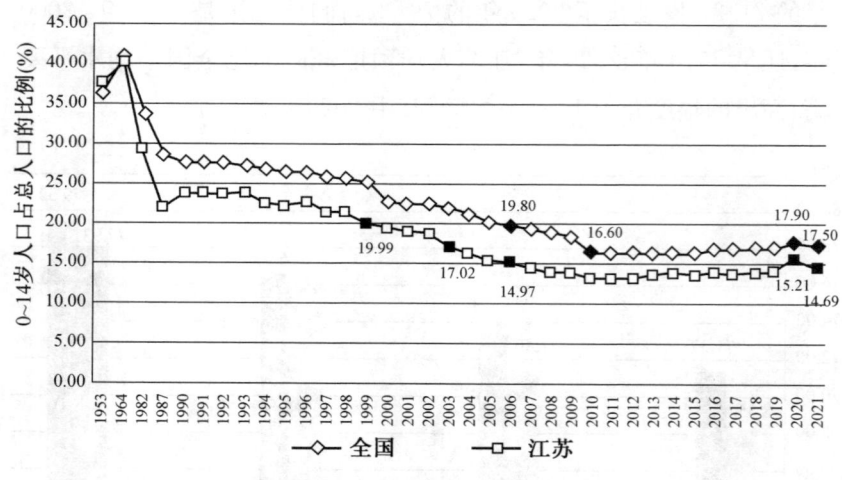

图1-3 少子化趋势:江苏与全国

数据来源:相应年份《中国人口统计年鉴》《中国人口和就业统计年鉴》和2021年全国与江苏省《国民经济和社会发展统计公报》。

少子老龄化,与人口出生率、自然增长率持续走低(分别如图1-4和图1-5所示)有着直接关系,而且人口出生率不断降低是少子化的直接原因与重要表征之一。如图1-4所示,尽管改革开放以来,我国人口出生率有所波动,但自20世纪90年代以来,下降趋势总体上还是比较明显的。从全国来看,1999年已经下降至14.64‰,低于15‰,处于"少子化"水平;2002年则进一步下降至12.86‰,低于13‰,处于"严重少子化"水平;2010年之后虽然再次出现了起伏,但至2018年仍然进一步下滑至10.86‰,低于11‰,处于"超少子化"水平,到2021年,已经进一步降至7.52‰,创下历史上阶段性新低。相较于全国,江苏的人口出生率则更加不容乐观,不仅更早地进入"少子化"阶段,而且很快越过"严重少子化",加速进入"超少子化"阶段。如图1-4所示,1998年江苏便进入了"超少子化"阶段,比全国提前了20年,2021年江苏不仅降至历史极低水平,而且比全国水平低了1.82个千分点,这再次印证江苏少子化形势比全国更加严峻的基本判断。正因为江苏人口出生率已经处于非常低的水平,2021年人口自然增长率首次出现了负数,为-1.1‰,具体参见图1-5。

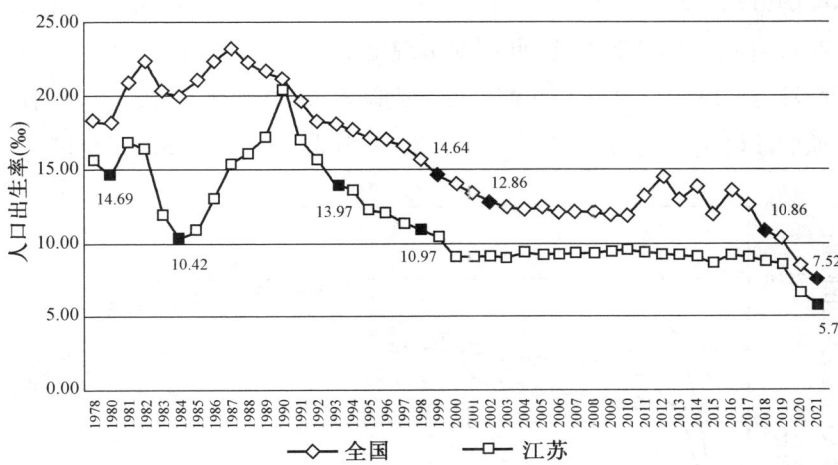

图1-4 人口出生率变化趋势:江苏与全国

数据来源:《中国统计年鉴—2021》《江苏统计年鉴—2021》和2021年全国与江苏省《国民经济和社会发展统计公报》。

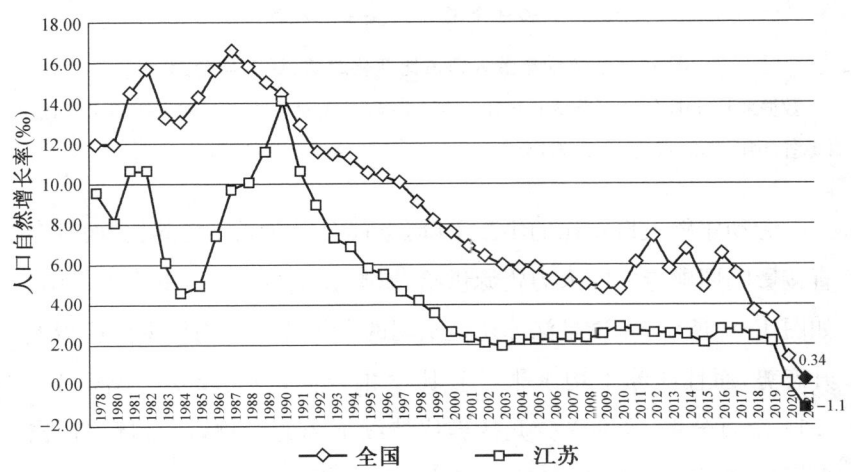

图1-5 人口自然增长率变化趋势:江苏与全国

数据来源:《中国统计年鉴—2021》《江苏统计年鉴—2021》和2021年全国与江苏省《国民经济和社会发展统计公报》。

(三)劳动年龄人口占比不断下降凸显人口形势严峻性

实质上,使江苏乃至全国少子老龄化问题更加凸显的是,15~64岁的劳动年龄人口在总人口中所占的比例已经在2010年(全国)、2011年(江苏)达到波峰,此后便呈现出明显的下降趋势。如图1-6所示,到2021年全国和江苏已经分别降至68.30%和68.27%,而前期的波峰则分别为74.50%和76.20%,江苏的降幅明显高于全国。

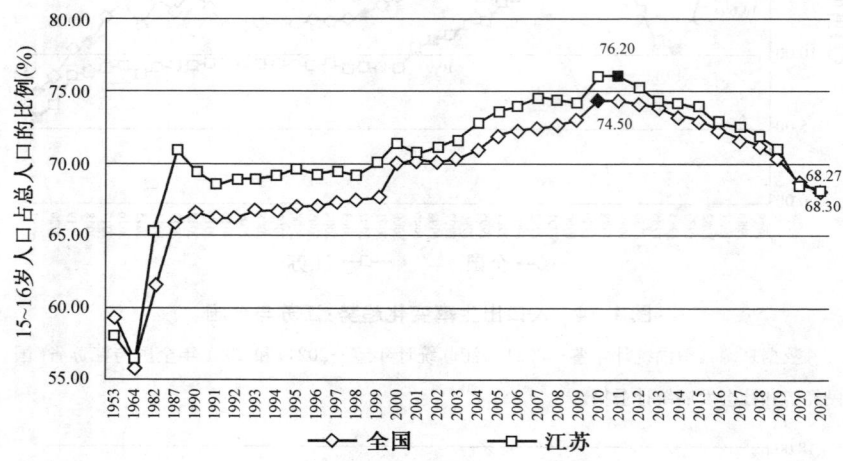

图1-6 劳动年龄人口占比变化趋势:江苏与全国

数据来源:相应年份《中国人口统计年鉴》《中国人口和就业统计年鉴》和2021年全国与江苏省《国民经济和社会发展统计公报》。

劳动年龄人口占比的不断下降,不仅会提高老年抚养比,而且会直接影响照顾老人的人力资源供给,影响老年照顾服务的有效供给。如图1-7所示,无论是江苏还是全国的老年抚养比均呈现出稳步上升态势,而且江苏平均水平一直比全国要高,其中2021年高出了4.18个百分点;早期受少儿抚养比持续下降的影响,社会抚养比出现了长时间的下降,然而在2010年,少儿抚养比已经触底反转,因而包括少儿和老年在内的社会抚养比亦转而上升,并一直延续至今。2021年全国和江苏的社会抚养比分别上升至46.41%和46.48%,

由于江苏少儿抚养比比全国平均水平低了 4.10 个百分点,因而,社会抚养比只比全国平均水平略高了 0.07 个百分点。

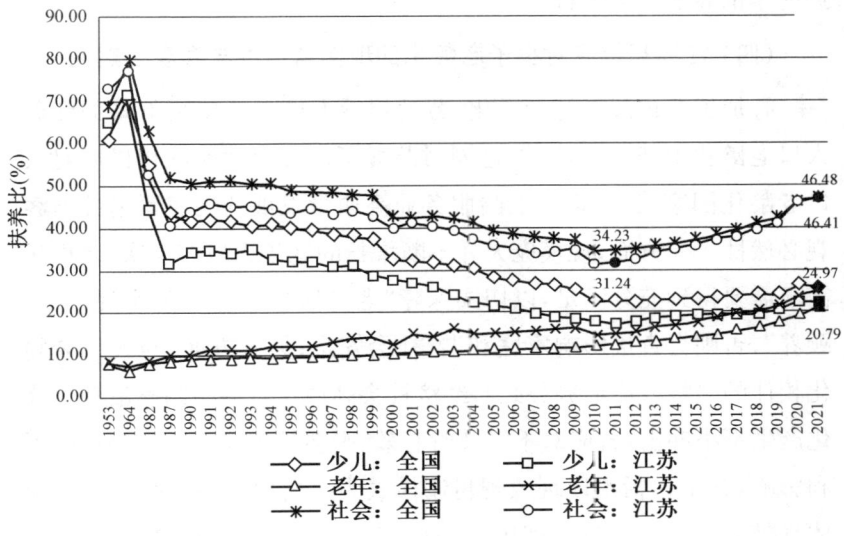

图 1-7　抚养比变化趋势:江苏与全国

数据来源:相应年份《中国人口统计年鉴》《中国人口和就业统计年鉴》和 2021 年全国与江苏省《国民经济和社会发展统计公报》。

需要特别指出的是,上述少子老龄化及抚养比等指标,全国指标不用区分常住人口和户籍人口,而江苏指标针对的都是常住人口,其中包括了大量的省外流入人口。比如 2020 年,省外流入江苏的人口为 1 030.86 万人,尽管这些并不都是常住人口。尤其需要注意的是,江苏经济发达,就业机会较多,因而会吸引来不少青壮年人口,客观上这会降低江苏的老年抚养比、社会抚养比水平,进而缩小江苏与全国平均水平的差距。若按户籍人口计,江苏的少子老龄化形势则会更加严峻。按户籍人口计,2020 年江苏省 65 岁及以上人口为 1 387.92 万,占户籍人口的 17.62%;而按常住人口计,全省 65 岁及以上人口为 1 372.65 万,占常住人口的 16.20%。2021 年,江苏 65 岁及以上户籍人口进一步上升至 1 443.95 万人,占户籍人口的

18.32%，而同期常住人口的两项指标分别为 1 449.60 万人、17.04%。可以明显看出，江苏户籍人口老龄化程度比常住人口高，近两年都高出 1 个多百分点。

（四）江苏积极应对少子老龄化的现实紧迫性与客观必然性

叠加了严重甚至超少子化、劳动年龄人口占比持续下降的江苏人口老龄化形势十分严峻，这同时凸显了江苏全面实施积极应对人口老龄化国家战略、推进老龄服务业高质量发展的现实紧迫性与客观必然性。一方面，规模庞大并不断增长的老年人口多层次、多样化需求需要得到充分满足，以切实保障"老有所养"，并逐步实现"老有颐养"，否则会直接影响家庭和谐、社会安定；另一方面，与人口老龄化相伴的严峻人口形势势必对经济社会高质量发展与国家治理现代化产生不小冲击，若应对不够及时有效，则会带来广泛而又深远的不利影响，其中包括给以现收现付制模式为主要内容的现行社会保险体系带来的基金偿付管理压力，通过人口结构进而通过需求结构变化而对经济结构产生的广泛深刻影响，等等。除此之外，在未富先老的今日中国，严重的少子老龄化还会通过储蓄、资本积累等途径，影响科技研发投入、人力资本投资，进一步影响创新型经济发展与经济潜在增长率，从而影响经济社会高质量发展。所以，江苏积极应对人口老龄化，推进老龄服务业实现以需求为导向的高质量发展，具有重要意义。

二、江苏积极应对人口老龄化的实践探索与阶段性成绩

积极应对人口老龄化，既需要面向中长期，从根本上发力，也要着眼短期，从当下可以做的具体事情上着力。面向中长期，一方面需要从影响生育成本与收益的多方面发力，以期提振生育意愿，提高生育水平，促进人口合理增长；另一方面则应把握人口老龄化趋势，营造有利于充分调动全社会各方面力量的包容性制度与环境，着力提高社会劳动生产率和经济社会持续、协调、高效发展的水平，从社会

财富积累、人力资源开发、为老产品与服务供给能力、科技创新以及社会环境营造等维度做好准备。着眼短期,则应积极有为、尽力而为,从当下能够做的做起,加快推进老龄服务业高质量发展,更好地满足老人的多层次、多样化服务需求。将中长期和短期相结合,并从更为直接的相关方面来看,江苏在全面实施积极应对人口老龄化国家战略方面进行了有益的政策实践探索。概括起来,起码包括以下四个主要方面。

(一) 着眼人口长期发展,加强家庭政策支持,促进托育服务供给

积极应对人口老龄化,促进人口长期均衡发展,必须直面社会上弥漫的越发广泛的生育焦虑情绪,加强家庭支持政策体系建设,有效解决生育、养育、教育成本居高不下等社会难题。其中,加强服务支持政策建设,促进托育服务有效供给,加快破解婴幼儿照顾"难与贵"问题,在当前则尤为迫切。为此,近些年江苏陆续出台了一系列政策文件,鼓励与支持各地因地制宜、积极尝试,从经济支持、服务支持、时间支持、就业支持甚至住房支持等多个维度与途径,增强家庭发展能力,以期有效破解"小"家庭的后顾之忧。考虑到托育服务的供需矛盾在当前更加突出,在服务支持方面政策着力则相对较多。

在经济支持方面,除了个人所得税专项附加扣除之外,目前主要是生育保险制度和儿童福利政策。如图1-8所示,江苏生育保险的参保人数在持续增长,2021年已经增长至2 094.92万人,相较于2001年的483.46万人,增长了3.3倍;正因为如此,保险基金收入也在不断增加,2019年已经增至86.43亿元[①],是2001年2.61亿元的33倍。而享受待遇人数,先是持续增长,2016年达到波峰170.3万人,此后由于出生水平变化而呈下降趋势,2021年已经降到101.93万人;尽管如此,基金支出仍然在不断增长,直到2019年达到波峰80.23亿元,此后也开始下降,2021年已经降至78.70亿元。此外,

---

① 自2020年起,城镇职工基本医疗保险、生育保险合并统计。

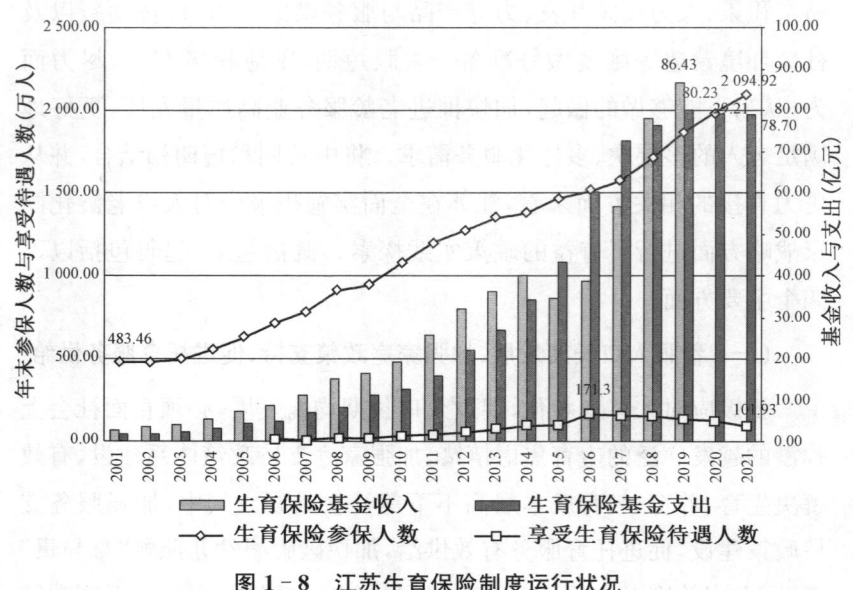

图 1-8　江苏生育保险制度运行状况

数据来源:《江苏统计年鉴—2021》和《2021年江苏省医疗保障事业发展统计快报》。

江苏儿童福利保障能力得到进一步巩固增强,儿童福利水平有了进一步提高。截至 2020 年底,《中国儿童发展纲要(2011—2020 年)》中规定的指标江苏省全部达标,《江苏省儿童发展规划(2016—2020 年)》提出的目标全面落实,体现儿童发展水平的多项指标位居全国前列,部分指标则达到发达国家平均水平。在此基础上,同时考虑到我省经济发展水平与财政状况,2021 年 12 月发布的《江苏省儿童发展规划(2021—2025 年)》进一步提出:江苏要率先推进建设与经济社会发展状况相适应、与儿童需要相匹配、与相关福利制度相衔接的普惠型儿童福利体系;建立健全分层分类救助制度体系,完善困境儿童分类保障政策,增加儿童福利项目,提高儿童福利标准,实现儿童福利从补救、托底功能向预防、发展功能的过渡,推动儿童福利覆盖全体儿童;提高儿童医疗保障水平。此外,2021 年 9 月新修改的《江苏省人口与计划生育条例》还规定:"地方各级人民政府应当按照国家规定,采取财政、税收、保险、教育、住房、就业等支持措施,减轻家庭生育、养育、教育负担。"

在服务支持方面,江苏积极落实国家的相关规定,并结合本省实际,通过多种政策措施支持托育服务发展。为贯彻落实《国务院办公厅关于促进3岁以下婴幼儿照护服务发展的指导意见》,2020年1月省政府办公厅印发了《关于促进3岁以下婴幼儿照护服务发展的实施意见》;为落实《国务院办公厅关于促进养老托育服务健康发展的意见》,2021年9月省政府办公厅又印发了《关于促进养老托育服务高质量发展的实施意见》。这些政策文件明确提出要通过财政补贴、购买服务、提供场地、减免租金、税费优惠等多项措施,支持家庭托育、社区托育、机构托育和单位托育等多种托育模式发展,让它们提供全日托、半日托、计时托、临时托、亲子活动等多种形式的托育服务。其中,尤其强调调动社会力量的积极性,兴办普惠托育机构,并建立"政府主导、卫健牵头、部门协同、社会参与"的管理机制,作为支撑保障。2022年2月印发的《江苏省关于优化生育政策促进人口长期均衡发展实施方案》,进一步将普惠托育服务纳入公共服务体系和政府民生实事,并且要扩大普惠托育机构覆盖面,大力发展社区托育服务。此外,各地也都在积极探索。比如:南京市先行先试出台了20多项政策文件;苏州市印发意见支持普惠托育发展;南通市积极探索依托1个示范性托育机构带动N个社区普惠托育园共同发展模式;无锡市梁溪区等地免费发放托育服务消费券;常州市天宁区等地则积极发展社区普惠托育服务。截至2021年10月,江苏已经有2 598家机构在国家托育备案信息系统注册,完成备案的托育机构有563家,数量均居全国第二。

在时间支持和就业支持等方面,江苏不仅全面贯彻落实国家在产假和就业权益保护方面的相关规定,本省的法规政策还做了进一步拓展。比如在产假、护理假和育儿假等时间支持政策方面,新修改的《江苏省人口与计划生育条例》明确规定:"符合本条例规定生育子女的夫妻,女方在享受国家规定产假的基础上,延长产假不少于三十天,男方享受护理假不少于十五天。推动实行父母育儿假制度。"《江苏省关于优化生育政策促进人口长期均衡发展实施方案》则进一步明确,"子女3周岁之前,夫妻双方每年分别享受10天的育儿假"。在就业支持方面,新修改的《江苏省人口与计划生育条例》则新增加了一条内容,规定:"妇女怀孕、生育和哺乳期间,按照有关规定享受特殊劳动保护并可以获得帮助和补偿。地方各级人民政府保障妇女就业合法权益,为因生育影响就业的妇女提供就业服务。"

(二)持续扩大老年社会保障制度覆盖面,不断提高基本保障水平

老年社会保障制度涉及社会救助、社会保险、狭义的社会福利等多项制度,即便是其中的社会保险制度也包括养老保险、医疗保险、长期护理保险等多项制度。就总体而言,江苏老年社会保障制度的覆盖面在不断扩大,基本保障水平也在不断提高,毕竟,经济发展水平在提高,而且国家政策也有方向性要求。"十三五"期间,江苏全面建立了老年人福利补贴制度,累计发放80周岁以上老年人尊老金70亿元、经济困难老年人养老服务护理补贴28.8亿元,有力保障了困难老年人基本养老需求。考虑到数据的可得性,这里主要以基本养老保险制度为例,分析江苏老年社会保障制度的运行情况。

从总体上看,江苏基本养老保险制度一直处在扩大覆盖面之中。如图1-9所示,包括职工和城乡居民在内的基本养老保险参保总人数一直在不断增长,2021年已经增至5 965.46万人;从参保总人数占15岁以上常住人口的比例看,总体上也呈不断上升趋势,只是2021年相较于2020年略有下降,但仍然保持在82%以上。由于江苏城镇化水平较高,因而职工参保人数的增长趋势尤为明显,2021年已经增长至3 609.81万人,明显高于同年城乡居民参保人数2 355.65万人。国家自2009年起开展新型农村社会养老保险(简称"新农保")试点,从2011年起开展城镇居民社会养老保险(简称"城居保")试点,因而,城乡居民社会养老保险参保人数起初出现了明显增长,但2012年新农保和城居保两项制度全覆盖工作全面启动,两项保险合并为城乡居民社会养老保险之后并未出现明显增长,反而是略有减少,2018年甚至降至波谷2 325.46万人,2019年开始略有回升,在此基础上,2020年则创下历史新高,达到2 400.43万人。基本养老保险制度的参保人数持续增长,制度覆盖面不断扩大,无疑有助于更好地保障江苏老人的基本生活。

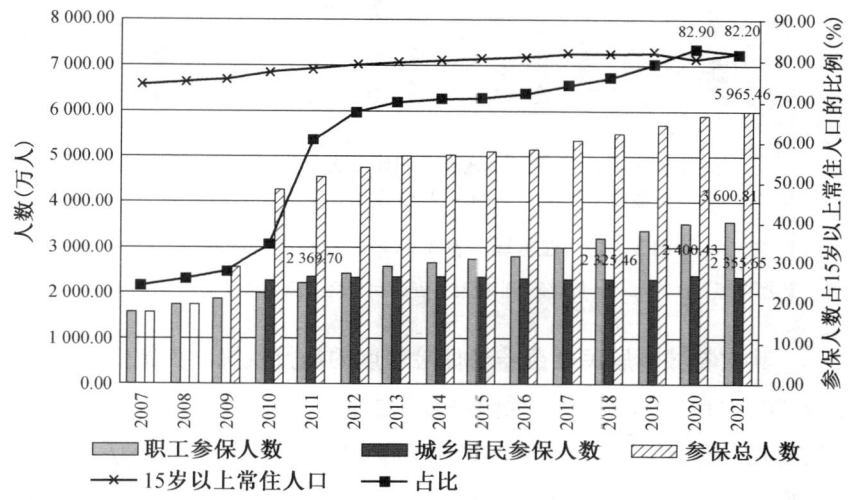

图1-9 江苏基本养老保险参保状况

数据来源:2007—2021年度《江苏省人力资源和社会保障事业发展统计公报》。

进一步分不同群体来看。**首先看职工基本养老保险制度的运行状况**。如图1-10所示,参保人数增长趋势非常明显,基金收入在2018年之前则呈显著增长态势,2018年相较于2017年的增幅则更加明显,达到700多亿元,因而达到了阶段性波峰3 750.41亿元,2019年、2020年经济下行和因新冠疫情而减免缓缴保险费等因素导致基金收入下降,尤其是2020年,相较于上年,减少了600多亿元;尽管如此,基金支出总体上仍然保持增长态势。只不过,由于2020年基金收入减少幅度较大,而支出又具有一定的刚性,因而当年首次出现收不抵支状况,当年基金收入缺口高达550多亿元。

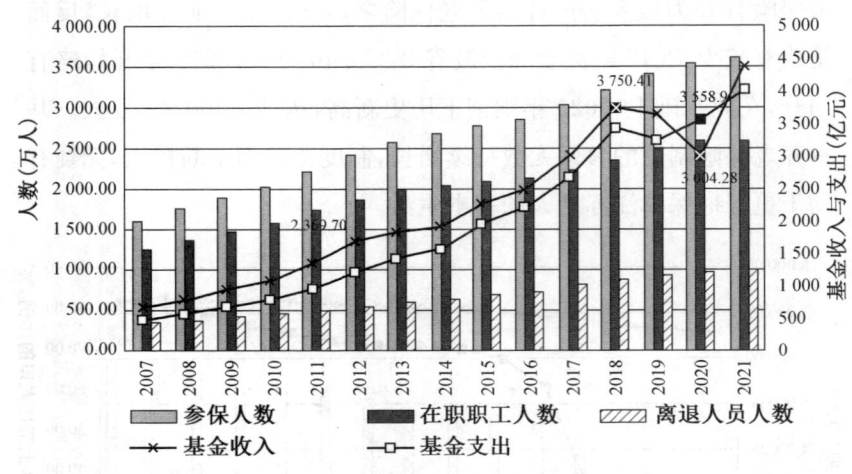

图 1-10 江苏职工基本养老保险制度运行状况

数据来源:2007—2021 年度《江苏省人力资源和社会保障事业发展统计公报》。

其次看城乡居民社会养老保险制度的运行状况。如图 1-11 所示,2011 年之后社会养老保险制度的参保人数并没有出现较大幅度的增长,反而略有下降,由 2011 年的阶段性波峰 2 369.7 万人缓慢下降至 2018 年的波谷 2 325.46 万人,此后两年则稍有回升,2020 年创下历史新高,达到 2 400.43 万人。由于财政补贴在城乡居民社会养老保险制度中发挥主导性作用,因而,基金收入和支出总体上保持持续增长态势。从图 1-11 中同样可以看出,实际领取养老保险金的人数在前期微增之后总体上保持大体稳定,2018—2021 年稳定在 1 093 万人以上,2019 年则略高,达到 1 098.17 万人。基金支出金额在稳步上升,而领取人数总体上变化不大,这意味着城乡居民基本养老保险待遇水平在不断提高,而最近三年提高的程度则尤为显著,原因在于:在领取人数略有减少的同时,支出增长幅度更大,每年增幅约为 50 亿元左右。

第一章　积极应对人口老龄化、推进老龄服务业高质量发展的江苏探索 | 17

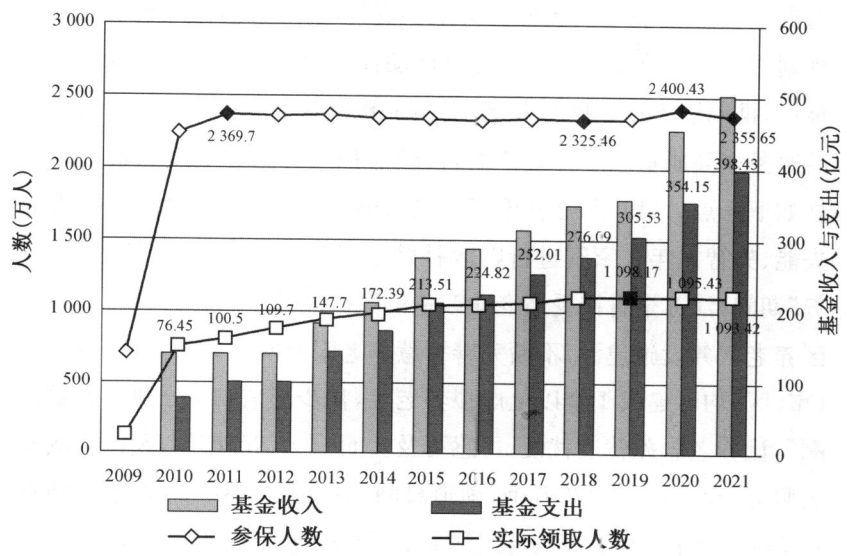

图 1-11　江苏城乡居民社会养老保险制度运行情况

数据来源：同上。

(三) 顺应需求，多元发展老龄服务，增加医养康护服务有效供给

由于受经济水平、社会关系、身体状况等多方面因素的复杂影响，家庭的养老方式通常有各种各样的选择。综合国内外的情况看，居家社区养老模式是绝大多数家庭的理性选择，而机构养老模式则是极少数家庭的选择。但是，随着上述因素的变化，养老模式也会发生改变。不仅如此，对老龄服务的需求是多层次、多样化的，其中既有高、中、低等不同层次的需求，也有医、养、康、护等不同内容的需求。鉴于此，积极应对人口老龄化，必须顺应老人需求状况及其变化趋势，通过多种途径与方式，多元化发展多层次、多样化的老龄服务。总体而言，江苏也正是这样努力的，不仅政府自身积极发挥主导性作用，而且通过多种政策措施与方式，激发各方社会力量，不断增强老龄服务供给能力。

进一步而言，顺应绝大多数家庭选择居家社区养老模式的现实需求,政府一方面加大对家庭养老的支持,另一方面做好政策引导和规划,并深化"放管服"改革,充分调动社会力量参与社会化养老的积极性,推动居家社区机构养老相协调、医养康护服务相结合,促进老龄服务业高质量发展。具体而言,政府积极有为的实践探索大致包括如下几点。(1)积极引导家庭进行适老化改造,并对经济困难的失能、失智老年人家庭进行财政补贴,承担起"保基本"责任。"十三五"期间,江苏全省接受适老化改造的家庭超过8万户。(2)加强社区养老服务设施建设,不断完善智慧养老服务网络体系。目前,各县(市、区)均已建成1个以上虚拟养老院,初步形成"15分钟养老服务圈",让养老服务就近就便,可感可及。而"十三五"期间,则已建成养老服务中心站点1.82万个,街道日间照料中心589个,老年人助餐点7000余个。(3)牵头开展居家、社区养老服务创新示范工作,逐步形成省级引导、市级规划、区县推动的三级居家社区养老服务改革模式。苏州在全国率先开展居家养老夜间照护服务,打造24小时全时服务链。苏州、南通等5市还被评为国家级优秀试点城市。扬州雷塘社区入选"全国养老示范社区",发挥了很好的示范效应。(4)大力推动养老机构的专业服务延伸到家庭。南京等地率先开展"家庭养老床位"试点,将养老机构的专业化服务搬到老年人家里,送服务上门,并探索开展了"喘息服务",缓解老人家庭的照护压力。"十三五"期间,江苏已经有8个设区市开展家庭照护床位建设,现已有1.4万余张床位。(5)适应老人身体的脆弱性,推动医养康护相结合。积极参加国家组织的长期护理保险试点,2016年南通、苏州两市被列入国家首批试点城市范围,2017年至2021年又先后在6个市积极开展省级试点。5年来,制度覆盖超过4000万人,累计享受待遇人数约21万人,基金支出近21亿元,平均支付比例在70%左右,有力支撑了长期护理服务供给。此外,江苏还制定实施了护理型床位补贴政策,支持养老机构内设医疗机构,全省护理型养老床位达到29.32万张,占养老机构床位总数的63.74%。支持基层医疗

第一章 积极应对人口老龄化、推进老龄服务业高质量发展的江苏探索

卫生机构与社区嵌入式养老机构、日间照料中心、居家养老服务中心建立紧密的医养结合关系,推动医疗资源向社区和老年人家庭延伸。

在政府积极发挥主动作为的同时,还通过深化养老服务领域的"放管服"改革,进一步引导社会力量广泛参与养老服务有效供给。其中包括积极响应国家号召,落实相关政策要求,通过投资建设与日常运营补贴等多方面的政策支持,推动实施普惠养老城企联动专项行动。目前全省已经建设普惠性养老床位近1.5万张,徐州则成功入选全国第一批城企联动普惠养老创新城市,建成运营全国首个城企联动普惠养老项目。此外,还积极鼓励和支持各地通过政府和社会资本合作模式(PPP模式)建设养老服务项目,全省已落地实施的养老类PPP项目有6个。江苏省与养老相关的企业已经达到2.6万家,占全国总量的9%。

在多方协同努力下,不同层次与内容的老龄服务供给不断增加,服务供给能力得到有效提升。如图1-12所示,江苏各类养老床位数量不断增长,现已达到历史较高水平,近两年床位总数已经稳定在

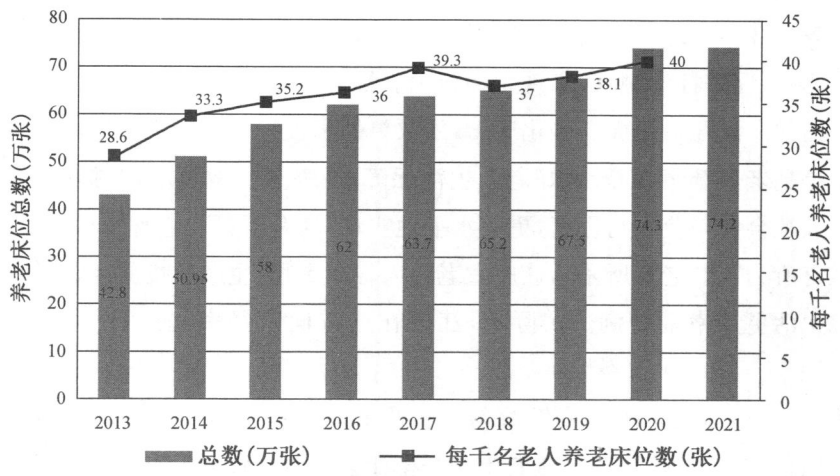

图1-12 江苏各类养老床位总数及增长状况

数据来源:江苏省民政厅。

74万张以上,每千名老人养老床位数进一步上升至40张。截至2021年底,全省共有2 494家养老机构,74.2万张养老床位,其中71.9%由社会力量举办或经营,65%为护理型床位,在全国居于较高水平;建成2.0万个社区养老服务中心(站),45%城市街道建有综合性养老服务中心,建成7 023家社区老年人助餐点,290万老年人享受居家养老上门服务。

(四)加强政策支持,营造老年友好型社会环境,践行积极老龄化

不仅要通过支持生育、做好养老服务与经济保障来积极应对人口老龄化,更要在全社会广泛践行积极老龄化(active ageing)理念,毕竟,随着经济社会发展水平的不断提高,我国人均预期寿命在不断延长,而江苏的人均预期寿命则比全国平均水平还要高。根据世界卫生组织(WHO)2002年发布的《积极老龄化——政策框架》,积极老龄化有三个主要行动方向,即"健康、保障、参与",其核心要义是:让老年人不仅要尽可能保持身体健康,要有生活保障,更要积极参与社会;在参与社会方面,不仅仅是参与一些文化娱乐、休闲健身等活动,更要积极参与社会经济发展,参与文化传承和传播,参与公益事务与社会治理。老人在"参与社会"过程中能够不断增强成就感、自尊心,促进社会融入,实现生命价值。因此,江苏要在全社会大力弘扬并广泛践行积极老龄化理念,采取更加积极有效的政策措施,不断提高老人健康素养,做好老人生活保障,加强老年教育培训,提高老人社会参与范围与程度,更高水平地实现"老有所养""老有所学""老有所为"和"老有所乐",让广大老年人寿命更长,生命质量更高,晚年生活更加幸福美满。实际上,江苏在这方面已经率先进行了实践探索。

首先,江苏在政策供给与支持上积极作为,从多方面促进"健康",加强"保障",并营造老年友好型社会环境与政策生态,支持老年人社会"参与",切实保障并支持积极老龄化。在2011年、2015年,江苏率先在全国出台了两部地方性法规:《江苏省老年人权益保障条例》和《江苏省养老服务条例》,进一步加强老年人权益保护,推动养老服务有效供给,并在养老服务设施建设等方面加大投入。不仅如此,江苏省政府还印发"十三五"和"十四五"老龄事业发展规划与养老服务发展规划,出台涉老惠老政策文件60余个,并在全国率先统一公办民办、内资外资养老服务扶持政策标准,不同所有制养老机构享受同等的土地、税费、补贴、人才等政策待遇。

"十三五"期间,省政府在全国率先建立养老服务联席会议制度,出台了《江苏省政府关于全面放开养老服务市场提升养老服务质量的实施意见》《江苏省政府办公厅关于制定和实施老年人照顾服务项目的实施意见》《江苏省政府关于进一步推进养老服务高质量发展的实施意见》等一系列政策文件。相关部门还密切配合,先后就建立基本养老服务制度、推进居家社区养老服务改革、提升养老机构服务质量、统筹城乡养老服务发展、养老服务标准化建设、促进养老产业发展等方面出台40余项具体举措,基本涵盖养老服务各领域各环节,形成了具有江苏特色的养老服务政策体系。此外,江苏还成立了省级养老服务标准化委员会,制定了《智慧养老建设规范》《养老机构入住评估服务规范》等一批省级养老服务行业标准,引导、支持并规范包括养老服务在内的内容更加广泛的老龄服务业全面发展。

其次,加强老年教育与培训,加快软硬件建设,营造颐老社会环境,为践行积极老龄化理念提供支撑条件。一是江苏将老年教育纳入终身教育体系,立足社区教育,通过财政对社区教育的经费补贴,支持社区教育机构发展老年教育,并通过政府购买服务等方式鼓励社会各界投身老年教育;而且,江苏在每个五年规划中,都制定了发展指标,以推动老年教育发展,提高老年教育参与度,具体如表1-1所示。二是遵循适老化原则,完善住宅、交通、公共服务设施与环境的规划设计,保障老年人生活与社会参与的安全性与便利性。客观而言,江苏老年人宜居环境得到逐步改善。江苏将养老照护无障碍环境建设作为城乡建设高质量发展的重要内容,融入老旧小区改造、美丽宜居城市建设等工作中统筹推进。"十三五"时期,全省共有5个地区被住房城乡建设部等5部委命名为"创建全国无障碍环境示范市县村镇",7个地区被命名为"创建全国无障碍环境达标市县村镇",江苏也因此成为被表彰地区最多的省份。持续推进老旧小区适老化改造,"十三五"期间全省加装电梯1 878部,逐步改善了老旧多层住宅中老年人出行问题。此外,老年人社会参与条件也在不断优化,在政务服务、就医保健、交通出行、商业服务、文体休闲等方面的优待水平不断提高。

表1-1 江苏"十五"——"十四五"期间老年教育发展指标

指标	十五	十一五	十二五	十三五	十四五
老年人口学习参与率	超过老年人总数的5%	不低于10%,条件好的地区力争15%以上	达到10%以上,条件好的地区力争15%以上	达到20%	25%

资料来源:江苏省人民政府网。

三、积极应对人口老龄化、促进老龄服务业高质量发展的可为空间

江苏在积极应对人口老龄化方面,已经将中长期和短期视角相结合,从多个方面做出了积极努力与实践探索,并已取得了明显进展与阶段性成果。但是,结合现状,并面向未来,仍有进一步的可为空间,无论是在提高生育水平、促进人口长期均衡发展方面,还是在老年社会保障制度建立健全与保障水平提高、推动老龄服务业实现以需求导向的高质量发展方面,抑或在建设老龄社会包容性治理体系和社会环境等方面。随着经济社会发展水平持续提高,人均预期寿命会不断延长,人口老龄化将是一个长期过程。一方面,日益高企的生育养育教育成本和养孩防老功能的弱化,从成本与收益两个方面直接影响家庭的生育意愿与水平,进而影响到从中长期角度有效破

解人口老龄化的根基;另一方面,老年社会保障制度还不够健全完善、老龄服务业发展还不够充分平衡,直接影响到"老有所养""老有所医"的切实保障。再者,关乎"老有所为""老有所学""老有所安"等诸多方面的包容性治理制度与社会环境,都还需要加快建设。鉴于此,有必要全面审视江苏积极应对人口老龄化的实践探索,结合现实状况与客观需求,探寻有待进一步改进和完善的空间。

(一)在提升生育水平、促进人口长期均衡发展方面,仍需加大努力

参照国际上通行做法,并结合我国、我省实际,在支持家庭发展、提增生育意愿与水平、促进人口长期均衡发展方面,可以从经济支持、服务支持、时间支持、就业支持、住房支持等多个维度努力,以期不断降低生育、养育、教育成本。在社会保障制度日趋健全、生养子女的家庭收益不断下降的客观趋势下,只有有效降低生养教育孩子成本,才有可能遏制生育意愿与水平持续下降态势。在上述诸多支持家庭的维度上,江苏已经出台了一系列政策文件,但是,不仅政策文件落实生效需要假以时日,而且从总体上而言,还有不小努力空间。

首先,在经济支持方面。姑且不论别的,仅仅在生育保险参保方面便还有进一步的拓展空间。如图 1-13 所示,江苏职工基本医疗保险参保人数中的在职职工人数与生育保险参保人数之间的差呈现扁平的倒 U 形曲线变化趋势,其中 2014 年二者的差距最大,达到 410.30 万人,此后二者的差距在逐渐缩小,2021 年已经降至 309.02 万人,这还是在两项保险制度合并实施的情况下存在的差距。2019 年 3 月,国务院办公厅在总结 2017 年试点的基础上,印发了《关于全面推进生育保险和职工基本医疗保险合并实施的意见》。按理说,两项保险制度合并实施之后它们的参保人数应该完全一致。然而实际情况是,即便是差距最小的 2021 年,江苏两项保险的参保人数仍然相差 300 多万人,更不用说职工基本医疗保险本身还有进一步扩面的空间,比如在吸引灵活就业人数参保方面。此外,城乡居民尚未建立独立的生育保险制度。除了生育保险之外,江苏还可以充分发挥经济发展水平较高、财政实力较强的优势,在少儿家庭的经济支持方面发挥更大的作用,尤其是在对普通工薪阶层的生育支持方面,毕竟,江苏的生育水平越来越低,少子老龄化形势非常严峻,而普通工薪阶层则是因经济因素而越来越不愿意生育的主要群体。

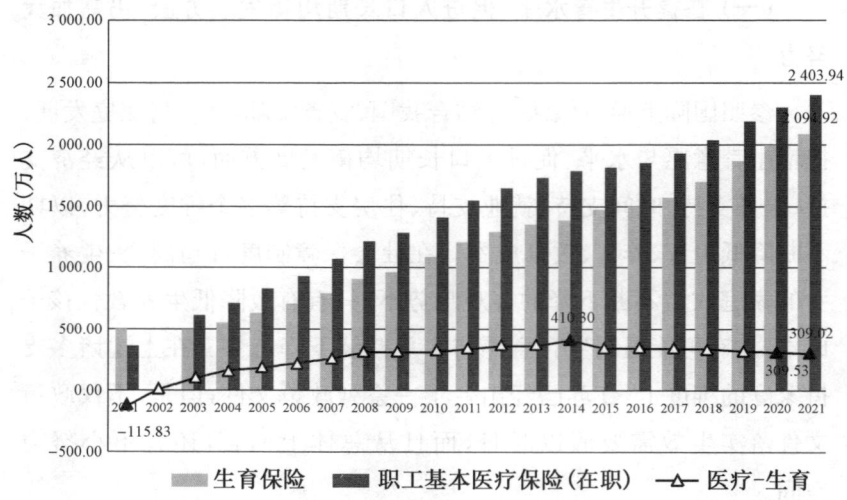

图1-13 江苏生育保险与职工基本医疗保险的参保人数比较

数据来源:《江苏统计年鉴—2021》和《2021年江苏省医疗保障事业发展统计快报》。

其次,在服务支持方面。尽管近几年江苏已经出台了不少推进托育服务发展的政策文件,但是,一方面,政策落地生效尚需时日,政策是否有效尚待观察,尤其在促进普通百姓能够负担得起的,且安全可靠的普惠性托育服务有效供给方面;另一方面,托育服务管理体制、管理方式和方法等,还有进一步优化完善的空间,因为这直接影响到能否有效促进托育服务多元化包容性发展和实现托幼一体化发展。目前,江苏的托育服务供给不仅不够充分、平衡、普惠、有效,而且在安全性、可靠性方面,百姓的顾虑也比较多。除此之外,托育机构的备案通过率仍然比较低,截至2021年10月,江苏已有2598家机构在国家托育备案信息系统注册,但完成备案的托育机构只有563家,备案通过率只有21.67%。究其根源,既有多头管理、备案要求繁杂且又严格等方面的因素,也与管理体制不够顺畅、尚未形成包容审慎性监管模式有着很大关系。就总体而言,有助于促进托育服务多元化、高质量发展的包容性制度体系与政策生态尚待加快建设,包容性治理格局尚未最终形成。

最后,在时间支持、就业支持以及住房支持等方面。目前江苏在少儿家庭的时间支持上已经有了明确的政策规定,即财政补贴女职工产假期间的部分社会保险费用。生育方面的时间支持政策成本主要还是由用人单位承担,客观上这会影响企业的用工决策。因而,在支持生育的假期成本分担方面还有进一步优化完善的空间。在就业支持方面,政策同样是强调用人单位要将生育友好作为承担社会责任的重要方面,并鼓励用人单位制定有利于职工平衡工作和家庭关系的措施,依法协商确定有利于照顾婴幼儿的灵活休假和弹性工作方式。由此可见,不仅政策探索性总体上比较强,而且在支持灵活就业甚至创业等方面还需要更多方位的全面努力。在住房支持方面,目前江苏的政策主要是要求各地在配租公租房时,对符合当地住房保障条件且有未成年子女的家庭,可根据未成年子女数量在户型选择等方面给予适当照顾;而且,各地还可以研究制定根据养育未成年子女负担情况实施差异化租赁和购买房屋的优惠政策。这些政策到底是否能落到实处并产生预期效果,还有待进一步观察。

(二)老年社会保障制度面临严峻挑战,覆盖面和保障水平有待提高

尽管江苏在老年社会保障制度建设方面已经取得了显著成绩,保障水平也在不断提高,但是,由于人口老龄化持续加深、劳动年龄人口和就业人口业已连续减少数年,现行制度正面临严峻的可持续发展挑战。不仅不同群体的基本养老保险制度都面临老年实际抚养率不断提升的问题,而且制度还有进一步扩面的空间,保障水平亦有待提高,尤其是城乡居民社会养老保险的保障水平。

首先,现行老年社会保障制度正面临因人口结构变化而带来的严峻可持续发展挑战。我国现行社会保险制度都是以现收现付制为主,个人账户占比比较低,正因为如此,制度内在缺陷比较明显,可持续发展必然面临人口老龄化和劳动人口减少的严重冲击。以基本养老保险制度为例,江苏现行基本养老保险制度分三个群体建立,即企业职工、机关事业单位工作人员和城乡居民,按照现行制度参保缴费人数与领取养老金人数来计算,如图1-14所示,无论是哪一群体的基本养老保险制度都面临着老年抚养比不断上升的问题。其中,城乡居民社会养老保险制度的老年抚养比尤其高,最高的年份2018年甚至达到88.78%,即使是略有下降的2021年仍然高达86.63%;机关事业单位工作人员基本养老保险制度的老年抚养比尽管低了不少,但最高年份2019年仍然达到60%以上,2021年微降至58%以下,依然处于较高水平;企业职工基本养老保险制度由于参保人数较多,情况则稍微好一些,虽然老年抚养比总体呈现上升趋势,但2021

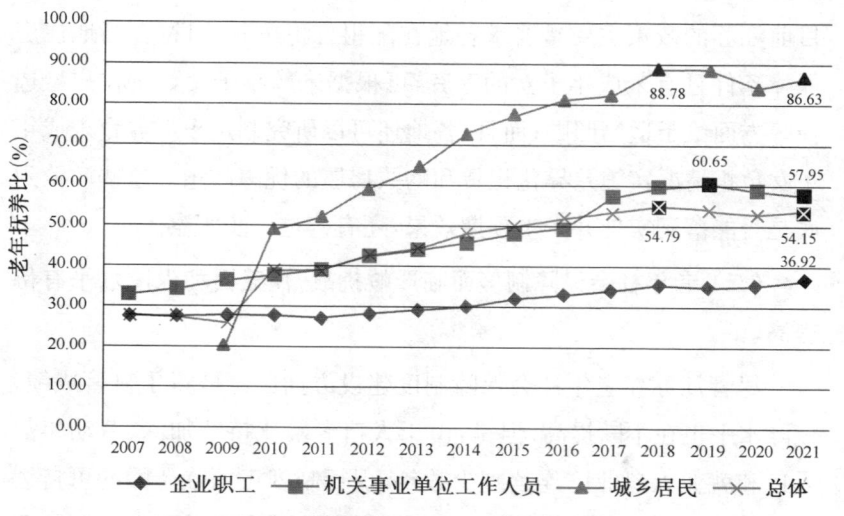

图1-14 江苏基本养老保险制度的老年抚养率变化趋势

数据来源:2007—2021年度《江苏省人力资源和社会保障事业发展统计公报》。

年尚不到37%。从总体上看,江苏基本养老保险制度的老年抚养比呈上升趋势,到2021年已经达到54.15%,尽管略低于2018年54.79%。如此高的制度老年抚养比,必然面临十分严峻的可持续发展挑战。事实上,不仅是养老保险制度如此,医疗保险制度同样面临着更加严峻的挑战,毕竟,相对而言,老年人的身体更加脆弱,生病的可能性更大,而且医疗保险制度还有非年老的病人需要其他参保缴费的年轻人来分担他们的医疗费用,只是现在缺乏具体的数据来计算分担比率。

其次,基本养老保险制度仍然有进一步扩面的空间。现行基本养老保险制度的老年抚养比较高,除了人口结构变化的原因之外,还有制度覆盖面方面的原因。如图1-15所示,无论是用职工基本养老保险制度中参保缴费的在职职工与农民工的总数和城镇就业人数相比较,还是用包括在职职工、农民工和城乡居民参保缴费人员在内的所有参保缴费人员与江苏城乡就业人口比较,都可以发现制度覆

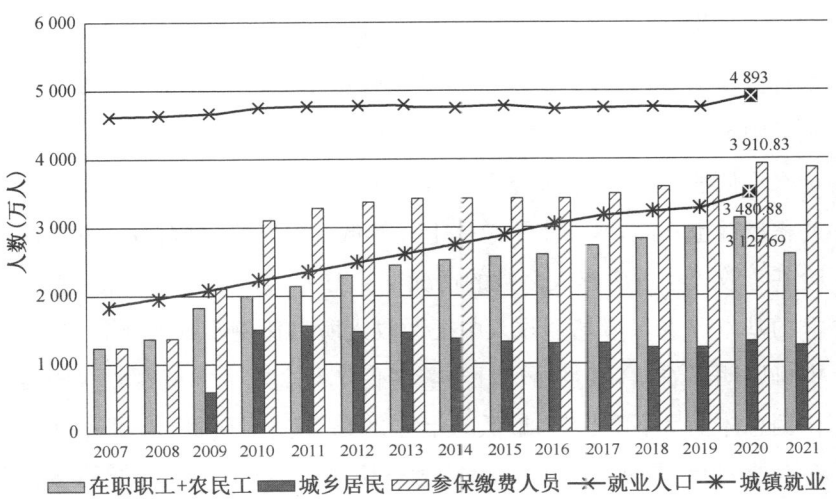

图1-15 江苏基本养老保险参保缴费人数与就业人数的比较

数据来源:2007—2021年度《江苏省人力资源和社会保障事业发展统计公报》。

盖面的差距还是客观存在的。具体而言，以数据比较全的2020年为例，参加职工基本养老保险的在职职工和农民工总数为3 127.69万人，而城镇就业则高达3 480.83万人，二者相差300多万人；基本养老保险的所有参保缴费人数为3 910.83万人，而城乡总就业人员为4 893万人，二者相差接近1 000万人。因此，江苏基本养老保险制度还有进一步扩面的空间，而且扩大制度覆盖面还有助于降低制度的老年抚养比。

此外，老年社会保障水平在群体间的差距比较大，城乡居民社会养老保险制度的保障水平甚至难以保障基本生活需要。仅以基本养老保险制度为例，如表1-2所示，2021年江苏三类群体的年人均基本养老金水平不仅相差巨大，而且城乡居民的人均基本养老金水平实在太低，每月人均约303.67元，根本无法保障基本生活需要。机关事业单位工作人员的年人均基本养老金则高达9.88万元，是企业职工的3倍多，是城乡居民的27倍多，而且这还不包括他们业已强制建立的职业年金待遇。在整个社会保障体系中，基本养老保险制度的功能定位是保障基本生活需要，城乡居民的基本养老金水平显然难以保障基本生活需要，而机关事业单位工作人员的基本养老金水平则远远超出保障基本生活需要的标准。如果深究城乡居民养老金水平低的原因，主要还是在于城乡居民的收入水平较低，参保缴费的积极性也不高，缴费水平总体上比较低，而且这还是财政补贴在保险基金收入中占有绝大多数的情况下。图1-16反映了江苏三类人群的基本养老保险基金收入中征缴收入所占比例及其变化趋势，从中可以明显看出，城乡居民社会养老保险基金收入中征缴收入所占比例总体上呈下降趋势，最低的年份2018年尚不到20%，尽管2021年有所回升，但也只有25.24%，所占比例仍然非常低，这样的缴费水平如何能跟征缴收入占比高达90%以上的企业职工和53%以上的机关事业单位工作人员相比？毕竟，社会保险是强调权利义务对等的基础性制度安排，缴费水平低势必影响待遇水平，而目前绝大多数城乡居民都不愿意选择较高档次的缴费标准缴费,城乡居民社会养老保险正面临难解的缴费与待遇不匹配的悖论。

表1-2 2021年江苏三类群体的基本养老金水平比较

	企业职工	机关事业单位工作人员
基本养老金支出(亿元)	2 860	1 074
领取人数(万人)	894	109
人均基本养老金水平(元)	32 002	98 796

数据来源:《2021年度江苏省人力资源和社会保障事业发展统计公报》。

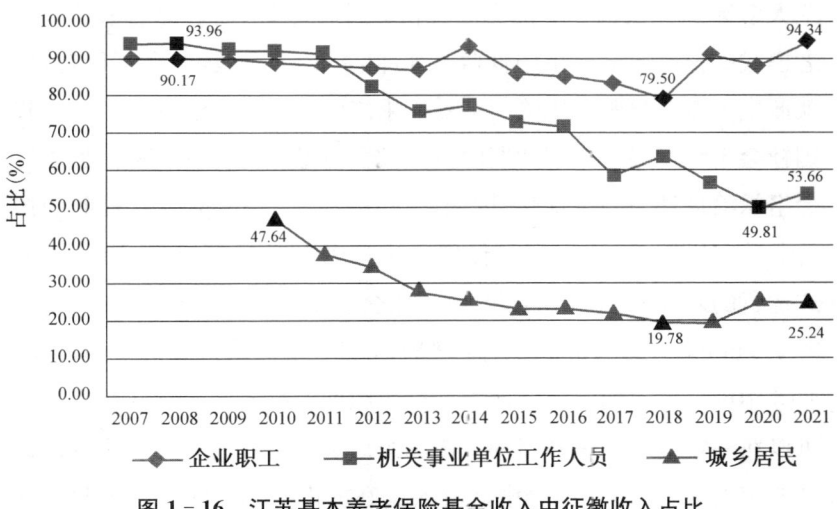

图1-16 江苏基本养老保险基金收入中征缴收入占比

数据来源:2007—2021年度《江苏省人力资源和社会保障事业发展统计公报》。

(三) 老龄服务业发展的充分性和平衡性亟待加强,短板弱项需要弥补

积极应对人口老龄化,推动老龄服务业实现以需求为导向的高质量发展至关重要,毕竟,这是满足规模庞大并不断增长的老人多层次、多样化需求的不可或缺的途径与方式。江苏在这方面已经做出了积极努力,一方面充分发挥政府积极有为作用,另一方面通过多种

途径与方式调动社会力量参与老龄服务供给的积极性,因而有效地促进了老龄服务业多元化发展。尽管如此,相较于老人的多层次、多样化需求,老龄服务业发展仍然存在不充分、不平衡问题,还有一些短板弱项,所以,实现老龄服务业高质量发展还有进一步的可为空间。

首先,专业化、多样化的老龄服务供给还不够充分有效。尽管绝大多数老人出于家庭经济水平、社会关系与情感需求等多方面因素的综合考虑而选择居家社区养老模式,但他们又都希望能够得到机构养老模式下那样专业性、多样化的老龄服务供给。然而,在市场经济条件下,专业化服务供给是需要较强的支付能力做支撑的。目前绝大多数选择机构养老的家庭经济条件比较好,而选择居家社区养老模式的家庭要么属于中低收入水平,要么是有钱,但舍不得花,这就产生了专业化服务供给与有效需求之间的矛盾,此其一。其二,我国社会组织发展还处于初期阶段,志愿精神还有待大幅提升,加之社会组织治理环境尚待优化,因而,无论是主要靠外部捐赠、资助的传统非营利组织(NPO),还是保留一定非营利性特征,但按市场化方式运营的新型社会经济组织——社会企业(social enterprise,简记 SE;Yunus social business,简记 YSB)都还有很大的发展空间,老龄服务领域恰恰迫切需要这两类社会组织的积极参与。这些社会组织可以在一定程度上填补营利性市场组织和公益性公立组织难以覆盖到的市场空白,为一部分中低收入家庭提供他们能够负担得起的专业化、多样化普惠性老龄服务。尽管江苏在促进专业服务有效供给方面已经有了地方性积极探讨,如家庭养老床位、社区嵌入式养老、智慧养老等等,但仍然有进一步努力的空间,尤其是在为中低收入家庭持续提供他们能够负担得起的专业化、多样化、普惠性老龄服务方面。

其次,长期护理保险制度尚在试点之中,长期照护服务供给还不够有效,医养康护结合尚待加强。主要针对失能老人的长期护理保险制度尚未在全省全面建立,目前只是在部分地区进行试点,这会从有效需求方面影响专业性长期照护服务的有效供给。除此之外,还存在其他制约专业性长期照护服务有效供给的重要因素,如:相当多的家庭收入水平总体上比较低;长期照护服务方面的专业化人才比较匮乏;行业缺乏吸引力,难以吸引资源流入;社会尚未形成尊重照护人员的社会环境与文明氛围;等等。除了长期照护服务供给存在短板之外,目前医养、康养结合等领域也还有较大的努力空间,毕竟,导致医养康养结合不畅的因素并不是在短期内便能够彻底消除的,如医疗服务本身尚存在着供给不够充分、不够平衡等问题,不同领域的从业者收入存在明显差异,保险支付等体制机制还不够健全完善,健康老龄化、终生健康管理的理念尚未深入人心并全面付诸实际,等等。

再者,苏北等欠发达地区、农村养老服务供给都存在短板弱项。经济发展水平较高的地区,不仅财政实力往往更强,政府可以发挥积极有为作用,而且市场组织、社会组织往往也较为发达,这有助于通过多途径、多方式提供更加多元化的老龄服务。江苏不仅区域发展水平存在明显差距,城乡差别依然客观存在,这在很大程度上影响到多层次、多样化老龄服务的有效供给。相较于南京和苏州、无锡等苏南发达地区,苏北欠发达地区的养老服务不仅供给水平还有待提高,而且在新产业、新业态、新模式等探索方面亦稍有逊色;相对于城市,苏北农村的养老服务供给更是短板弱项明显。除了经济发展水平较低方面的原因之外,青壮年劳动力大量流出,赴发达地区寻找发展机会造成苏北农村缺乏养老服务人员也是短板弱项形成的重要原因。而且,由于青壮年劳动力的大量流出,苏北农村常住人口老龄化程度更高,客观上这也加剧了农村养老的困难程度。因此,欠发达地区和农村养老,都还需要加快补短板、强弱项进程。

(四)少子老龄社会的包容性治理制度和友好社会环境亟待加快建设

面对日益严峻的少子老龄化形势,必须积极探寻有效的少子老龄社会包容性治理（inclusive governance）体制与机制，建立健全包容性制度（inclusive institutions）框架与体系，营造全龄友好、高度文明的社会环境，充分调动全社会各方面力量参与少子老龄社会治理的积极性、主动性。尽管江苏在这些方面已经有了诸多方面的积极探索，但跟全国情况类似，包容性治理格局总体上尚未形成，包容性制度环境与政策生态亦待进一步完善。

首先，积极应对少子老龄化需要全员参与，实现全生命周期、全方位的包容性治理。 然而，在现实社会生活当中，仍然有一些人缺乏应有的社会意识与责任心，更不用说尊老爱幼、照顾孕妇等基本修养与社会文明了。此外，一些老人行为举止的不文明、缺乏素养现象也会影响到其他社会成员对他们的尊重和照顾。无疑，这些缺乏文明素养现象的出现，既与社会宣传不够到位、宣传渠道与方式不够有效有着一定关系，也与教育体系未能充分发挥其文明传承作用直接相关。因此，要从根本上积极应对少子老龄化，必须全面调动全社会所有成员的参与积极性，实现全员参与、全生命周期、全方位的全面治理。客观而言，目前江苏跟全国其他地区类似，在这方面都还有很大的努力空间，无论是在全员参与，还是在全生命周期的全方位全面治理上。

其次，要形成全员参与的全过程、全方位的包容性治理，必须建立起包容性制度体系予以支撑保障。 从目前来看，无论是全国还是江苏，积极应对少子老龄化的包容性制度都还处在建立健全之中，体系性还有待加强。毕竟，我国属于未富先老、未备先老，少子老龄化进程比较快，2001年全国正式进入国际口径的"老龄化社会"，2010年进入"严重少子化"阶段，2021年全国正式进入"老龄社会"，同时人口出生率等指标显示我国已经进入"超少子化"阶段，而国家系统性全面谋划积极应对少子老龄化只是近几年的事情，其中2019年底制定的《国家积极应对人口老龄化中长期规划》、2021年中颁布的《中共中央 国务院关于优化生育政策促进人口长期均衡发展的决定》则是重要标志。江苏虽然少子老龄化来得早，程度重，应对早，但系统性应对受国家制度的影响较大,因而,建立健全积极应对少子老龄化的包容性制度框架与体系尚需假以时日,毕竟,人口庞大的发展中大国应对少子老龄化既需要广泛借鉴其他国家和地区的经验教训,又必须立足国情。

第三,积极应对少子老龄化,还需要从软、硬件两个方面努力,营造全龄友好、高度文明的社会环境与政策生态。无论是国家层面,还是江苏省,近些年相关的政策文件陆续密集出台。但是,一方面,政策文件落地生效需要假以时日,践行积极老龄化理念,支撑与保障老有所为的全龄友好型高度文明的社会环境、氛围与政策生态也并非一朝一夕便能形成;另一方面,良好的社会环境营造并不只是"软件"方面,还需要"硬件"设施的投资建设与更新改造,其中包括公共设施与住宅等适老化改造。因此,面向未来,需要在逐步健全完善包容性制度体系、制定实施更加合理可行的政策措施的同时,不断推进包容性治理实践探索,从软件和硬件两个方面,积极营造全龄友好、高度文明的社会环境与氛围。

四、积极应对人口老龄化、促进老龄服务业高质量发展的着力方向

面对日益严峻的人口老龄化、严重的少子化,以及劳动年龄人口不断减少的客观形势,江苏需要在国家战略方向的指引下,紧密结合省情,在业已取得的阶段性成绩基础上,面向未来,不懈探索,走出一条积极应对人口老龄化、促进老龄服务业高质量发展的新道路。其中,尤其要结合未来进一步的可为空间,广泛借鉴学习国内外先进经验与做法,综合运用相关学科领域的专业理论,积极探寻可以着力的重要方向与政策重点。

(一) 促进普惠性服务有效供给,着力降低生养、教育孩子的家庭成本

家庭生育意愿低迷,人口出生率低,是导致人口老龄化形势日益

严峻的重要根源。从家庭角度而言,一方面,随着社会保障制度的不断健全,养孩防老等社会功能日益弱化,家庭生养孩子的直接效用降低了;另一方面,高房价和包括托育在内的托幼、各个层次教育、医疗卫生等方面的高昂支出却使生养、教育孩子的家庭成本居高不下,生养、教育孩子成本与收益的双重不利变化是导致家庭生育意愿与水平持续走低的根本原因。

鉴于此,一方面需要政府承担起在民生保障领域兜底线、保基本的基本责任,加大托幼、教育、医疗卫生和住房等民生服务领域的投入,切实保障基本公共服务与产品的有效供给,另一方面必须充分发挥政府的政策引导、鼓励和支持作用,全面调动社会力量参与民生服务有效供给的积极性,通过公立组织、市场组织和社会组织的协同努力,实现托幼、教育、医疗卫生和住房行业的多元化、包容性发展,进而为民众提供他们能够负担得起的普惠性民生服务,有效降低家庭生养、教育孩子的成本,从而改变家庭生育的成本与收益关系,遏制甚至扭转生育意愿与水平持续下降趋势,提高人口出生率,从根源上积极应对日益严峻的少子老龄化。

(二)持之以恒地建设宜居宜业环境,吸引天下英才投身江苏创业发展

使少子老龄化问题更加凸显的是,劳动年龄人口业已持续减少数年。事实上,跟全国情况类似,江苏不仅劳动年龄人口占常住人口的比例已经持续下降十多年,而且就业人口占常住人口的比例也在缓慢下降,如果以比例最高的年份2010年为起点,现已下降十多年。前者会使老年社会抚养比不断上升,后者则使老年经济抚养比逐步上升。因此,江苏积极应对少子老龄化,必须高度重视劳动年龄人口、劳动人口和就业人口的持续减少状况,想方设法增加劳动力尤其是优秀人才的有效供给,而吸引国内外优秀人才来江苏创业发展就是其中的重要途径之一。

除了有效发挥政府、市场和社会组织等多部门协同治理优势、加快发展民生服务行业、着力营造宜居的生活环境之外,进一步深化"放管服"改革,持之以恒地优化营商环境,广泛吸引国内外优秀人才来江苏创业发展,则是积极应对日益严峻的江苏少子老龄化形势、增加劳动力有效供给不可或缺的重要途径。江苏还是经济相对发达地区,制造业基础比较好,具有吸引天下英才的有利经济条件。因此,需要进一步解放思想,更新公共治理理念,破除不合时宜的行政体制机制樊篱,放手发展市场组织、社会组织,让他们在经济社会发展和治理中发挥主体性作用,同时也为江苏吸引国内外英才、让他们充分实现自我价值提供更多更好的平台和舞台。实质上,营造宜居的生活环境、宜业的营商环境,不仅有助于吸引优秀人才来创业发展,而且可以带来更多的资源,创造更多的发展机会与更好的发展条件,进而增强吸引优秀资源的能力,如此形成良性循环,发挥自增强效应。

(三)优化政策措施,激发民众参加社会保险、提高缴费水平的积极性

我国社会保障制度选择的是以社会保险为主体的模式。从学理上来说,社会保险制度不仅要求强制参保,而且强调权利义务对等,待遇与缴费挂钩,无论是养老保险还是医疗保险制度,皆是如此。然而,事实并非完全如此。在强制参保方面,无论是职工还是城乡居民社会保险制度,目前都还未做到强制参保,更何况,原本主要面向正规就业人员的社会保险制度越来越难以适应新就业形态与方式不断出现、灵活就业人员日益增多的形势;在待遇与缴费挂钩方面,以现收现付制为主、个人账户占比较小的财务模式弱化了待遇与缴费之间的精算联系,因而直接影响到参保缴费的积极性,尤其是流动性比较大的非正规就业人员,而且医疗保险制度中的个人账户还有进一步弱化倾向。城乡居民社会养老保险,还因居民参保缴费积极性不高而导致缴费水平、待遇水平都比较低,根本难以保障基本生活需要。

尽管省级层面在社会保险制度的深层次、根本性改革方面难以有大的作为,但仍然可以在可能的政策空间范围内进行积极探索与优化创新。一是在城乡居民社会养老保险制度参保缴费方面,可以发挥江苏财政实力强的优势,既可以加大补贴力度,也可以优化财政补贴方式与机制,让财政补贴发挥更强的激励作用,调动城乡居民参保缴费的积极性,在提高缴费水平的基础上,提高待遇水平,切实保障这一群体的基本生活需要。二是积极探索长期护理保险制度的试点与建设,扩大制度覆盖面,通过保险制度普及来支撑长期照护服务有效供给,解决失能老人的照护困境。三是在加强正规就业人员强制参保监管的同时,通过政策探索与创新,调动灵活就业等非正规就业人员参保缴费的积极性,比如可以借鉴学习欧盟国家的做法,对流动人员实现养老金待遇与缴费分段计算与挂钩;对平台就业人员等灵活就业人员,可以学习借鉴新加坡中央公积金制度,率先探索完全积累模式的个人账户制综合保险制度,一举解决他们诸多权益得不到有效保障问题。

(四)构建包容性制度,推进包容性治理,促进老龄服务业高质量发展

积极应对人口老龄化,必须满足规模庞大并不断增长的老年人口多层次、多样化需求,而这只能依赖多元化发展的、内容丰富的老龄服务业,无论是要保障老有所养、病有所医,还是要实现老有所学、老有所乐、老有所为等等。除了需求多层次、内容多样化之外,由于老人养老模式与生活方式选择的多样性,老龄服务的供给方式也要与之相匹配。不仅如此,老年人身体状况的脆弱性,客观上还要求医养康护等相结合。所有这些,都对老龄服务有效供给提出了更多、更高的要求。但是,由于我国是未富先老、未备先老,不仅老年社会保障制度还不够健全完善,保障水平总体上还比较低,而且老龄服务业发展也不够充分,不够平衡,不够普惠,因此,在不少地方,老龄服务供给难以达到如此复杂多样的要求。江苏尽管总体上走在全国前列,但也程度不同地存在着类似的问题。鉴于此,江苏也需要立足现

状,并面向未来,加快推进老龄服务业实现以需求为导向的高质量发展,而其具体途径则是构建包容性制度,推进包容性治理,推进不同性质与类型的老龄服务行业分类协同发展。

进一步而言,就是要坚持供给侧结构性改革总方向,进一步解放思想,更新公共治理理念,深化"放管服"综合改革,有效破除阻碍市场组织、社会组织,以及个人、家庭、邻里互助小组等非正规组织发展并参与老龄服务有效供给的行政性障碍,建立起真正有利于充分调动各类组织、各种社会力量参与多样化老龄服务供给积极性的包容性制度,推进多部门分工协作的包容性治理,多元主体共同参与,通过多种供给途径与方式来满足规模庞大并不断增长的老年人口多层次、多样化老龄服务需求。更具体地来说,即以营利性市场组织(即通常意义上的企业)通过市场化途径与方式来满足中高收入群体要求较高的中高层次需求,以社会企业(SE、YSB)通过市场化途径与方式来满足中低收入群体要求一般的普通需求,以传统非营利性组织(传统 NPO)通过社会化途径与方式来满足低收入群体甚至困难群体的基本需求,由公立组织通过行政化途径与方式来保障经济困难家庭的基本需求。

特别需要指出的是,对于占比较大的中低收入群体,尤其需要具有社会使命、追求社会价值,但按照市场化方式运行的社会企业来为其持续提供能负担得起的普惠性老龄服务。虽然目前社会企业尚未得到国家层面政策法规的正式承认,但北京、成都、佛山等地都在积极探索,鼓励和支持社会企业发展,江苏可以广泛借鉴学习国内外的先进经验,支持社会企业规范、有序、健康地发展,并充分发挥它们在提供普惠性老龄服务等民生服务方面的积极功用。当然,还可以进一步探索创新各种合作供给模式,如公私合作伙伴关系模式(PPP)。国家发改委推动实施的养老托育普惠专项行动,即带有很强的公私合作模式,只是目前的覆盖面还比较小,难以满足占较大比例的中低收入群众的养老托育服务需求。

（五）践行积极老龄化理念，全力打造全龄友好、高度文明的社会环境

随着经济社会发展水平持续提高，人均预期寿命不断延长，不仅我国现行的退休年龄政策需要与时俱进，加快改革，而且应该践行积极老龄化理念，让老人既能够得到基本生活保障，尽可能地保持身体和精神健康，不断提高健康预期寿命，减小其与人均预期寿命之间存在的巨大差距，又能实现老有所学、老有所乐，更好地适应社会、融入社会，并积极参与社会经济发展与治理，这也正是世界卫生组织（WHO）在本世纪初倡导积极老龄化的要旨所在。为此，不仅需要健全老年社会保障制度，不断提高社会保障水平，切实保障老年人的基本生活需要，实现老有所养、病有所医，而且应全面实施健康中国战略，扎实推进健康中国行动，加强老年健康管理，延长健康预期寿命，并从软件和硬件等方面共同着力，创造更加有利的社会条件与友好文明的社会环境，满足老有所学、老有所乐和老有所为等现实需求。结合现实情况，江苏在这方面完全可以有更大作为。

进一步而言，一方面江苏需要顺应老人养老模式、生活方式的现实选择，由政府主动承担起公共产品与服务供给的基本职能，加强硬件等公共设施的投资建设与更新改造，使道路、公共场所、公共交通等硬件设施方面能够适应老龄社会的现实状况与发展趋势，方便老人日常生活、交通出行和社会参与；另一方面则应从软件方面加强社会建设，适应经济社会发展和科技进步日新月异的现状与变化趋势，为老人适应社会、融入社会和参与社会提供更多、更有力的支持与保障，其中包括在老有所学、老有所乐、老有所为等方面，为规模庞大并不断增长的老年人口在教育培训、文化娱乐、休闲健身以及参与正式与非正式工作等方面提供应有的支撑与保障，真正将积极老龄化理念落到实处，让老人在生活保障、身心健康与社会参与等方面获得更好的条件和更加有利的机会。

分　论

第二章　人口老龄化对经济发展的影响：兼论社会保障支出的作用*

一、引言

中国经济进入新常态，由高速增长转向高质量发展，发展方式从粗放扩张的规模速度型向集约增长的质量效率型转变，发展动力从依赖低成本的劳动力和资源要素投入向依靠人力资本、科技创新驱动转变。因此，人力资本、科技创新成为驱动经济发展的重要力量。然而，我国已经进入人口老龄化上升期，人口出生率持续走低，人均预期寿命不断延长，这些因素不仅导致我国 65 岁及以上的人口数量和比例一直稳步上升，而且 15~64 岁的劳动年龄人口、劳动人口和就业人口都已开始减少。不同于其他国家和地区，中国人口老龄化具有速度快、时间短、规模大并超前于经济发展水平等独特特征。如图 2-1 所示，在人口老龄化不断深化的过程中：不仅劳动年龄人口占比在 2010 年达到峰值之后开始逐渐降低，而且最能够反映经济发展水平的人均 GDP 增长率总体上也表现出不断下降的迹象（由于受疫情影响，2020 年、2021 年的数据比较特殊）。客观而言，劳动力数

---

* 本章部分内容参见：宋佳莹,高传胜,马嘉蕾. 人口老龄化对经济发展影响的机理与测度[J]. 江西社会科学,2022,42(12):35-46.

量大、成本低是改革开放之后我国经济快速发展、实力不断提升的重要优势,而持续深化的人口老龄化势必影响这一优势持续发挥作用。

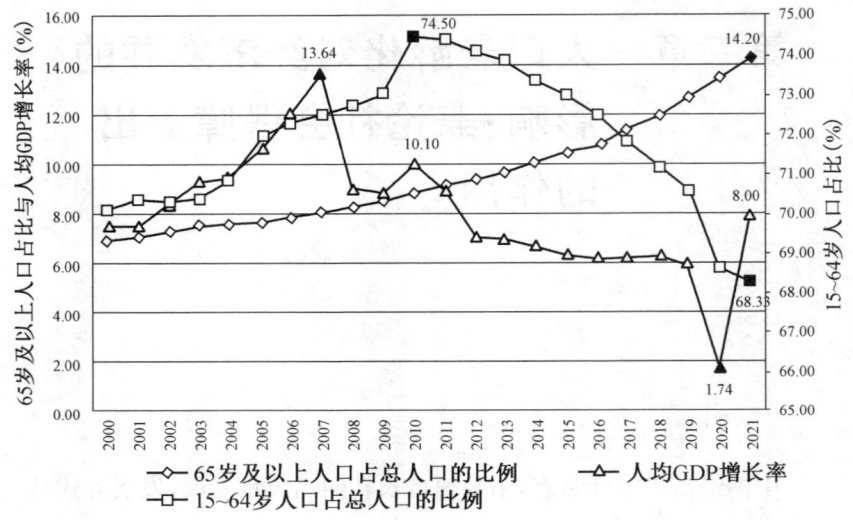

图2-1 我国人口结构与人均GDP增长率变化

数据来源:《中国统计年鉴—2021》和2021年全国《国民经济和社会发展统计公报》。

人口老龄化不仅会从供给与需求两侧对经济发展潜力与活力产生重要影响,而且会给社会保障制度的持续运行带来严峻挑战。(1)人口老龄化会从供给与需求两侧影响经济发展潜力与活力。一方面,人口老龄化会导致劳动年龄人口占比降低和劳动力结构老化,这不利于人力资本积累与技术革新,从供给侧对经济发展产生重要影响。因而,如果应对不力,就可能会降低经济发展潜力与活力。另一方面,人口老龄化还会从需求侧影响经济发展。人口老龄化不仅可能产生规模庞大并不断增长的多层次、多样化养老服务需要和需求,还会提升老年抚养比,影响收入分配结构,进而影响消费与投资水平及其结构。在开放经济条件下,人口老龄化还可能通过进口与出口,进一步影响经济发展驱动力。(2)人口老龄化会给社会保障制度的持续运行带来严峻挑战。伴随劳动年龄人口减少的人口老龄化,势必影响老年抚养比,在以现收现付制为主的社会保险制度体系下,势必从缴费与待遇两个方面对社会保险制度的可持续发展产生冲击。一些发达国家实行现收现付制养老保险制度,随着人口老龄化加剧,依靠现期就业人口缴费来供养越来越多老人的养老保险基金已经显示出越来越大的偿付压力,因而,不得不持续推进养老保险制度的改革。此外,由于老年人身体的脆弱性,医疗保险制度同样会面临类似的冲击,还会受到整个社会人口健康状况变化的深刻影响。

日本与欧洲的一些国家正经历严重的人口老龄化,经济增长也受到明显的负面影响。[①] 中国自然也不例外。随着人口老龄化的不断深化,现收现付制占比较高的养老保险基金必将出现越来越大的收支压力。个人一生收入中的养老费用比重将不断提高;家庭要为其成员的养老储备更多的财富;企业需要缴纳越来越多的养老保险费用;政府需要不断提高养老及社会保障支出的规模;全社会要为老年人口提供更多的资源。这些变化势必影响经济资源的配置,并给经济可持续发展带来挑战。而老年人口的需求如果得不到很好的满足,社会保障体系如果不能有效地适应,还将难以保障"老有所养",降低经济发展活力,并影响社会和谐稳定。因此,人口老龄化不仅仅是人口问题,更是重大的经济社会发展与治理问题,必须积极应对。鉴于此,有必要深入分析人口老龄化对经济社会发展与治理可能带来的影响,以便在此基础上结合现状进一步完善措施。

二、文献综述

人口既是经济社会发展与治理的重要主体,又是经济社会发展

---

① 李军.现行养老金制度系统性缺陷亟需纠偏——建立基于全要素贡献的养老金来源机制[J].探索与争鸣,2018(03):28-36,109,2.

与治理的受益对象,因而,人口老龄化必然对经济社会发展与治理产生不可忽视的影响。事实上,早在我国进入老龄化社会之前,就有学者提出人口老龄化对宏观经济发展可能会产生负面影响①,认为老年人口增加会带来一系列社会问题,进而加重经济社会负担②。随着我国人口老龄化的不断深化,相关的研究进一步深入,但得出了抑制论、促进论、非线性论和不确定论等不同结论。

其一,抑制论。有学者将人口老龄化引入新古典经济增长模型中,通过理论推演发现人口老龄化持续不可逆的深化将会抑制经济增长。③ 事实上,国外学者的早期研究发现,人口老龄化会导致劳动力占比下降、结构老化,降低劳动参与率与生产率,进而会降低经济增长速度。④ 基于美国各州的数据分析则发现,老龄化每增加10%,地区经济增长速度将下降5.5%,而人口老龄化引起的劳动生产率下降解释了其中的66.7%。⑤ 从影响机理看,老龄化增加了劳动力成本⑥,降低了整体的人力资本水平,会阻碍技术创新⑦,制约经济增长。从需求侧看,老龄化会增加老年人口的消费需求,但老年人口的整体消费水平低于青壮年的消费水平,因而总消费水平会下降;⑧此外,老龄化可能会导致储蓄率下降,既不利于总投资增加,也可能对

---

① 于学军. 中国人口老化对经济发展的影响:是积极的? 还是消极的? [J]. 人口研究,1995(4):1-6.
② 李建民. 我国老年人口负担的经济分析[J]. 人口研究,1998(6):5-10.
③ 穆怀中,韩之彬. 老年人口快速增长期中国的经济增长预期及其实现路径[J]. 人口与经济,2021(6):1-21.
④ BLOOM D E, CANNING D, FINK G. Implications of population aging for economic growth [J]. Social science electronic publishing. 2010,26(4),583-612.
⑤ MAESTAS N, MULLEN K J, POWELL D. The effect of population aging on economic growth, the labor force and productivity[R]. NBER working papers, 2016.
⑥ 李建伟. 中国劳动力供求格局、技术进步与经济潜在增长率[J]. 管理世界,2020(4):96-113.
⑦ 冯德连,李子怡. 人口老龄化、人力资本与服务出口复杂度[J]. 上海经济研究,2021(7):28-38.
⑧ 王金营,付秀彬. 考虑人口年龄结构变动的中国消费函数计量分析——兼论中国人口老龄化对消费的影响[J]. 人口研究,2006(1):29-36.

第二章　人口老龄化对经济发展的影响：兼论社会保障支出的作用

净出口产生不利影响①，这些都会对经济增长产生负面影响。②

其二，促进论。也有研究表明，预期寿命延长、老年人口占比上升，在一定发展阶段会因正向的收入效应而促进经济发展。③ 人口老龄化也可能因对研发投入的促进作用大于其对生产性劳动力的负向作用而有利于经济发展。④ 人口老龄化也可能倒逼政府与企业增加对人力资本的投资，提高人力资本水平，促进技术提升，缓解老龄化的负效应；而且，延迟退休也会对人力资本投资产生激励效应⑤，成为经济增长的动力源泉。老年人口增加了对养老服务产业的需求，带动"银发产业"发展，引起产业结构调整⑥，进而拉动经济增长。

其三，非线性论与不确定论。通过构建拓展的交叠世代模型，有学者研究发现，人口老龄化对经济发展的影响会由积极转向消极。对 OECD 国家经验数据的分析也发现，人口老龄化与经济增长之间呈现倒"U"型关系，先是促进经济增长，达到顶峰后对经济增长开始产生抑制作用，且抑制的程度随老龄化加深而增加。⑦ 此外，也有学者认为人口老龄化对经济发展的影响并不确定。有学者通过构建包含生命周期的内生增长模型，从理论层面推导出人口老龄化对经济

---

① 韩保庆，王胜今. 人口老龄化通过需求侧对实际汇率的影响[J]. 世界经济研究，2022(4)：105-119，137.

② 李扬，殷剑峰. 劳动力转移过程中的高储蓄、高投资和中国经济增长[J]. 经济研究，2005(2)：4-15，25.

③ 王维国，刘丰，胡春龙. 生育政策、人口年龄结构优化与经济增长[J]. 经济研究，2019，54(1)：116-131；PRETTNER K. Population aging and endogenous economic growth[J]. Springer open choice，2013，26(2)：811-834.

④ 刘洋，汪奕鹏，陈广汉. 基于研发投入视角下人口老龄化的经济增长效应研究[J]. 经济问题探索，2020(9)：43-57.

⑤ 蔡昉，王美艳. 中国人力资本现状管窥——人口红利消失后如何开发增长新源泉[J]. 人民论坛·学术前沿，2012(4)：56-65，71；邱牧远，王天宇，梁润. 延迟退休、人力资本投资与养老金财政平衡[J]. 经济研究，2020，55(9)：122-137.

⑥ 朴英爱，杨颖. 劳动流动、人口老龄化与产业结构优化的机制研究[J]. 经济问题探索，2022(3)：176-190.

⑦ 刘穷志，何奇. 人口老龄化、经济增长与财政政策[J]. 经济学(季刊)，2013，12(1)：119-134；AN C B，JEON S H. Demographic change and economic growth：an inverted-U shape relationship[J]. Economics letters，2006，92(3)：447-454.

增长的影响并不一定是负面的;也有学者将人口二分为劳动年龄人口与老年人口,通过平衡经济增长模型推导,同样认为人口老龄化对经济发展的影响并不确定。①

综上,学界主要聚焦于人口老龄化对经济增长速度与规模的影响研究,且已有文献主要采用人均 GDP 来反映经济增长,但人均 GDP 更偏重于反映经济方面的增长,对复杂的经济社会发展反映得不够全面,因而,本文通过构建综合指标来反映经济社会发展,并通过对经济社会发展的供给侧与需求侧建立联动机制,分析人口老龄化对经济社会发展的影响,并专门分析人口老龄化对社会保障制度可持续发展的影响。

三、人口老龄化影响经济发展的学理分析

(一) 人口老龄化对经济发展的影响:基于供给与需求侧的理论分析

人口老龄化对经济发展具有重要影响。人口在经济社会发展中兼有消费者与生产者的双重属性。一方面,人口作为社会生产力的重要构成要素,与经济总供给相关;另一方面,人口又作为经济社会发展成果的消费者影响经济总需求。人口老龄化对经济发展的供需影响主要表现在改变经济社会中劳动人口与非劳动人口的比例关系②,与之对应的是改变了"生产型"人口(主要为劳动力)与"消费型"人口(主要为非劳动力)的比例关系,从而引发用于投资与消费的经济资源配置发生变化。③ 主要机理在于:老龄化加深导致劳动力

---

① FUTAGAMI K, NAKAJIMA T. Population aging and economic growth[J]. Journal of macroeconomics, 2002, 23(1):31-44;李军. 人口老龄化条件下的经济平衡增长路径[J]. 数量经济技术经济研究,2006(8):11-21.

② 这里的非劳动力,主要是指需要被赡养、抚养的非劳动年龄人口,包括老年人口与未成年人口,是纯粹的消费者。虽然现实经济中存在着一些老年人和未成年人参加经济活动的现象,但这不是一般意义下的老年人口和未成年人口所具有的属性。

③ 李军. 警惕人口老龄化引发经济系统性风险[J]. 探索与争鸣,2015(12):23-26.

占比下降,非劳动力占比上升。如果保持劳动力人均资源配置不变,那么劳动力占比下降将导致劳动力资源总量下降,对应非劳动力资源总量上升,资源配置向消费方向倾斜,最终导致经济生产能力下降;如果劳动力与非劳动力在资源配置数量上保持不变,那么劳动力占比下降意味着人均资源配置上升,而非劳动力人均资源配置则下降,损害了非劳动力的福利水平。据此,人口老龄化势必导致经济资源配置的改变,直接对经济发展的潜力与活力产生重要影响,且主要在供需两侧表现出来。

从供给侧角度,主要表现在劳动力供给、技术进步与资本存量三个方面。人口老龄化对劳动力供给数量的负面影响已是共识,将导致劳动力供给与市场需求不匹配,且老化的劳动力使整体人力资本水平下降,阻碍技术创新,降低劳动生产率,增加劳动力成本,制约经济发展。虽然劳动力短缺可能倒逼政府与企业增加对人力资本的投资,提高人力资本水平,促进技术提升,缓解人口老龄化带来的负面影响,但老龄化的倒逼作用并不明显。对于资本存量的研究发现,作为单纯"消费型"人口的老年人增加了消费需求,导致储蓄下降,降低了资本存量水平,也意味着可用于投资的资本减少,不利于总产出的增加,[1]最终降低经济发展潜力。从需求侧角度,主要表现在投资、消费、净出口三个方面。对于投资,老年抚养比的上升降低了劳动力占比,引致国民收入降低,居民储蓄能力随之下降,而总储蓄直接导致总投资的减少,作为三驾马车之一的投资减少势必对经济发展产生负向作用。对于消费,老年人口的增加促进了对老年产业的消费,对经济发展起到一定程度的拉动作用,但老年人口的消费能力通常弱于年轻群体[2],导致社会的总消费可能倾向于减少,不利于总消费

---

[1] KIM S, LEE J W. Demographic changes, saving, and current account in East Asia[J]. Asian economic papers, 2007, 6(2): 22-53.

[2] 付波航,方齐云,宋德勇.城镇化、人口年龄结构与居民消费——基于省际动态面板的实证研究[J].中国人口·资源与环境,2013,23(11):108-114.

水平的提升,阻碍经济发展。对于净出口,研究表明地区老年抚养比的上升对净出口总量产生不利影响,主要表现在劳动力成本优势与出口产品竞争力被弱化,减少贸易顺差,降低净出口总量。① 此外,老年消费的转变带动"银发产业"的发展,促进产业结构调整,但老龄化对产业结构的影响也表现出原有劳动密集型产业发展受挫②,老龄化的正向作用仍未凸显,阻碍了经济发展活力的提升。据此,首先有以下假设:

假设1:人口老龄化对经济发展产生抑制作用。

(二)人口老龄化影响经济发展的机制分析

人口老龄化对经济发展的影响存在诸多机制,从供给侧看,年龄结构的转变不仅影响劳动力占比,对作为经济发展两大重要动力源泉的人力资本与技术革新的影响不可忽视。趋于消失的"人口数量红利"向"人口质量红利"转变,促进技术革新,提高劳动生产率,以弥补劳动力供需不平衡带来的不利影响,促进经济高质量发展。从老年人口的需求看,老年抚养比的增加,最直接的影响是对社会保障的需求增加,尤其是养老保险与医疗保险的需求越来越大,社会保障制度体系的完善成为解决老龄化问题的重要政策措施。

1. 人力资本水平

人口老龄化导致的劳动力供给占比的负增长在学界已是共识。主要的分歧在于反映劳动力供给质量的人力资本。伴随着知识经济、技术经济的发展,物质资本投资回报率逐渐下降,人力资本投资回报率不断增加。人口老龄化的加剧也诱发投资从物质资本向人力资本转移,促进潜在劳动生产率持续提高。此外,短缺的劳动力供给,也可能倒逼政府、企业为提高劳动生产率,加大对社会人力资本

---

① 王仁言. 人口年龄结构、贸易差额与中国汇率政策的调整[J]. 世界经济,2003(09):3-9,80.

② 李竞博,原新. 如何再度激活人口红利——从劳动参与率到劳动生产率:人口红利转型的实现路径[J]. 探索与争鸣,2020(02):131-139,160.

的投资,提高整体居民的人力资本水平。从微观层面看,老年抚养比增加的社会保障支出可能使家庭社会福利增加,家庭更加愿意为成员提供人力资本投资,这有利于整体人力资本积累。根据人口数量与人口质量替代理论①,家庭生育率下降,父代将会增加子代的人力资本投资,促进人力资本积累。虽然老龄化减小了劳动力数量,但人口质量红利长期来看将会增加,从而使人力资本在人口老龄化影响经济发展的过程中起正向调节作用。然而,老龄化也给人力资本积累带来负面影响。从个人角度看,劳动力市场年龄逐渐老化、个人身体机能和学习能力逐渐退化、老年劳动力精力不足使其人力资本投资收益率降低;具有高人力资本的青年占比下降,弱化了人力资本对经济发展的正向作用。从宏观层面看,人口老龄化的加剧增加了老年人口对养老(包括养老保险、养老服务)、医疗服务等的需求,增加了政府对养老问题的投资而挤出对公共教育或是人力资本的投入,不利于人力资本的积累。人口老龄化可能弱化了人力资本对经济发展的正向效应。据此有以下假设:

假设2:人力资本在人口老龄化影响经济发展过程中起到正向调节作用;

假设3:人口老龄化的加剧,弱化了人力资本对经济发展的正效应。

2. 技术革新

Arrow指出,技术革新是投资和生产的副产品,厂商、企业通过"干中学"或者利用知识的"外部性"向其他企业、厂商学习先进技术以提高劳动生产率,而将技术进步作为经济发展的内生结果,看成经济发展的重要驱动力。② 在老龄化进程中,技术革新对劳动力供给

---

① BECKER G S, LEWIS H G. On the interaction between the quantity and quality of children[J]. Journal of political economy,1973,81(1-2):113.

② ARROW K J. Economic welfare and the allocation of resources for invention[J]. Social science electronic publishing,1962,35(5):609-626.

的短缺起到一定的弥补作用,缓解人口老龄化带来的部分负面影响。但伴随人口老龄化的加剧,短期内老化的劳动力可能不利于技术创新,研究表明年龄与技术创新能力之间呈现出驼峰型趋势,劳动人口高创造力的年龄峰值大约在 30～40 岁,以后将逐年下滑[①],进一步通过降低劳动生产率对经济发展产生冲击作用。[②] 长期来看,根据诱致性技术变迁理论,老龄化的加剧诱导并推动高新技术的发展和应用。劳动节约型的技术创新可能使资本-劳动力重新配置,使技术有效替代短缺的劳动供给,提高经济发展水平。[③] Gehringer 和 Prettner 通过在半内生增长理论基础上构建 OLG 模型,发现老年人口预期寿命的延长将增加家庭对 R&D 的投资激励,促进技术革新。[④] 此外,老年劳动力通过"干中学"积累经验弥补认知能力降低导致的劳动生产率下降,且部分行业老年劳动力具有更加丰富的经验与成熟的技能,将会与新知识互补促进创新活动;劳动力的短缺,倒逼企业转变生产方式,使用新技术替代劳动力,促进经济发展。据此有以下假设:

假设 4:技术革新在人口老龄化影响经济发展过程中起到正向调节作用;

假设 5:长期趋势下,人口老龄化将强化技术革新对劳动力的替代作用,刺激经济发展。

3. 社会保障支出

社会保障制度日益成为国家治理的重器。随着人口老龄化的不断加剧,社会保障需求不断加大,这势必对经济发展产生重要影响。

---

① FEYRER J. Aggregate evidence on the link between age structure and productivity [J]. Population and development review,2008,34(1):78 - 99.

② 都阳,封永刚. 人口快速老龄化对经济增长的冲击[J]. 经济研究,2021,56(02):71 - 88.

③ 李竞博. 人口老龄化对劳动生产率的影响[J]. 人口研究,2019,43(06):20 - 32.

④ GEHRINGER A, PRETTNER K. Longevity and technological change [J]. Macroeconomic dynamics,2017,23(4):1471 - 1503.

第二章 人口老龄化对经济发展的影响:兼论社会保障支出的作用

在中国现代化进程中,社会保障支出对居民而言既是物质保障也是精神保障。社会保障制度可以分散社会风险并对风险进行管理,增强老年人口的消费能力,为经济发展提供稳定条件。作为社会保障支出主要组成部分,养老保险可以成为一种生产要素反哺经济[①],缓解人口老龄化带来的负面影响,达到促进经济发展的目的。人口老龄化也可推动我国多层次养老保险体系逐步健全,对商业保险产品的需求也在增大,有利于促进商业养老保险、健康保险、护理保险等保险业务,以及适老金融产品和相应机构的发展。[②] 老年人口的养老需求将推动"银发经济"不断发展壮大,促进医疗、护理、康复、生活照料等消费的快速增长,催生康复辅助器具、智慧养老、适老化改造、老年宜居住宅等新的产业机遇。未来养老市场将会创造更多新的就业岗位,成为经济发展新动能。[③] 然而,老龄化的加深势必增加对社会保障支出的需求,过度的社会保障支出可能导致政府财政压力加大,宏观层面社会保障支出的增加将对投资产生挤出效应,阻碍经济发展。故而,社会保障支出即使可能缓解人口老龄化的部分负面作用,也要保持适度,去寻求新的保障措施,以缓解政府财政压力。据此有以下假设:

假设6:社会保障支出在人口老龄化影响经济发展过程中起到正向调节作用;

假设7:人口老龄化的加剧,弱化了社会保障支出对经济发展的促进作用。

---

① 郑秉文. 面向2035和2050:从负债型向资产型养老金转变的意义与路径[J]. 华中科技大学学报(社会科学版),2021,35(3):20-37.

② 郝福庆,王谈凌,鲍文涵. 积极应对人口老龄化的战略思考和政策取向[J]. 宏观经济管理,2019(2):43-47,61.

③ 穆光宗,张团. 我国人口老龄化的发展趋势及其战略应对[J]. 华中师范大学学报(人文社会科学版),2011,50(5):29-36.

四、经济发展测度与数据来源

（一）经济发展测算模型

熵值法是一种客观赋权方法,通过计算指标的信息熵,根据指标的相对变化程度对系统整体的影响来决定指标的权重,相对变化程度大的指标具有较大的权重,此方法现广泛应用在统计学、经济学等各个领域。本文利用熵值法对经济发展进行测度。首先,原始数据标准化。由于指标体系存在正向与逆向指标之分,故先对指标体系进行同趋势化处理,正向指标标准化方法为:

$$x'_{ij,t} = \frac{x_{ij,t} - \frac{1}{n}\sum_{i=1}^{n}x_{ij,t}}{s_{j,t}} (i=1,2,\cdots,n, j=1,2,\cdots,m)$$

（公式1）

逆向指标标准化公式为:

$$x'_{ij,t} = \frac{\frac{1}{n}\sum_{i=1}^{n}x_{ij,t} - x_{ij,t}}{s_{j,t}} (i=1,2,\cdots,n, j=1,2,\cdots,m)$$

（公式2）

其中,$x_{ij,t}$ 为第 i 个样本、j 项指标的原始数值,t 表示年份,$x'_{ij,t}$ 为标准化后的指标值,$s_{j,t}$ 为第 j 项指标的标准差。为了合理解决标准化后数值出现负数值造成的影响,对标准化后的数值进行平移:

$$Z_{ij,t} = x'_{ij,t} + A$$

（公式3）

公式(3)中,$Z_{ij,t}$ 是平移后数值,A 为平移幅度。将各指标同度量化,计算第 j 项指标下,第 i 个省份占该指标比重 $P_{ij,t}$ 和信息熵 $e_{j,t}$:

$$P_{ij} = Z_{ij} \Big/ \sum_{i=1}^{n} Z_{ij}$$

（公式4）

第二章 人口老龄化对经济发展的影响：兼论社会保障支出的作用

$$e_{j,t} = -\frac{1}{\ln(n)}\sum_{i=1}^{n} P_{ij,t}\ln(P_{ij,t}), (e_j \geqslant 0) \quad （公式5）$$

根据公式(5)计算第 j 项指标的差异系数 $g_{.,t}(g_{j,t}=1-e_{j,t})$，及对差异系数归一化计算的第 j 项指标权重 $w_{j,t} = g_{j,t}\Big/\sum_{j=1}^{m}g_{j,t}$，根据计算的各指标权重，对各地区经济发展水平进行加权测算，最后得出各地区经济发展测度结果：

$$jjfz_{i,t} = \sum_{j=1}^{m} w_{j,t} \cdot x_{ij,t} \quad （公式6）$$

（二）指标选取及数据来源

德布拉吉·瑞认为，经济发展是一个多维概念，不仅包括人均收入和经济增长，还包括社会发展的多方面进步。[①] 通过对已有文献梳理，基于指标选取的科学性、系统性、可比性、代表性和可操作性等原则，参考魏艳华等[②]、苗龙等[③]、李二玲和崔之珍[④]的研究，选取经济发展为一级指标，以及体现经济发展水平的经济增长、产业结构、国内外贸易、生活水平、收入分配、外部性等 6 个二级指标，对应的 17 个三级指标来反映中国 31 个省（区、市）的经济发展水平，指标选取及权重见表 2-1。主要指标数据来源于国家统计局。其中，失业率、城乡收入比、基尼系数、二氧化硫排放量等指标对经济发展表现出负向影响，其余指标为正向指标。在二级指标中，经济增长的权重最大为 0.224，意味着提升地区或国家经济发展水平，做大"蛋糕"仍然很重要。

[①] 瑞.发展经济学[M].陶然,等,译.北京:北京大学出版社,2002:6-38.
[②] 魏艳华,马立平,王丙参.中国八大综合经济区经济发展差异测度与评价[J].数量经济技术经济研究,2020(6):89-108.
[③] 苗龙,文炳勋,文倩雅.中国地方财政教育投入与经济发展水平的时空耦合协调关系研究[J].经济地理,2021(12):149-157.
[④] 李二玲,崔之珍.中国区域创新能力与经济发展水平的耦合协调分析[J].地理科学,2018(9):1412-1421.

表 2-1 经济发展指标选取

一级指标	二级指标	三级指标	指标权重	二级指标权重	指标方向
经济发展	经济增长	地区生产总值(亿元)	0.054	0.224	+
		固定资产投资占比	0.060		+
		人均地区生产总值(元/人)	0.056		+
		地方财政一般预算收入(亿元)	0.054		+
	产业结构	三产占比	0.056	0.176	+
		二产占比	0.065		+
		工业增加值(亿元)	0.054		+
	国内外贸易	进出口总额占比	0.055	0.109	+
		社会消费品零售总额(亿元)	0.055		+
	生活水平	失业率	0.060	0.174	+
		城镇可支配	0.058		+
		农村可支配	0.057		+
	收入分配	城乡收入比	0.067	0.132	+
		基尼系数	0.065		+
	外部性	二氧化硫排放量(万吨)	0.065	0.185	—
		生活垃圾无害化处理率(%)	0.066		+
		工业污染治理完成投资(万元)	0.054		+

(三) 经济发展指标测度

基于2004—2019年31个省(区、市)数据,运用公式(1)~(6)的熵值法计算步骤,测算各地区经济发展水平,测算结果见图2-2。从省(区、市)层面看,各地区经济发展水平呈现逐年递增趋势。近些年,经济发展由经济快速增长期转向高质量增长阶段,经济社会层面的诸多方面均得以发展,无论是经济增长还是居民生活水平均有很大程度的提高,整体层面向好发展。广东省的经济发展水平最高,其次是江苏省、浙江省、上海市、山东省、北京市等。但经济发展水平在

第二章 人口老龄化对经济发展的影响:兼论社会保障支出的作用

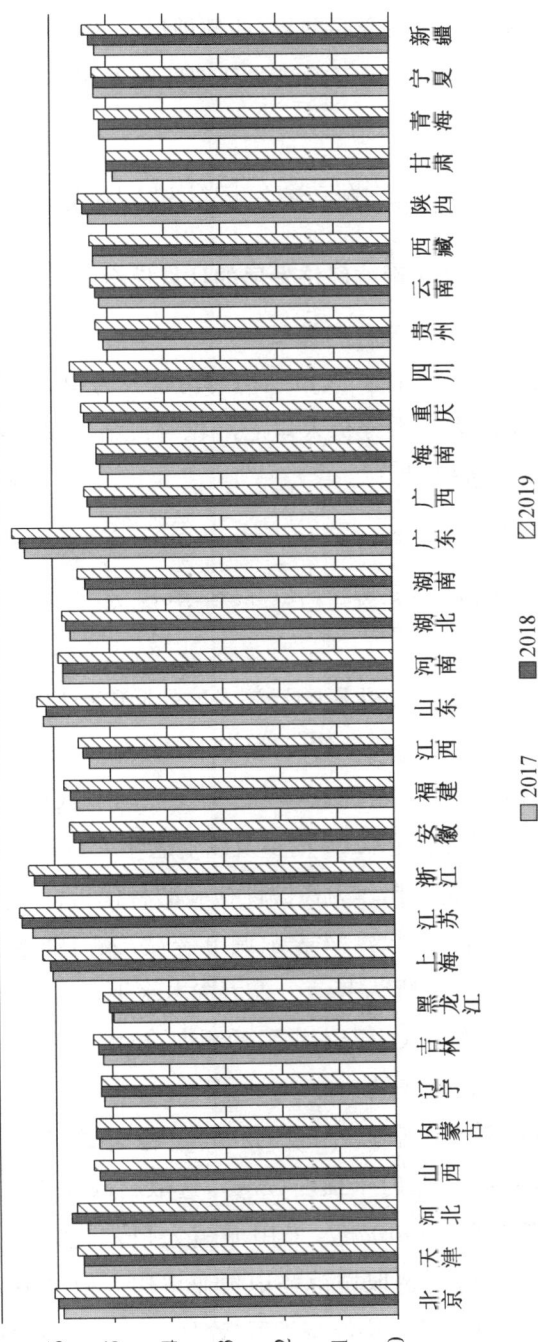

图 2-2 2017—2019 年各地的经济发展指标变动趋势

各地区间呈现出显著的空间差异,西部地区各省份的经济发展水平远落后于东中部地区。仍需关注西部地区的发展,缩小地区间经济发展差距。

五、人口老龄化影响经济发展的模型设定与数据来源

(一)人口老龄化影响经济发展的计量模型

1. 基准回归与调节效应模型

中国已进入老龄社会,人口结构的转变成为中国经济可持续发展的重要影响因素。为分析人口老龄化与经济发展之间的影响关系,构建以下计量模型:

$$jjfz_{i,t}=\alpha_0+\alpha_1 aging_{i,t}+controls+\lambda_t+\theta_i+\mu_{i,t} \quad (公式7)$$

$$jjfz_{i,t}=\beta_0+\beta_1 aging_{i,t}+\beta_2 M_{i,t}+\beta_3 M_{i,t}\times aging_{i,t}+controls+\lambda_t+\theta_i+\mu_{i,t}$$
$$(公式8)$$

公式(7)为人口老龄化影响经济发展的回归模型,但人口老龄化对经济发展的影响并非简单的线性回归,还受人力资本、技术革新等指标的调节作用,故构建公式(8)的非线性调节效应模型。其中,$aging$ 为人口老龄化,选取65周岁及以上老年人口占比作为其衡量指标,并采用老年抚养比作为稳健性检验的替代指标。$jjfz$ 表示经济发展,为上文测算结果。M 表示调节变量:人力资本水平(edu),劳动力的质量主要表现为劳动力人力资本水平,故选取各地区人口平均受教育年限作为人力资本水平的测度;技术革新($tech$),采用专利授权数作为其代理变量。

由于经济发展受到诸多因素的共同影响,本文还包含以下控制变量($controls$):(1)政府干预度(gov),选取财政支出占 GDP 的比值;(2)城市化水平($urban$),采用城镇人口占地区总人口比例;(3)失业率($unemp$),选取城镇登记失业率作为衡量中国失业率指标,失业率是反映地区社会经济发展状况的一项重要指标,该指标越

高表明经济发展越不景气,参与就业人员数越少;(4)基础设施建设($infra$),选取公路里程数占国土面积的比重作为基础设施建设的测度;(5)私营企业规模($tratio$),私营企业是推动经济发展的重要市场力量,其数量与活跃程度在很大程度上决定了经济增长的强弱,基于数据的可获取性,选择私营企业总户数与总人口的比值作为体现私营企业市场进入程度的衡量指标;(6)消费水平($lnconsu$),选取居民人均消费支出作为消费水平的测度,可以反映各地区经济发展状况。

2. 门槛回归模型

日益加剧的人口老龄化对经济发展产生重要影响。当人口老龄化处于不同程度时,可能导致人力资本、技术革新对经济发展产生不同的影响,引入门槛效应模型分析人口老龄化影响经济发展的作用机制,模型如下:

$$y_{it}=u_i+\rho_1 M_{it}I(q_{it}\leqslant\gamma)+\rho_2 M_{it}I(q_{it}>\gamma)+controls+\varepsilon_{it}$$

(公式9)

公式(9)中,q_{it} 是门槛变量,这里将人口老龄化作为门槛变量,分析当老龄化处于不同程度时,其对人力资本与技术革新的影响如何进一步对经济发展产生作用。γ 是待估门槛值,ε_{it} 为干扰项,且服从独立同分布,假设解释变量 M_{it} 与扰动项 ε_{it} 不相关;$I(\cdot)$ 为取值 0 或 1 的示性变量。根据残差平方和(SSR)最小原理估计最优门槛值,当 SSR 达到最小时,最优门槛值为 $\hat{\gamma}$,即 $\hat{\gamma}=\arg\min S_1(\gamma)$,并根据似然比检验(LR)统计量计算门槛值的置信区间:

$$LR(\gamma)=[SSR(\gamma)-SSR(\hat{\gamma})]/\hat{\sigma}^2 \quad (公式10)$$

(二)数据来源及描述性统计分析

根据数据的可获取性,选取 2004—2019 年中国省级面板数据分析人口老龄化对经济发展的影响。对于消费水平与技术革新等指标采用取对数法缩小指标尺度,此方法不改变变量之间相关关系,以便下文实证分析使用。指标变量的描述性统计分析结果见表2-2。经济发展测度的最大值为6.694,是最小值的1.65倍,不仅体现了随年份的增加,经济发展水平不断提高,也反映了地区间经济发展存在不平衡现象;人口老龄化最小值仅为3.3%,最大值达到16.3%,老龄化呈现出递增趋势,且存在地区间差异,随着人口老龄化程度的拉大,地区间人口结构产生差异,这可能是地区经济发展不平衡的重要因素。

表2-2 描述性统计分析

变量	样本量	均值	标准差	最小值	最大值
$jjfz$	496	5.000	0.506	4.050	6.694
$aging$	496	0.095	0.022	0.033	0.163
gov	496	0.233	0.106	0.088	0.758
$urban$	496	0.527	0.149	0.198	0.941
$unemp$	496	0.035	0.007	0.012	0.065
$infra$	496	0.781	0.532	0.034	3.744
$tratio$	496	0.039	0.019	0.011	0.109
$lnconsu$	496	9.091	0.630	7.646	10.677
edu	496	8.639	1.222	3.738	12.782
$tech$	496	9.244	1.654	4.248	13.175

六、人口老龄化影响经济发展的实证分析

(一)基准回归与调节效应

人口老龄化影响经济发展的回归结果见表2-3。模型1中,人口老龄化系数显著为负,这表明老龄化的加深对经济发展产生阻碍作用,抑制经济发展。从供给侧角度来看,劳动力供需失衡给劳动力市场带来的负面影响要强于市场需求得不到满足而形成的倒逼机制,降低了经济发展潜力。从需求侧角度来看,经济需求是决定劳动

生产能力释放程度的重要因素,体现经济增长的活力。老龄化不利于老年人口的收入增长,个人的收入决定了消费能力与消费水平,老年人口作为纯消费型人口,其收入能力急速下降导致消费能力降低,在经济层面上,虽然老年消费增加了,但对应的劳动力人口占比下降导致劳动力消费总量大幅下降,两种效应相抵,最终使社会总消费倾向于减少。此外,老龄化促使老年人口的养老保障、医疗保障、生活起居照料等方面的需求扩大,促进老年产业发展。一方面,增加的社会保障支出可分散风险,改善民生,促进产业结构调整,进一步有利于经济发展;但另一方面,也可能导致财政负担加重,社会抚养负担骤增,因而阻碍经济发展。综合来看,人口老龄化的负向作用更为明显,阻碍经济发展。假设 1 得以验证。模型 2—3 结果显示,人力资本与技术革新在人口老龄化影响经济发展的过程中均起到正向调节作用,缓解了人口老龄化的部分负效应。根据新经济增长理论,人力资本与技术革新作为地区经济发展的重要动力源泉,是经济高质量发展的重要因素。人口老龄化的加剧,短缺的、老化的劳动力市场也倒逼政府、企业加大对人力资本投资和技术创新能力的培育,进一步增进人力资本与技术革新的正向作用,缓解老龄化产生的部分负效应。假设 2 与假设 4 得到验证。

表 2-3 基准回归与调节效应结果

变量	模型 1 基准回归	模型 2 人力资本调节效应	模型 3 技术革新调节效应
$edu \times aging$		0.713**(0.28)	
edu		0.045(0.03)	
$tech \times aging$			2.052***(0.18)
$tech$			0.094***(0.01)
$aging$	−0.274*(0.48)	−6.880**(2.67)	−20.869***(1.85)
gov	−0.861***(0.14)	−0.840***(0.14)	−0.492***(0.12)

(续表)

变量	模型1 基准回归	模型2 人力资本调节效应	模型3 技术革新调节效应
$urban$	−0.201(0.14)	−0.176(0.15)	−0.172(0.11)
$unemp$	−8.447***(0.64)	−8.309***(1.64)	−8.258***(1.39)
$infra$	0.091***(0.02)	0.086***(0.02)	0.029*(0.01)
$tratio$	4.773***(0.65)	4.564***(0.66)	3.264***(0.60)
$lnconsu$	0.587***(0.03)	0.577***(0.03)	0.457***(0.04)
$\_cons$	0.028(0.25)	0.537(0.33)	2.198***(0.28)
χ^2	5 715.94	5 801.35	7 244.45
R^2	0.801	0.780	0.900
N	496	496	496

注：括号内为稳健标准误，***、** 和 * 分别表示 1%、5%和10%显著性水平。下同。

对于控制变量，政府干预对经济发展起到显著的抑制作用，政府可能会因追求经济最大化而非正常干预市场，阻碍市场经济的发展；城市化对经济发展的影响并不显著；失业率的提高对经济发展产生阻碍作用；基础设施建设、私营企业规模与消费水平提高对经济发展表现出显著的促进作用，这几个指标也均是促进经济发展的重要动力，实证结果符合实际预期。

（二）稳健性检验

进一步，对所选模型的结果进行稳健性检验。第一，考虑替换核心解释变量。人口老龄化体现了老年人口占比情况，将老年抚养比这一指标作为人口老龄化的替代变量，进行稳健性检验，结果见表2-4模型4—6。模型4为人口老龄化对经济发展影响的稳健性回归结果，人口老龄化的系数显著为负，阻碍经济发展。模型5—6为调节效应模型的稳健性分析结果，人力资本、技术革新在人口老龄化影响经济发展的过程中仍起到正向调节效应，缓解人口老龄化给经

第二章 人口老龄化对经济发展的影响：兼论社会保障支出的作用

济发展带来的负面作用。结果证实模型结果具有稳健性。第二，考虑模型中变量的内生性问题。由于人口老龄化对经济发展产生重要影响，而地区经济发展可能会产生生育率下降、人口老化等现象，导致人口老龄化与经济发展并非单向关系而存在双向因果关系。[①][②] 将人口老龄化和人力资本、技术革新分别滞后一期作为其工具变量，以此来克服内生性，以及当期项与残差项可能存在的同期相关问题。回归结果见模型 7—9，模型 7 中，人口老龄化系数显著为负，故滞后一期项的估计系数符号没有显著变化，模型 8—9 中，人力资本、技术革新在人口老龄化影响经济发展过程中仍起到正向调节作用，再次证明所选模型的稳健性。

表 2-4 稳健性检验

变量	替换核心解释变量			核心解释变量滞后一阶		
	模型4 基准回归	模型5 人力资本 调节效应	模型6 技术革新 调节效应	模型7 基准回归	模型8 人力资本 调节效应	模型9 技术革新 调节效应
$edu \times aging$		0.576** (0.23)			0.945*** (0.19)	
edu		0.056 (0.03)			0.045* (0.02)	
$tech \times aging$			1.442*** (0.13)			1.363*** (0.14)
$tech$			0.094*** (0.01)			−0.089*** (0.02)
$aging$	−0.046* (0.35)	−5.365** (2.18)	−14.893*** (1.38)	−1.108*** (0.40)	−9.488*** (1.91)	−13.637*** (1.44)
gov	−0.855*** (0.14)	−0.827*** (0.14)	−0.525*** (0.12)	−0.509** (0.20)	−0.768*** (0.14)	−0.259** (0.12)

---

① 王振杰. 从"国家计划"到"个人自主"：我国生育影响机制的差异性研究[J]. 探索与争鸣，2021(7)：170-176，180.
② 张继元. 少子化时代日本儿童照顾责任意识变革[J]. 社会保障评论，2020，4(2)：101-116.

(续表)

变量	替换核心解释变量			核心解释变量滞后一阶		
	模型4 基准回归	模型5 人力资本 调节效应	模型6 技术革新 调节效应	模型7 基准回归	模型8 人力资本 调节效应	模型9 技术革新 调节效应
$urban$	−0.209 (0.14)	−0.181 (0.15)	−0.237** (0.11)	0.168 (0.15)	0.377*** (0.12)	0.095 (0.10)
$unemp$	−8.549*** (1.65)	−8.176*** (1.65)	−7.609*** (1.41)	−1.093 (2.22)	−5.389*** (1.52)	−3.282** (1.46)
$infra$	0.093*** (0.02)	0.088*** (0.02)	0.039** (0.02)	−0.057** (0.03)	0.125*** (0.02)	−0.009 (0.01)
$tratio$	4.688*** (0.66)	4.455*** (0.67)	3.436*** (0.61)	2.769*** (0.54)	4.529*** (0.51)	2.340*** (0.41)
$lnconsu$	0.586*** (0.03)	0.578*** (0.03)	0.470*** (0.04)	0.727*** (0.04)	0.443*** (0.04)	0.603*** (0.03)
$\_cons$	0.031 (0.25)	0.602* (0.35)	2.108*** (0.29)	−1.499*** (0.29)	0.594** (0.27)	0.445* (0.23)
χ^2	5 708.70	5 796.73	7 171.03	22 139.93	18 366.81	22 139.93
R^2	0.800	0.801	0.900			
N	496	496	496	496	496	496

(三) 门槛效应的进一步分析

上述分析发现，人力资本、技术革新在人口老龄化对经济发展带来的影响中起到正向调节作用。但人口老龄化对人力资本、技术革新也产生了重要影响，使三者对经济发展产生不同作用。将人口老龄化设置为门槛变量，人力资本、技术革新为其影响机制。首先，确定门槛模型中门槛值的个数，模型中门槛值的个数主要取决于样本个数，将人力资本、技术革新作为影响机制，人口老龄化的门槛值及其检验结果见表2-5，单一门槛模型检验的F值与P值均通过统计检验。人力资本作为机制时，人口老龄化的最优门槛值为0.071，技术革新作为机制时，人口老龄化的最优门槛值为0.114。

第二章　人口老龄化对经济发展的影响:兼论社会保障支出的作用

表 2-5　门槛效果及估计值检验

人口老龄化作为门槛变量	F 值	门槛估计值	门槛估计区间
人力资本单一门槛模型	12.53*	0.071	[0.065,0.071]
技术革新单一门槛模型	22.25**	0.114	[0.112,0.115]

最优门槛回归结果见表 2-6。模型 10 为人力资本机制分析结果,当人口老龄化处于门槛值 0.071 以内时,人力资本增加一单位,经济发展水平增加 0.076 个单位;当人口老龄化跨越门槛值时,人力资本增加一单位,经济发展增加值降低为 0.067 个单位,人力资本水平对经济发展的促进效应减弱。假设 3 得以验证。究其原因,老龄化导致劳动力结构老化,老龄群体人力资本水平相对较低,减弱了作为经济发展动力源泉的人力资本积累对经济发展的促进作用;其次,家庭老龄人口占比增加对家庭人力资本投资具有挤出效应,不利于家庭后代人力资本积累,进一步阻碍居民获得收入能力。虽然老龄化可能倒逼企业为缓解劳动力短缺的负面影响而发挥企业家精神,提升自身技术创新能力,但老龄化负向作用凸显,减缓了人力资本对经济发展的正向作用。可见,人口老龄化的两区段均表明人力资本水平对经济发展起到促进作用,但人口老龄化的加剧使人力资本水平对经济发展的边际正效应递减,阻碍经济的持续发展。

模型 11 为技术革新机制分析结果,当人口老龄化处于门槛值 0.114 以内时,技术革新增加一单位,经济发展水平增加 0.068 个单位;当人口老龄化跨越门槛值时,技术革新增加一单位,经济发展增加 0.077 个单位,技术革新对经济发展的边际正效应增强。假设 5 被验证。技术革新是经济发展的重要驱动力,新经济增长理论将作为外生变量的"技术革新"内生化,使其成为经济发展的动力源泉之一。促进技术创新、技术进步将带动生产要素和规模报酬递增,进而推动经济的持续发展。因此,在人口老龄化的两个区段,技术革新均表现出对经济发展的促进作用。随着人口老龄化的加剧,无论是劳动力占比的下降,还是劳动力的老化,均可能降低劳动生产率,阻碍经济发展;但另一方面老龄化跨越门槛值后,严重的劳动力供需不平衡问题也倒逼企业、政府增加对技术创新的投资,以提升总产值,促进经济发展。显然,跨越门槛值后人口老龄化给技术革新带来推动作用,更大程度上发挥了技术革新对经济发展的正向激励效果。

表 2-6 人口老龄化与经济发展门槛效应分析

变量	模型 10 人力资本门槛效应	模型 11 技术革新门槛效应
$edu(aging \leqslant 0.071)$	0.076*** (0.03)	
$edu(aging > 0.071)$	0.067** (0.03)	
$tech(aging \leqslant 0.114)$		0.068* (0.04)
$tech(aging > 0.114)$		0.077** (0.04)
$aging$	0.211(1.17)	−1.189(0.87)
gov	−0.784** (0.32)	−0.831*** (0.29)
$urban$	−0.012(0.28)	−0.062* (0.28)
$unemp$	−7.892** (3.07)	−7.834** (2.88)
$infra$	0.087** (0.03)	0.072* (0.03)
$tratio$	4.561** (2.06)	4.275* (2.03)
$\ln consu$	0.514*** (0.08)	0.461*** (0.09)
$\_cons$	−0.066(0.52)	0.547(0.55)
R^2	0.719	0.840
F	145.83	234.77
N	496	496

七、人口老龄化影响社会保障支出与经济发展的实证分析

(一)我国社会保障支出的总体状况分析

1. 社会保障支出

社会保障制度在保障公民基本生活、调节收入分配、促进社会经

济健康发展方面起到重要作用。人口老龄化的加深，使得老年抚养比越来越高，面对增加的老年人口，对社会保障的需求势必增加，政府、企业、家庭的抚养压力渐增。图2-3为社会保障支出[①]等相关指标趋势图。从图中可以看出我国社会保障支出额，包括财政社会保障支出与社会保险支出均保持持续增长趋势；且社会保障支出占GDP的比值逐年增加，从2004年的4.78%增至2020年的10.97%。社会保障支出增长速度一直高于GDP的增长速度，表明国家在改善、保障民生方面的支出占比提高。但与发达国家比较，我国社会保障支出占比仅为发达国家的一半左右，发达国家的社会保障支出规模占GDP的25%左右[②]。社会保障支出的多寡直接关系到我国居

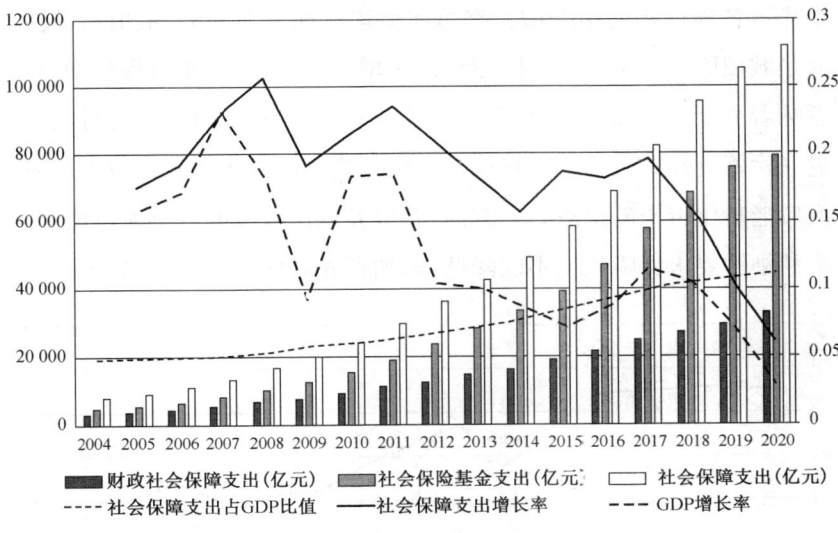

图2-3 我国社会保障支出趋势

---

① 目前学术界对社会保障支出的统计口径并不统一，这里主要从社会保障资金来源角度进行区分，社会保障支出包括财政性社会保障支出和社会保险性社会保障支出。选取全口径的社会保障支出项目核算，2004—2006年社会保障支出测算为社会保险基金支出、抚恤和社会福利救济费、行政事业单位离退休经费与社会保障补助支出之和，2007年后社会保障支出以财政社会保障与就业支出、社会保险支出之和作为其变量测度。

② 尽管各个国家对社会保障支出的统计口径有所差别，但是我国社会保障支出占比远低于发达国家社会保障支出占比是不争的事实。

民的切身利益,并且能够起到调节社会收入分配的作用,一方面应当持续推进社会保障体系建设,通过合理适当的社会保障支出提高国内社会保障水平,但另一方面也要保证社会保障支出的可持续性问题。

2. 社会保险支出

人口老龄化的加剧导致劳动年龄人口和就业人口占比下降,而作为社会保障重要组成部分的社会保险基金收入,主要由就业人员参保缴费。就业人数占比逐年减少意味着参与社会保险缴费的劳动力人口占比下降,直接影响社会保险基金收入,导致社会保障支出的不可持续性。社会保险中各项目的累计结余增长率见图2-4。图中显示各项保险的结余增长率总体上均呈现下滑趋势,最值得关注的是城镇职工基本养老保险累计结余增长率在2020年呈现负增长,意味着养老金的发放已经开始动用往年结余,现行的现收现付制养老保险筹资模式已经不可持续。社会保险制度需要不断改革以适应人口老龄化带来的挑战。一方面,领取养老保险金的老年人口增多,福利刚性要求保障幅度不能降低,增加了养老保险基金支出;另一方

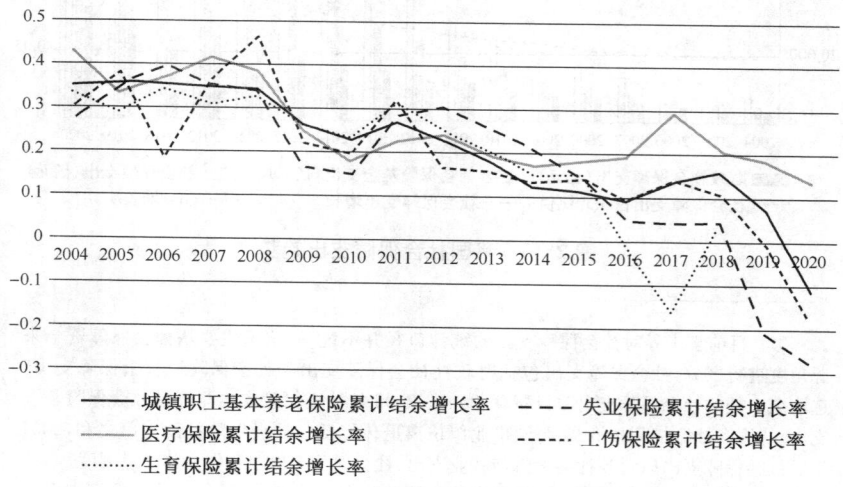

图2-4 社会保险各项目结余增长率

面,养老保险基金收入存在多种压力,不仅在于老龄化导致的未来潜在参保人口减少,还在于城镇职工基本养老保险单位缴费率下调,单位缴费率已经由20%降至16%,也会导致养老保险基金收入减少。此外,经济下行压力增大,经济增长速度明显下降,也导致社会保障的可持续性受到挑战。

(二) 人口老龄化对社会保障支出的影响分析

1. 计量模型

中国已进入老龄社会,老年人口的增加势必对社会保障制度产生重要影响。为分析人口老龄化与社会保障支出之间的影响关系,构建以下计量模型:

$$psse_{i,t} = \alpha_0 + \alpha_1 aging_{i,t} + controls + \lambda_t + \theta_i + \mu_{i,t} \quad (公式11)$$

公式(11)为人口老龄化影响社会保障支出的回归模型,其中,$aging$ 为人口老龄化,指标选取与第五部分一致;社会保障支出($psse$),选取全口径的社会保障支出项目核算,2004—2006年社会保障支出测算为社会保险基金支出、抚恤和社会福利救济费、行政事业单位离退休经费与社会保障补助支出之和,2007年后社会保障支出以财政社会保障与就业支出、社会保险支出之和作为其变量测度。① 控制变量的选取也与第五部分一致。

2. 数据来源及描述性统计分析

根据数据的可获取性,选取2004—2019年中国省级面板数据分析人口老龄化对社会保障支出的影响。对于消费水平与社会保障支出等指标采用取对数法缩小指标尺度,此方法不改变变量之间相关关系,以便下文实证分析使用。指标变量的描述性统计分析结果见表2-7。社会保障支出对数值的最大值为9.894,是最小值的1.85倍,不仅体现了随年份的增加,社会保障支出水平不断提高,而且反

---

① 与以往年份相比,2007年起财政收支科目实施了较大改革,特别是财政支出项目口径变化很大,故对社会保障支出的测算分两个阶段。

映了地区间社会保障支出存在不平衡现象,地区间人口老龄化程度不均衡可能是其中重要原因;人口老龄化最小值仅为3.3%,最大值达到16.3%,老龄化呈现出递增趋势,且存在地区间差异,随着人口老龄化程度的拉大,地区间人口结构产生差异,这也导致不同地区养老收入分配水平有所差别。

表2-7 描述性统计分析

变量	样本量	均值	标准差	最小值	最大值
psse	496	7.733	0.933	5.351	9.894
aging	496	0.095	0.022	0.033	0.163
gov	496	0.233	0.106	0.088	0.758
urban	496	0.527	0.149	0.198	0.941
unemp	496	0.035	0.007	0.012	0.065
infra	496	0.781	0.532	0.034	3.744
tratio	496	0.039	0.019	0.011	0.109
lnconsu	496	9.091	0.630	7.646	10.677

3. 基准回归分析

人口老龄化的加剧势必对社会保障支出产生重要影响。其中影响最为深刻的社会保险支出已经面临许多问题。从社会保险缴费看,中国面临日益加剧的老龄化,15~64岁的劳动年龄人口占比降低,意味着当前缴纳社会保险的劳动力占比减少,社会保险收入相应减少;从社会保险的支出看,老龄化使老年抚养比逐渐攀升,对社会保险尤其是养老保险的需求量加大,使养老保险支出迅速增加,部分地区的当前缴纳的养老保险已不能满足养老金的发放,社会保险现收现付制的不可持续性已凸显。研究人口老龄化演变趋势及其对社会保障支出的影响有利于提出相应的对策措施,缓解老龄化导致的现行社会保障制度的不可持续性。人口老龄化影响社会保障支出的回归结果见表2-8。人口老龄化系数显著为正,即人口老龄化的加剧,显著增加了社会保障支出。其机理在于:从宏观层面看,老龄化持续加剧背景下,老年人口的社会保障收入分配总规模将随着老年人口数量的增长而不断扩大,使社会总财富中用于老年人口养老保障、医疗保健等的支出逐渐增加,社会财富向老年人口转移。因此,随着老年人口数量的持续增长,养老收入分配总水平将不断提高。从微观层面看,家庭老年人越来越多,寿命越来越长,家庭的财富将会更多地从年轻一代向老年一代转移,使家庭资源配置向养老转移,总体上也促进养老收入分配水平的提高。总的看来,不断加剧的人口老龄化,使社会财富更多地向老年人口转移,即社会保障支出增加,以保证老年人口能够"老有所养"。

表 2-8 基准回归结果

变量	模型 12	模型 13	模型 14	模型 15	模型 16	模型 17	模型 18
$aging$	35.738*** (2.15)	22.351*** (1.65)	10.288*** (1.39)	10.100*** (1.30)	10.157*** (1.22)	2.674** (1.16)	1.408* (0.83)
gov		9.419*** (0.44)	5.261*** (0.39)	4.497*** (0.38)	4.315*** (0.36)	4.167*** (0.30)	0.522* (0.27)
$urban$			6.947*** (0.36)	5.735*** (0.37)	4.816*** (0.37)	3.026*** (0.34)	−0.030 (0.28)
$unemp$				−37.924*** (4.77)	−36.332*** (4.46)	−23.423*** (3.88)	−6.962** (2.85)
$infra$					0.447*** (0.05)	0.344*** (0.05)	0.104*** (0.03)
$tratio$						17.489*** (1.28)	3.327*** (1.12)
$lnconsu$							1.271*** (0.06)
$\_cons$	4.325*** (0.21)	3.407*** (0.15)	1.865*** (0.14)	4.018*** (0.30)	4.135*** (0.28)	4.777*** (0.24)	−4.030*** (0.45)
F	275.820	504.510	721.700	629.480	590.860	723.010	1299.540
R^2	0.056	0.075	0.732	0.690	0.604	0.665	0.473
N	496	496	496	496	496	496	496

4. 稳健性检验

进一步,对所选模型的结果进行稳健性检验。第一,考虑替换核心解释变量。人口老龄化体现了老年人口占比情况,将老年抚养比这一指标作为人口老龄化的替代变量,进行稳健性检验。结果见表2-9模型19,人口老龄化的系数显著为正,随着人口老龄化的加剧,社会保障支出将增加,这证实人口老龄化影响社会保障支出的模型结果具有稳健性。第二,考虑模型中变量的内生性问题。一是考虑双向因果关系。一方面,人口老龄化的加剧,增加了社会保障支出中养老保险、医疗保险、长期护理险等的支出;另一方面,社会保障支出分配到家庭或者个体后,能够保障家庭或者个体的基本生活,有利于延长个体预期寿命;同时,根据世代交叠理论模型,社会保障使家庭福利增加,家庭更愿意增加对已有子女的投资,而个体生育意愿降低,最终导致人口老龄化加剧。[①] 人口老龄化与社会保障支出两者之间并非存在单向关系,而是存在双向因果关系。将人口老龄化滞后一期作为其工具变量,以此来克服内生性,结果见模型20,人口老龄化的系数显著为负,这证明所选模型具有稳健性。二是考虑当期项与残差项可能存在的同期相关问题。人口老龄化与残差项存在同期相关的可能性,使用面板校正的标准误线性回归再次进行检验,结果见模型21,人口老龄化系数仍显著为正,再次证明所选模型的稳健性。

表 2-9　稳健性检验

变量	替换核心解释变量 模型 19	核心解释变量滞后一阶 模型 20	同期相关 模型 21
aging	1.115*(0.60)	1.558***(0.97)	1.943**(0.980)
gov	0.522*(0.27)	0.545(0.39)	1.838***(0.39)
urban	−0.037(0.28)	−0.470(0.31)	0.135(0.23)

---

① 张鹏飞,仇雨临.人口老龄化、社会保障支出与中国经济增长率[J].上海经济研究,2019(11):108-119.

(续表)

变量	替换核心解释变量 模型 19	核心解释变量滞后一阶 模型 20	同期相关 模型 21
$unemp$	−7.152** (2.86)	−10.871** (4.30)	−2.190(5.25)
$infra$	0.100*** (0.03)	0.084** (0.04)	0.017(0.06)
$tratio$	3.175*** (1.14)	2.142(1.46)	2.018(1.36)
$lnconsu$	1.274*** (0.06)	0.942*** (0.10)	1.116*** (0.10)
$\_cons$	−4.054*** (0.45)	−2.562*** (0.65)	−3.154*** (0.91)
F	1 301.05		
χ^2		9 763.97	585.36
R^2	0.466 7		0.986 6
N	496	434	496

(三) 人口老龄化对经济发展的影响:社会保障支出的作用

1. 调节效应模型

为分析社会保障支出在人口老龄化影响经济发展的进程中起到何种作用,使用第五部分公式(8)进行调节效应分析,结果见表2-11模型 22。人口老龄化与社会保障支出交乘项显著为正,这表明社会保障支出在人口老龄化影响经济发展的过程中起到正项调节作用,缓解了老龄化带来的部分负面影响。在中国现代化进程中,社会保障支出有助于管理社会风险,保障居民生活,为经济发展提供稳定条件,促进经济发展与社会进步;通过再分配功能,社会保障间接促进经济发展;通过逆向调节经济周期,社会保障扩大消费市场内需,实现优化资源配置,达到促进经济发展的目的,缓解老龄化带来的问题。假设 6 得到验证。

2. 门槛回归模型

上述分析发现,社会保障支出在人口老龄化对经济发展带来的影响中起到正向调节作用。但人口老龄化对社会保障支出也产生了重要影响,使其对经济发展产生不同作用。将人口老龄化设置为门槛变量,社会保障支出为其影响机制。人口老龄化的门槛值及其检验结果见表2-10,单一门槛模型检验的 F 值与 P 值均通过统计检验。社会保障支出作为机制分析时,人口老龄化的最优门槛值为0.113。

表2-10 门槛效果及估计值检验

人口老龄化作为门槛变量	F 值	门槛估计值	门槛估计区间
社会保障单一门槛模型	19.84**	0.113	[0.107, 0.114]

模型23为社会保障支出机制分析结果,当人口老龄化处于门槛值0.113以内时,社会保障支出增加一单位,经济发展增加0.771个单位;当老龄化跨越门槛值时,社会保障支出增加一单位,经济发展增加值下降为0.116个单位,社会保障支出对经济发展的边际正效应减弱。假设7得以验证。究其原因,老龄化未跨越门槛值时,社会保障支出对经济发展的促进效应主要表现在:社会保障支出的增加,使劳动者的收入效应高于替代效应而增加劳动供给,促进经济发展;根据世代交叠模型,社会保障使家庭社会福利水平提高,促进父代对子代或孙代的人力资本投资,增强家庭获得收入能力,促进整体经济发展。但老龄化跨越门槛值后,其对经济发展的促进作用在很大程度上呈现下降趋势,可能原因是老龄化的负效应更加明显,宏观层面上,老年人口对社会保障的需求增加过多导致政府财政压力加大,也表现出对经济发展的阻碍。微观层面上,老龄化使家庭老年人口占比增加,家庭用于养老支出显著提高,进而减少了家庭对人力资本等各方面的投资,一定程度上降低了家庭人力资本水平;家庭成员也可能为了照顾老人而挤出家庭劳动力供给,这不利于家庭经济水平的提高。这些都会导致社会保障支出对经济发展的边际正效应递减,不利于经济的可持续发展。

第二章 人口老龄化对经济发展的影响:兼论社会保障支出的作用

表 2-11 调节效应与门槛效应结果

变量	社会保障支出调节效应 模型 22	社会保障支出门槛效应 模型 23
$psse(aging \leqslant 0.113)$		0.771**(0.06)
$psse(aging > 0.113)$		0.116**(0.06)
$psse \times aging$	0.797***(0.31)	
$psse$	0.074**(0.03)	
$aging$	−7.198***(2.68)	−1.290(0.89)
gov	−0.976***(0.14)	−0.926***(0.29)
$urban$	−0.126(0.14)	0.061(0.30)
$unemp$	−7.521***(1.60)	−6.716**(2.83)
$infra$	0.070***(0.02)	0.069*(0.03)
$tratio$	3.694***(0.66)	4.021**(1.84)
$\ln consu$	0.417***(0.04)	0.358***(0.11)
$\_cons$	1.084***(0.33)	0.790(0.58)
χ^2	6 212.65	
R^2	0.737	0.711
F		321.07
N	496	496

八、结论与政策建议

(一) 结论

基于 2004—2019 年中国省级面板数据进行实证检验,研究发现:第一,人口老龄化阻碍了经济发展。其中,人力资本、技术革新在人口老龄化负向影响经济发展的过程中均起正向调节效应,缓解人口老龄化的负面影响。第二,人口老龄化程度的加剧,对人力资本、技术革新也产生重要影响。主要表现为:(1)对于人力资本水平而言,当人口老龄化跨越门槛值 0.071 时,人力资本水平对经济发展的边际正效应减弱;(2)对于技术革新而言,当人口老龄化跨越门槛值0.114时,技术革新对经济发展的边际正效应增强,即跨越门槛值后老龄化推动技术革新,更大程度上发挥了技术革新对经济发展的正向激励作用。第三,人口老龄化的加剧显著增加社会保障支出,对社会保障制度的可持续性带来巨大挑战。而且,社会保障支出在人口老龄化影响经济发展过程中起到正向调节作用,缓解了部分人口老龄化带来的负面影响。门槛效应也表明,人口老龄化进程的加剧,对社会保障支出也产生了重要影响。当人口老龄化跨越门槛值0.113时,社会保障支出对经济发展的边际正效应递减。老龄化劣势凸现,不利于经济发展。基于此,面对加剧的人口老龄化,可以从人力资本、技术革新与社会保障制度体系建设着手,减缓人口老龄化产生的负面影响。

(二) 政策建议

人口老龄化将成为未来的新常态,老龄化对经济社会发展的负面影响已然凸显,亟须采取措施积极应对人口老龄化带来的挑战。基于实证研究结果,有以下政策建议。

其一,从延迟退休与提高生育水平两个方面着力,缓解劳动力有效供给不足,积极应对人口老龄化。一方面,随着人均预期寿命的不断延长,制定实施延迟退休政策将是不可避免的,但应充分考虑个体生命历程发展轨迹与老年人口健康状况在不同群体之间的差异,毕竟,有研究表明,老年人的主观年龄较之生理年龄要年轻3.43岁[1]。在劳动年龄人口、劳动人口和就业人口都在不断减少的趋势下,结合我国人均预期寿命不断延长和退休年龄政策已经不合时宜的现实,有必要重新审视老年群体的人力资源价值,让他们能够在工作岗位上继续发挥作用,并充分调动老人参与经济社会发展与治理的积极

---

[1] 蒋炜康,孙鹃娟.生命历程、健康状况与老年人的主观年龄[J].人口与发展,2021,27(3):85-95.

性与主动性,创造"动态人口红利"与"长寿红利",在更加有效地实现自我价值的同时,为经济社会发展贡献更多力量。另一方面,在人口生育率与生育水平不断走低、生育政策效果不及预期的形势下,从经济、服务、就业甚至住房等多个维度着力,降低生育、养育、教育成本,增强生育意愿,提高生育水平亦十分紧迫,其中包括:完善生育保险、生育补贴政策,缓解家庭经济负担之忧;提供多元化婴幼儿照护,解决家庭照顾之忧;切实保障女性劳动者合法就业权益,缓解就业压力之忧。

其二,加大人力资本投资,利用人口质量红利弥补逐渐消失的数量红利,并持续推进技术革新。研究发现人力资本积累、技术革新缓解了人口老龄化对经济发展带来的负面影响。首先,通过增加公共教育投入,将九年制义务教育延长至十二年义务教育。延长居民接受义务教育的时间,不仅可降低落后地区居民接受教育的成本,更能促进整体人力资本积累。其次,完善基本公共服务供给体系,激发居民或者家庭的人力资本投资积极性,提升人力资本整体素质,提高教育投资回报率。此外,增加研发经费投入,发挥企业家精神,加速技术革新进程,以老龄化倒逼技术创新,提高劳动生产率,促进经济发展从劳动密集型向技术密集型发展模式转变,充分发挥老龄化带来的机遇,推动经济高质量发展。

其三,合理把握社会保障支出的"适度性",在充分发挥其民生保障功能的同时促进经济发展。增加社会保障支出将会提高居民福利水平,有利于促进居民的消费意愿,激活老龄群体的消费,为老龄产业的发展与创新提供市场空间与发展机遇。此时,挖掘"银色"经济蕴藏的产业发展空间,促进产业结构升级。发挥政府、市场、社会组织等多元化供给体系,将"银色"产业作为新的经济增长点,推动"银色"产业发展,不断化解老龄化带来的经济社会问题。然而,过度的社会保障支出可能增加财政负担,阻碍经济发展,这就要求建立并完善与经济发展水平相适应的社会保障制度体系,避免社会保障支出过快增长,使经济发展进入"福利陷阱"的恶性循环。最为重要的是对养老保险制度进行改革。破解养老保险困难的重要路径,一方面是从建立基于全要素贡献(包括资本、技术)的养老保险来源机制入手,另一方面是改革优化养老保险的个人账户制度。

其四,加快建立健全分层分类的多元化、包容性养老服务供给体系。这既是切实保障"老有所养"的现实需要,也有助于从供需两侧促进经济社会协调发展。老年抚养比的不断提高使养老问题越发凸显,一方面需要充分发挥政府、市场、社会组织等多元主体的服务供给作用,另一方面要考虑到养老需求的差异性,提供多层次、多样化养老服务。此外,充分利用科技进步日新月异的有利条件,积极探索智慧养老,这既有助于缓解服务供给人员缺乏的问题,也可以整合养老资源、优化资源配置、提高配置效率,进而更好地满足老人的需求。

总而言之,在人口老龄化不可逆的持续深化背景下,人口问题必然对中国经济社会发展带来重要影响,必须采取相应政策措施加以积极应对。从长远考虑,制定实施延迟退休政策将是不可避免,提高生育率迫在眉睫,促进人力资本积累尤为关键,持续加大技术创新投资则是提升劳动生产率的必行之径;面对老年抚养比的不断提升,不仅要深化社会保障制度改革优化,而且要积极探索养老服务供给的新方式。

第三章　严峻的人口形势下家庭生育支持政策建设^{*}

　　少年儿童是祖国的未来与希望。在国家全面推进治理现代化和经济社会高质量发展的新时代,生育、养育、教育好足够的少年儿童,不仅可以促进社会正常更替,实现人口长期均衡发展,而且是实现国家富强、民族复兴的最重要支撑。然而,生养、教育等决策通常是由家庭做出的,一方面,社会保障体系的建立健全,养孩防老等社会功能的不断减弱,传宗接代等传统观念的日渐淡化,直接影响生养孩子给家庭带来的效用;另一方面托幼、教育、医疗、住房、就业等诸多民生服务领域存在的突出社会问题,又使得生养孩子的成本日益高涨。效用与成本两个方面的不利变化,导致生育意愿与水平持续走低,并使我国面临的少子老龄化问题日益凸显,而劳动人口业已连续减少数年、女性劳动参与率一直居于较高水平等现实状况又进一步使我国人口结构变化形势越发严峻。江苏不仅少子老龄化形势比全国严峻,而且2021年人口自然增长率已经首次转负。因而,在新发展阶段,江苏更要进一步加强家庭生育支持政策体系建设,有效降低家庭生养孩子的成本,帮助家庭做出有利于国家繁荣昌盛且激励相容的理性决策。为此,一方面需要直面现存问题,加快补短板、强弱项进程,不断完善家庭支持政策体系,另一方面则应优化政策支持方式,

---

*　本章部分内容参见:高传胜,王雅楠.少儿家庭支持,何以可为?——严峻的人口形势下少儿家庭政策建设再探讨[J].新疆师范大学学报(哲学社会科学版),2022(5):67-80,2.

提高支持水平,积极应对新发展阶段遭遇的复杂严峻的国内外发展环境与人口结构变化的双重不利趋势。

一、严峻的人口形势,要求加强家庭生育支持政策建设

首先,由于受人口出生水平持续走低和人均预期寿命不断延长等多方面因素的综合作用,我国正面临日益突显的少子老龄化形势。如图3-1所示,我国人口出生水平已经出现了明显的下降趋势。根据第七次全国人口普查数据,2020年我国总和生育率、人口出生率分别为1.3、8.52‰,分别低于1.5、11‰,属于国际标准的"超少子化"水平[①]。国家统计局负责人还进一步指出,2021年这两项指标又有下降[②],其中人口出生率已经降至7.52‰。如图3-2所示,我国

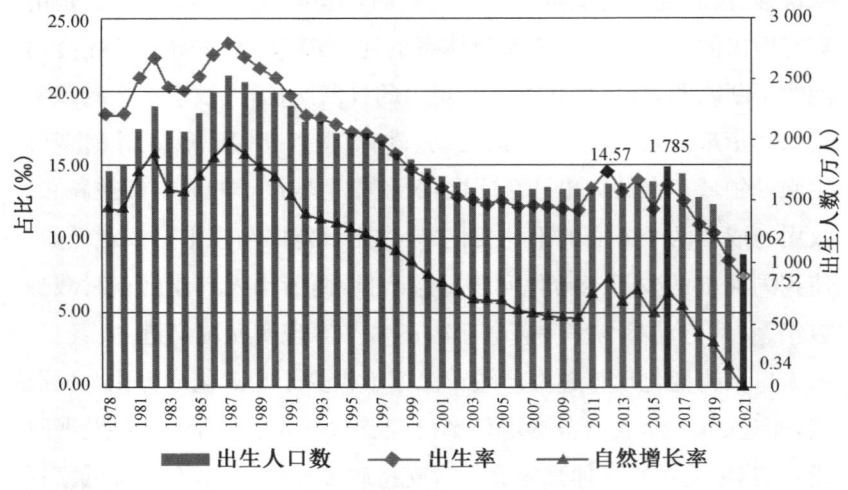

图3-1 我国人口出生状况

数据来源:《中国统计年鉴—2021》和我国《2021年国民经济和社会发展统计公报》。

---

① 王晓峰,全龙杰. 少子化与经济增长:日本难题与中国镜鉴[J]. 当代经济研究,2020(5):85-92.

② 国新办举行优化生育政策促进人口长期均衡发展新闻发布会图文实录[EB/OL]. (2021-07-21)[2021-8-28]. http://www.scio.gov.cn/xwfbh/xwbfbh/wqfbh/44687/46355/wz46357/Document/1709111/1709111.htm.

0~14岁少儿占总人口的比重已经降至历史较低水平,2020年、2021年分别为17.90%、17.47%,均处于15%~18%的"严重少子化"水平。而自2000年左右65岁及以上人口占总人口的比重超过7%,而进入"老龄化社会"以来,我国人口老龄化程度一直在持续稳步上升,到2021年已经正式进入"老龄社会"。如第一章所析,江苏的少子老龄化形势比全国更加严峻,这客观上要求加强家庭生育支持政策建设,一方面要切实保障幼有所育、幼有优育,另一方面则应激发生育意愿、提高生育水平,为我国人口长期均衡发展做出应有的贡献。

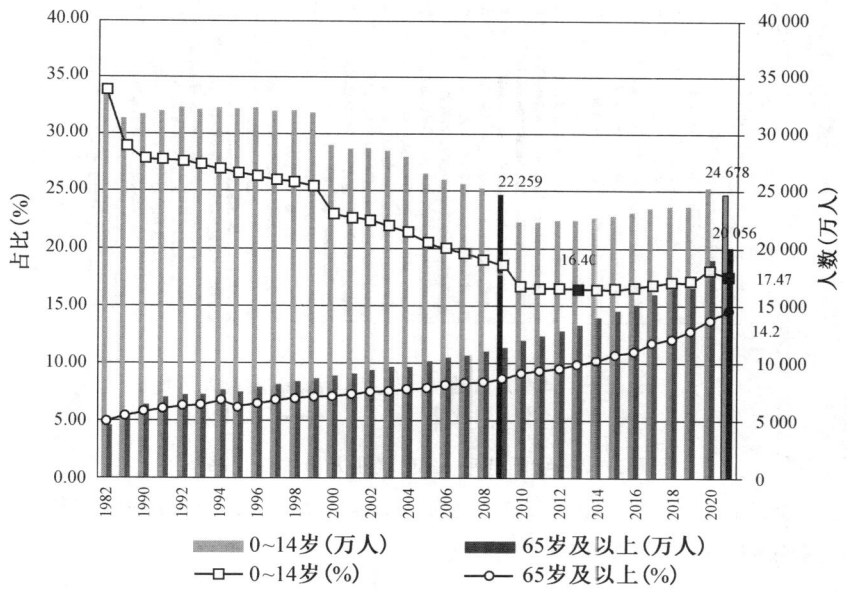

图 3-2 我国少子老龄化趋势

数据来源:《中国统计年鉴—2021》和我国《2021年国民经济和社会发展统计公报》。

其次,我国劳动人口、就业人员业已连续下降数年的变化动向,又使我国少子老龄化问题越发突显,因为这直接影响到抚育养老的人力资源供给与社会抚养负担水平。如图3-3所示,我国15~64岁劳动年龄人口的绝对数在2013年达到波峰10 041万人,此后持续减少,2021年已经降至96 526万人,8年间减少了4 515万人;而其在总人口中的占比则在2010年达到波峰74.53%,2021年已经降至68.33%,11年间下降了6个多百分点。江苏的情况跟全国变化趋势类似,而且如第一章所析,江苏的降幅要明显高于全国。此外,我国就业人口在2014年达到波峰76 349万人,到2021年已经降到74 652万人,7年间年度数据减少了1 697万人。

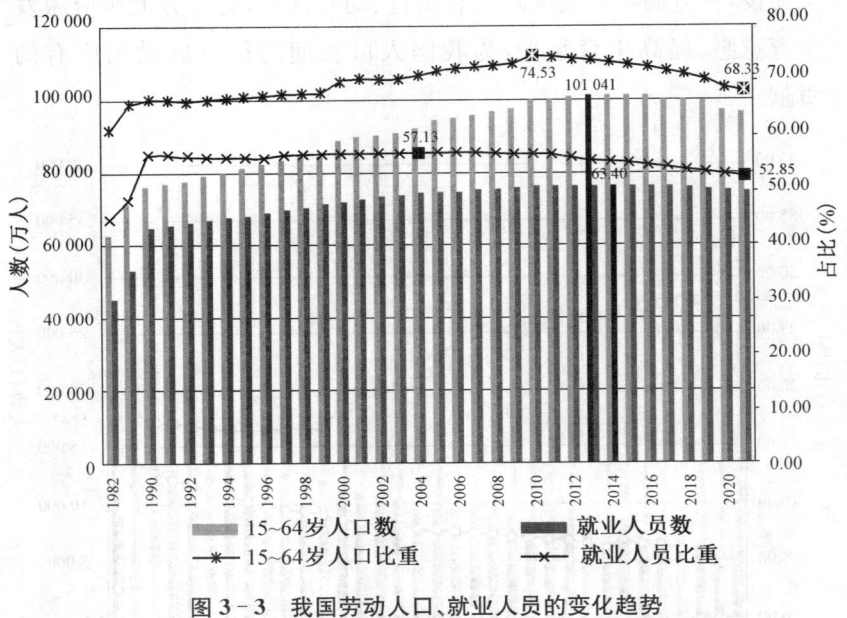

图3-3 我国劳动人口、就业人员的变化趋势

数据来源:《中国统计年鉴—2021》、我国《2021年国民经济和社会发展统计公报》和国家统计局网站上"国家数据"库。

劳动年龄人口数量与占比下降,意味着社会抚养比上升,而就业人口减少,则会直接提高经济抚养比。如图3-4所示,按15~64岁劳动年龄人口计算的社会总抚养比在2010年达到波谷后一直呈较快增长态势,按就业人口计算的经济抚养比同样如此,到2021年二者分别比2010年提高了超过12和15个百分点,而且经济抚养比始终比社会抚养比高出10多个百分点,二者的差距总体上呈现扩大趋势。少儿抚养比则是在2011年达到波谷,但由于出生水平在降低,所以抚养比的上升趋势略显温和,经济抚养比与社会抚养比的差距也略小一些,2011年二者相差7个多百分点,2021年稍有扩大,接近8个百分点。劳动人口、就业人口的减少及其带来的社会抚养比、经济抚养比的上升,不仅直接影响到儿童照顾的人力资源供给,对儿童照护模式的选择产生不可忽视的影响,而且影响到经济社会高质量发展的供给侧与需求侧,影响以国内大循环为主体、内外循环互促的新发展格局构建。

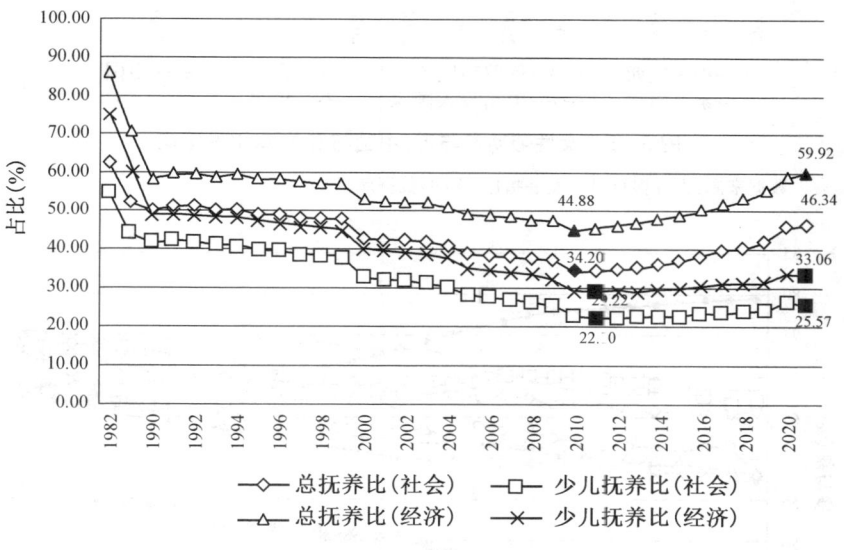

图3-4 社会抚养比与经济抚养比的变化趋势

数据来源:《中国统计年鉴—2021》和我国《2021年国民经济和社会发展统计公报》。

再者,在国际视野下我国女性劳动参与率一直处于较高水平,客观上也要求加强家庭生育支持政策建设。尽管我国女性劳动参与率已经有了一定程度的下降,但无论是相较于其他金砖国家(BRICS)(如图3-5所示),还是相较于七国集团(G7)等发达国家(如图3-6所示),我国女性劳动参与率总体上都处于比较高的水平;如图3-5、图3-6所示,2019年我国女性劳动参与率均高于世界银行划

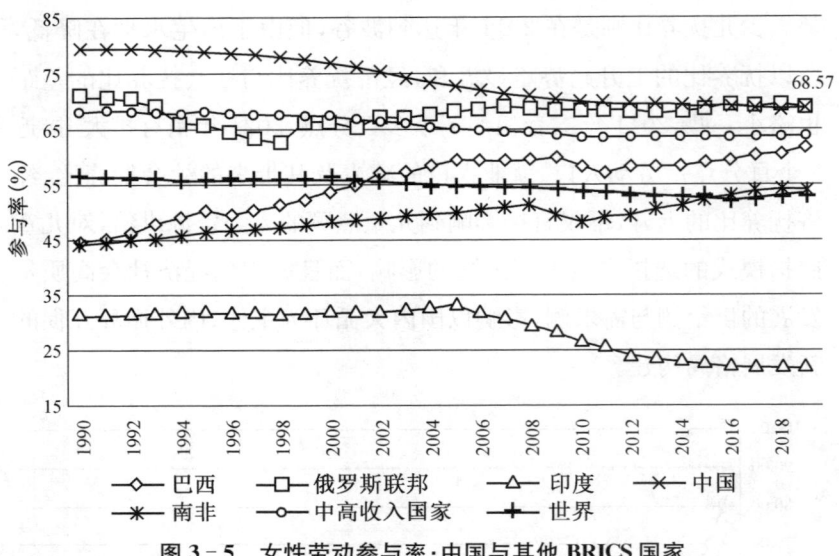

图 3-5 女性劳动参与率:中国与其他 BRICS 国家

数据来源:世界银行世界发展指标(WDI)数据库。

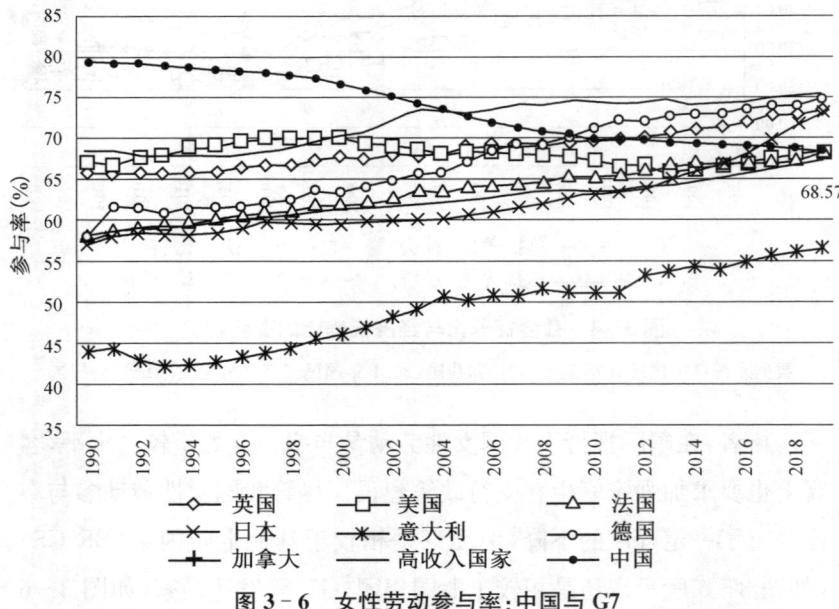

图 3-6 女性劳动参与率:中国与 G7

数据来源:世界银行世界发展指标(WDI)数据库。

分的中高收入国家、高收入国家的平均水平。在此现实背景下,完善家庭生育支持政策体系,切实增强家庭发展能力,有效降低家庭照顾负担和生养孩子的成本,不仅有助于女性更好地平衡"工作-家庭"关系,促进女性职业发展与自我价值实现,充分释放生育政策的潜能,还可以促进儿童健康发展,积极投资中国"未来",并在更长时期、更大范围内实现经济资源合理高效配置,进而更加有力地支撑经济社会高质量发展和国家治理现代化。

家庭生育支持政策可以涉及经济支持、服务支持、时间支持、就业支持甚至住房支持等多个方面,政策体系建设得好,支持得力,将有助于解决我国目前面临的养育难题,减轻养的负担,并提高生育的意愿。鉴于此,在国家积极践行以人民为中心的发展思想、全面建设社会主义现代化国家的新发展阶段,建立健全家庭生育支持政策体系,有效提升家庭发展能力,不仅是切实保障"幼有所育"的客观需要,而且是积极应对少子老龄化、促进我国人口长期均衡发展的战略要求;此外,这有助于拉动内需,助力以国内大循环为主体、国内国际双循环互促的新发展格局构建,推进经济社会协同共进,实现国家高质量发展和治理现代化,进而更好地应对新发展阶段所面临的异常复杂严峻且更加不确定的国内外发展形势。

二、家庭生育支持政策建设的进展与可为空间

总体而言,无论是江苏,还是全国,家庭生育支持政策体系都还处于建立健全之中,最近几年建设步伐则有所加快。相较于2000年左右我国进入"老龄化社会",少子化问题直到2010年第六次全国人口普查数据出来之后才逐渐凸显出来。近些年人口少子化已经引起社会各界的广泛高度重视,所以,尽管家庭生育支持政策体系尚不健全,但近几年建设力度比较大,进展比较快,只不过总体上还不够健全完善。因此,需要结合新发展阶段和新的人口形势,加快建设步伐,以提高其支持力度、广度、精度与效度。而且,考虑到少子老龄化

态势的演进惯性,家庭生育支持政策建设需要立足当下,面向未来,并注意与老年家庭支持政策的协同性,加强整体性与基础性政策建设。

综合而言,目前的家庭生育支持政策,主要包括经济支持、服务支持和时间支持等方面。经济支持政策,除了不是专门针对生育家庭的社会救助、医疗保险之外,主要包括生育保险、儿童福利等社会保障政策;服务支持政策主要是促进婴幼儿照护、托育服务发展的相关政策;时间支持政策主要是产假、陪产假、哺乳假和育儿假等方面的政策。

(一)经济支持政策建设

对家庭生育的经济支持政策,不论并非专门针对生育家庭的社会救助、医疗保险,目前涉及面较广、支持力度相对比较大的,主要是生育保险制度。而我国目前的儿童福利主要是面向困境儿童,涉及面非常小。根据我国《2020年民政事业发展统计公报》,截至2020年底,全国各类民政服务机构集中养育孤儿5.9万人,社会散居孤儿13.4万人,不仅均比上年有所减少,而且总体上涉及人数极为有限,基本生活保障平均标准则有所上升,为1 184.3元/人·月。综合而言,家庭生育的经济支持政策,目前的重点是生育保险制度。

现行生育保险制度,实际上起源于1994年劳动部发布的《企业职工生育保险试行办法》(劳部发〔1994〕504号),参保对象是城镇企业及其职工,实行的是社会统筹模式,并根据"以支定收,收支基本平衡"原则筹集资金。保险费由企业按照工资总额的一定比例缴纳,企业缴纳的生育保险费作为期间费用处理,列入企业管理费用。职工个人不用缴纳生育保险费。2010年的《社会保险法》对此又做了进一步明确。用人单位已经缴纳生育保险费的,其职工享受生育保险待遇,具体包括生育医疗费用和生育津贴。职工未就业配偶按照国家规定享受生育医疗费用待遇。生育医疗费用主要包括生育的医疗费用、计划生育的医疗费用等。生育津贴按照职工所在用人单位上年度职工月平均工资计发,是女职工享受生育产假或计划生育手术休假期间的主要经济收入,免征个人所得税。全面两孩政策实施之后,生育需求集中释放,2016、2017年生育保险基金曾连续两年出现收不抵支。2017年国务院办公厅印发了《生育保险和职工基本医疗保险合并实施试点方案》,并在河北省邯郸市等12个试点城市行政区域实施。2018年生育保险基金当年结存19亿元。在此基础上,2019年3月国务院办公厅印发了《关于全面推进生育保险和职工基本医疗保险合并实施的意见》,按照"保留险种、保障待遇、统一管理、降低成本"原则,全面推进两险合并实施。

图3-7反映了生育保险实施以来的历年全国参保人数与部分年份的待遇享受人数增长状况。从中可以看出,生育保险参保人数在2004年之后增长得比较快,最近几年又有所加速。相较于参保人数,享受待遇的人数要少很多,尽管2011—2016年间有过快速增长时期。此外,如果与职工基本医疗保险的参保人数相比较,可以发现

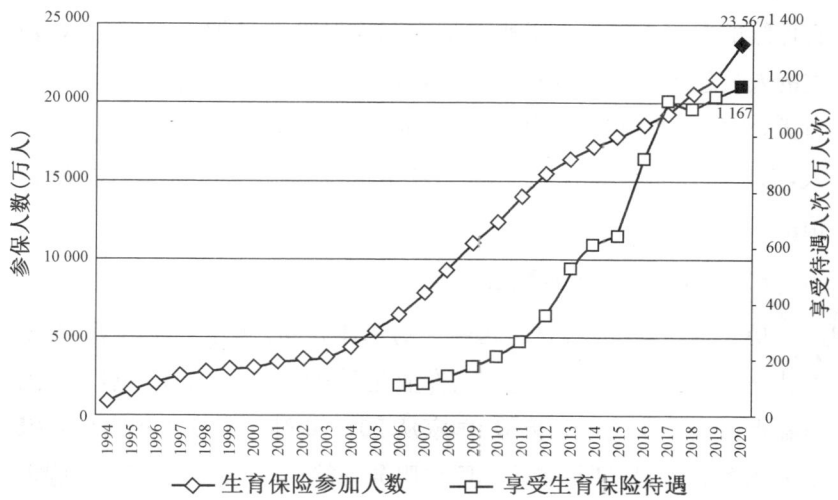

图3-7 全国生育保险参加人数与享受待遇人次增长状况

数据来源:国家统计局"国家数据"库。

生育保险的参保人数仍然比较少,即便国家已经开始全面推进两险合并实施的政策,2020年生育保险参保人仍然比职工基本医疗保险参保人少了1亿多人。根据国家医保局发布的《2021年医疗保障事业发展统计快报》,截至2021年底,生育保险参保人数为23 851万人,比2020年底增加283万人,增长1.2%,但与同年职工基本医疗保险参保人数(35 422万人)相比,仍然差了约1.16亿人,更不用说还有更大规模的城乡居民根本没有专门的生育保险制度保障。

江苏,除了享受生育保险待遇人次与全国存在着明显不同的变化趋势,其他情况大体类似。如图3-8所示,江苏生育保险参加人数总体上也呈现不断增长态势,到2021年已经达到2 094.92万人,创历史新高,享受待遇人次也经历过相当长时间的快速增长阶段,在2016年达到波峰170.3万人次,此后则开始出现明显减少趋势,到2021年已经降至101.93万人次,相较于2016年下降幅度高达40.15%,即便是未受新冠肺炎疫情影响的2019年,也只有142.23万人次,相较于2016年下降了16.48%。跟全国情况类似,江苏生育保险的参加人数也少于职工基本医疗保险的参加人数,但二者相差的人数总体上呈现倒U形趋势,其中,2014年相差最多,为410.30万人,之后二者相差的数量开始减少,2021年已经减少至309.02万人,而且这还是生育保险与职工基本医疗保险合并实施后的最新情况。

(二)服务支持政策建设

历史地看,我国对婴幼儿照护的总体思路,实际上经历了"去家庭化"—"再家庭化"—"社会化、专业化"的曲折发展过程。鉴于我国日益严峻的少子老龄化形势,国家从2019年开始高度重视对生育家庭的服务支持,特别是婴幼儿照护服务支持,而以前的政策大多侧重于早期教育。从专业角度而言,婴幼儿照护在不同年龄阶段的侧重点是不同的。早期的重点是养育、保育,在中后期才会有越来越多的教育成分,即便如此,教育也是融合于游戏等玩乐活动之中,实行寓

第三章　严峻的人口形势下家庭生育支持政策建设

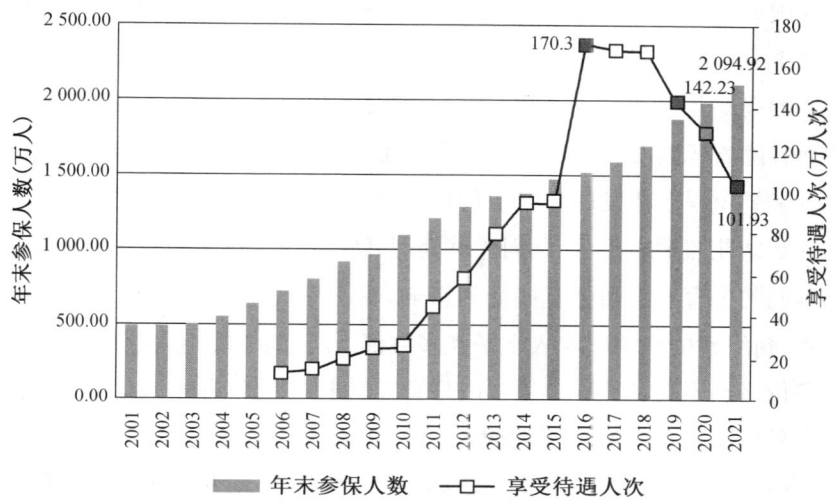

图3-8　江苏生育保险参加人数与享受待遇人次变化情况

数据来源：国家统计局"国家数据"库。

教于乐。鉴于此，我国现行对生育家庭的服务支持政策，实质上主要是 2019 年以来国家及相关部门陆续出台的促进婴幼儿照护服务、托育服务发展的相关政策，尤其是国务院办公厅于 2019 年、2020 年分别发布的《关于促进 3 岁以下婴幼儿照护服务发展的指导意见》《关于促进养老托育服务健康发展的意见》，国家发改委于 2019 年、2021 年分别发布的《支持社会力量发展普惠托育服务专项行动实施方案（试行）》《"十四五"积极应对人口老龄化工程和托育建设实施方案》，以及 2021 年发布的《中共中央　国务院关于优化生育政策促进人口长期均衡发展的决定》和新修改的《人口与计划生育法》。为了落实国家和相关部委的政策文件，江苏也出台了相应的地方性政策文件。在政策支持与需求拉动下，江苏托育机构发展较快，因而数量也较多。截至 2021 年 10 月，江苏有 2 598 家机构在国家托育备案信息系统注册，完成备案的托育机构 563 家，数量均居全国第二位。

从影响生育的主要因素看，要有效地释放女性的生育潜能，实现我国人口长期均衡发展,需要从经济、服务、时间、就业、住房支持等多个方面协同发力,但目前最为紧迫的还是服务支持,尤其是0~3岁的婴幼儿照护。从国际上看,我国女性劳动参与率处于较高水平,而且随着我国女性受教育程度的不断提高,她们会越来越自强自立,越来越重视职业发展与自我价值实现。因此,如果不能解决好她们的婴幼儿照护之忧,让她们能够处理好家庭与工作之间的平衡关系,她们的生育意愿则会直接受到影响,更不用说生育多个孩子了。再者,新组建的小家庭收入水平大多数都不高,能够负担得起的托育服务价格也不高,所以,必须解决好普惠性托育服务有效供给问题,才有可能激发出越来越多的职业女性的生育意愿,充分释放生育政策潜能。这也是最近几年我国密集出台了促进婴幼儿照护服务、托育服务发展政策的重要意图,其中包括全面调动各级政府、企事业单位和社会组织等全社会力量,通过多种途径与方式,增加普惠性托育服务有效供给,尽管政策效果还有待进一步观察。

(三)时间支持政策建设

家庭生育的时间支持政策主要是指产假、护理假(陪产假)、哺乳假和育儿假等方面的国家政策。从国家层面看,目前我国只有产假和哺乳假方面的规定,还没有陪产假和育儿假方面的统一规定,尽管地方政府已经有所探索,国家也积极鼓励地方自主探索。2012年出台的《女职工劳动保护特别规定》(国务院令第619号),结合我国国情并参照国际劳工组织公约规定的14周产假标准,将原来90天的女职工产假调整为98天,其中产前可以休假15天;难产的,应增加产假15天;生育多胞胎的,每多生育1个婴儿,可增加产假15天。女职工怀孕未满4个月流产的,享受15天产假;怀孕满4个月流产的,享受42天产假。

对于哺乳期的时间支持,上述《规定》的第九条则明确指出:对哺乳未满1周岁婴儿的女职工,用人单位不得延长劳动时间或者安排夜班劳动;用人单位应当在每天的劳动时间内为哺乳期女职工安排

1小时哺乳时间；女职工生育多胞胎的，每多哺乳1个婴儿每天增加1小时哺乳时间。

除国家统一规定的产假、哺乳假之外，我国大多数地区在《人口与计划生育法》的授权下规定，符合计生政策的生育女职工还享受30～90天（西藏267天）的奖励假，丈夫享有7～30天的护理假，即男性陪产假。部分地区还规定，符合计生政策的生育女职工享受至婴儿一周岁止的哺乳假。此外，2008年人事部发布的《机关事业单位工作人员带薪年休假实施办法》与同年人力资源和社会保障部发布的《企业职工带薪年休假实施办法》均明确，产假不计入带薪年休假。职工可以将根据工作年限享受的5～15天带薪年休假与上述生育类假期合并使用。这些政策都增加了职工的生育类休假时间，为职工家庭更好地照顾婴幼儿提供了较好的时间支持政策保障。

随着经济发展、社会进步，女性职业观念与生育意愿在不断变化，社会对延长女职工产假、哺乳假，设立男性陪产假，甚至增设父母育儿假，以减轻女职工育儿负担的诉求还会有所增加。因此，需要在充分考虑假期用工成本合理分担的基础上，结合严峻的人口少子化形势，进一步完善相关时间支持政策，促进我国生育家庭时间支持政策在与国情、经济社会发展水平相匹配的前提下更好地满足人民需要。鉴于此，2021年出台的国家最新政策和最新修改的《人口与计划生育法》，明确提出探索设立独生子女父母护理假制度，支持有条件的地方开展父母育儿假试点。

2022年2月10日印发的《江苏省关于优化生育政策促进人口长期均衡发展实施方案》，对产假、护理假及育儿假的规定如下：符合政策规定生育子女的夫妻，女方在享受国家规定产假的基础上，延长产假60天，达到158天；难产的，增加产假15天；生育多胞胎的，每多生育一个婴儿，增加产假15天；男方享受护理假15天；推动实行父母育儿假制度，子女3周岁之前，夫妻双方每年分别享受10天的育儿假。法定休假日不计入延长产假假期。值得注意的是，时间支持政策的优化,一方面可以给予女性较多的休息时间,但另一方面也可能会加重在职场中的"母职惩罚"现象和就业"歧视"。

三、家庭生育支持政策建设面临的突出问题

尽管在经济支持、服务支持和时间支持等家庭生育支持政策建设方面我们已经取得了一些进展,但是,如前所析,不仅在上述每个维度上都还有不小可为空间,而且可以进一步拓展到影响生育、养育和教育成本的更多维度。此外,家庭生育支持政策与老年家庭支持政策,还缺乏整体性通盘系统考虑,统筹协同也不够有力,这既不利于充分发挥家庭支持政策的功能与效应,影响有效提升家庭发展能力,也难以很好地满足群众的美好生活需要,影响广大群众的获得感、满意度,毕竟,在隔代照护依然十分普遍的今日中国,实现"幼有所育"还是"老有所养"的前提条件之一,如果孙辈得不到很好的照护,老人也难以实现安然地"休养"。鉴于家庭生育支持政策体系建设并不仅仅是上述几个维度的问题,还涉及更加广泛的内容,因此,这里主要针对政策建设过程中面临的较为突出的问题做进一步剖析。

(一)家庭生育支持政策涉及面比较广,尚有不小可为空间

要构建完善的家庭生育支持政策体系,充分释放生育政策的潜能,进而积极应对日益突显的少子老龄化形势,必须在全面系统分析生育影响因素的基础上,找准短板与弱项,加快补短板、强弱项进程。家庭是生育决策的基本单位,女性生育意愿持续走低、家庭生养孩子需求低位徘徊,除了受到个人主义、家庭主义和国家主义不同程度的影响之外,还受到生养孩子的效用与成本两方面多种因素的复杂影响。

首先从生养孩子可能带来的效用角度看,我国社会保障体系日益健全,养孩防老等社会功能不断减弱,传宗接代等传统观念日渐淡化,这些都会直接影响家庭生养孩子的主观需求与效用。其次从生

养孩子的综合成本角度看,社会竞争日趋激烈,生活压力和成本越来越大,客观上造成生育、养育和教育孩子的成本日益高涨,具体则体现在城市住房价格节节攀升,相关服务业发展不充分、不平衡导致子女照顾与教育成本日渐高涨,"三医"联动改革效应尚未充分释放导致医疗费用压力居高不下,等等。以婴幼儿照护为例,根据国家卫生健康委员会人口监测与家庭发展司司长杨文庄在2021年7月的新闻发布会上提供的数据,全国现有4 200万左右0～3岁的婴幼儿,其中1/3有比较强烈的托育服务需求,但实际供给只有5.5%左右,托育服务供需缺口非常大。① 如果进一步与发达国家相比较,则可以发现我国托育服务发展的滞后程度。2016年,OECD成员国的3岁以下儿童入托率平均值为33.2%,其中有10个国家超过了50%,而最高的丹麦已经达到61.8%,比利时、冰岛、法国、以色列、荷兰、挪威等国家则接近60%。② 此外,随着我国教育普及率和女性受教育程度的不断提高,女性的独立自主性日益增强,劳动参与率将继续保持高位,追求职业发展与自我价值实现的需求越来越强烈,生养孩子还会给她们带来较高的机会成本。

效用低,直接成本、机会成本高,势必影响家庭生养孩子的需求与决策。为此,需要综合施策,从提升效用、降低成本两侧协同发力。当前,尤其要进一步推进那些由于发展不充分、不平衡与改革效应未能充分释放而导致生养孩子成本高企的婴幼儿照护、学前教育、基础教育和医疗卫生等服务的改革与发展。这些社会性服务,不仅一直是我国的短板弱项,而且是难解的社会系统工程,可为的空间非常大。江苏尽管总体上略好于全国情况,但同样有着进一步的可为空

---

① 国新办举行优化生育政策促进人口长期均衡发展新闻发布会图文实录[EB/OL]. (2021-07-21)[2021-8-28]. http://www.scio.gov.cn/xwfbh/xwbfbh/wqfbh/44687/46355/wz46357/Document/1709111/1709111.htm.

② 洪秀敏,刘倩倩.三种典型福利国家婴幼儿照护家庭友好政策的国际经验与启示[J].中国教育学刊,2021(2):57-62.

间。因此,家庭生育支持政策体系建设,首先要从服务支持方面着力,通过政策放开、积极引导与有效激励,全面调动各级政府部门、企事业单位、社会组织、社会成员参与发展的积极性,进而提供多层次、多样化的社会性服务,切实减小家庭的照顾负担与压力,有效平衡育孩女性的生活与工作关系。其次则要顺应人口城市化趋势,积极推进土地城市化步伐,增加住房有效供给,抑制住房投机炒作,有效缓解城市住房压力。此外,还可以从完善时间支持政策、就业支持政策甚至住房支持政策等方面着力,努力降低女性生养孩子的成本。具体地,则可以通过男女育儿假期平等政策在不同单位的全面实施来平衡男女生养孩子的责任,通过税收优惠政策、社会保障制度完善等措施,鼓励弹性就业、灵活就业等新就业方式,支持新业态创业就业,等等。综合而言,家庭生育支持政策涉及面甚广,短板弱项比较多,体系尚不够健全,还有相当大的可为空间。

(二)仍需调动社会力量积极性,促进托育服务包容性发展

对生育家庭,无论是提供经济支持、服务支持,还是时间支持、就业支持等其他方面的支持,都不能完全依靠政府,而应充分发挥全社会各方面力量的积极参与功能与作用,走一条包容性发展与治理之路。比如针对生育类假期等时间支持政策,如果缺乏用人单位的积极配合与支持,政策根本无法真正实施,毕竟,假期政策造成的用工成本目前主要是由用人单位承担的。再者,如果女性与男性育儿假期平等政策不能在各类单位全面实施,女性的职业发展肯定还会受到比男性更大的影响。生育保险等经济支持政策,同样需要相关主体的积极配合与支持,更何况目前城乡居民尚未建立起专门的生育保险制度。一些基于网络平台的灵活就业人员,如快递员、共享汽车司机甚至共享司机等新兴职业,不仅需要相应的网络平台尽可能地为其提供职业安全与保障,而且需要支持他们参加生育保险等社会保险。

当然,目前更为迫切的,尤其需要充分发挥社会力量积极作用

的，还是儿童照顾服务的有效供给，特别是在少子化、老龄化并进，劳动人口已经持续减少的严峻人口形势下。面向少儿的社会照顾服务，不仅服务对象本身具有特殊性，而且服务内容也有其独特性，毕竟，这是民生保障性服务，社会不可或缺。这类社会性服务，既不能完全依靠营利性市场组织（即普通企业），也不能完全依赖重在提供保底性公共服务的政府组织或公立机构，而应该充分发挥包括它们在内的多种性质与类型供给主体的比较优势与分工协作的互补互动作用。

首先，营利性市场组织（即一般意义上的企业）以追求经济利益为主要目标，对缺乏营利性的领域往往缺乏积极性，普惠托育专项行动要充分考虑这一点，否则难以产生积极、有效、广泛的政策效果，此其一；其二，对于面向少儿的社会照顾服务，完全以经济利益为导向，也是不合适的，毕竟，经济社会运行的价值导向应该是多元的，而不能完全以经济利益为导向。不过，营利性市场组织的市场化运行机制又有助于调动供给方为有支付能力的家庭提供适销对路的产品与服务的积极性。

其次，政府组织或公立机构（包括我国数量不小的事业单位），尽管适合提供兜底保障性公共服务，承担保证底线公平的职责，但其运行机制具有很强的行政化色彩。在这种科层制特征非常明显的行政化运行机制中，工作人员往往是眼睛向"上"（上级）而不是向"下"（服务对象），这不利于面向服务对象提供适合其需要的托育产品与服务。所以，在学理上通常主张将政府组织、公立机构的生产功能与服务作用限制在保障底线公平的有限范围内，甚至可以通过政府购买服务、财政补贴（如补贴供方、需方）等方式来实现政府的兜底保障职责。当然，这样做的前提是这些产品与服务的供给主体发展充分、竞争有序，其中包括非营利性供给主体。

实质上，旨在解决社会问题、主要追求社会价值的社会组织，比较适合为中低收入的生育家庭持续提供适合其需求水平与层次的社会照顾服务。其中,主要依靠外部捐赠或资助的传统非营利组织(NPO)可以为低收入家庭甚至经济困难家庭提供公益性慈善服务,而主要实行市场化运营,但保持一定非营利特征的新兴社会企业(欧美范式的 social enterprise,尤努斯范式的 social business)①,则有助于为中低收入家庭持续提供他们能够负担得起的普惠性服务②。然而,目前我国婴幼儿照护、托育服务等领域,恰恰缺少足够多的社会组织的积极参与,社会企业亦尚未得到国家层面政策的正式承认,尽管北京、成都、佛山、上海浦东新区等地区已经率先进行了积极探索。因此,这也是家庭生育支持政策建设可以着力的重要方面,尤其是让它们面向中低收入群体提供普惠性专业托育服务,毕竟,只有专业化才能提供高水平服务,只有专业化才能节省人力资源。

(三)"一老一小"统筹考虑、发挥政策协同作用尚存空间

由于我国人口老龄化、少子化突显的时点不同,因而应对政策建设的起步不同,政策建设的进度与成效也有较大差异。这一过程本身就会造成"一老一小"政策建设缺少统筹考虑,政策协同作用难以充分发挥出来。2020年底出台的《国务院办公厅关于促进养老托育服务健康发展的意见》(国办发〔2020〕52号)开启了将"一老一小"问题统筹考虑的政策探索先河。此外,在行政管理部门林立、统筹协调不畅的现实背景下,两类政策缺乏统筹系统考虑,未能彰显协同效应,还与"一老一小"的主管部门不同、涉及的管理部门众多等宏观管

---

① 欧洲和北美范式的社会企业(social enterprise)界定得比较宽泛,包括营利性和非营利性两种类型。2006 年诺贝尔和平奖得主、孟加拉国经济学教授尤努斯(Muhammad Yunus)界定的社会企业(social business)则比较严格,虽然同样包括营利性和非营利性两种类型,但如果撇开那种为穷人或其他弱势群体拥有的营利性企业(如:格莱珉银行,国内亦译为乡村银行)不论,非营利性 social business 与非营利性 social enterprise 的主要区别在于:前者的收入主要来源于持续性经营收入,盈余不能用于分红,后者则不太强调这两个特征。

② 高传胜.社会企业的包容性治理功用及其发挥条件探讨[J].中国行政管理,2015(3):66-70.

理体制有着很大关系,毕竟,主管部门的职能不同,专长不同,视野也有较大差异,这本身就会影响到统筹考虑、系统谋划;再者,还缺乏有效的激励约束机制,让他们加强沟通与协调。但是,随着我国人均预期寿命的不断延长,"一老一小"照顾将成为众多家庭必须同时面对的重要社会问题,因而,"一老一小"家庭支持政策体系建设已经到了必须统筹协调考虑、系统通盘谋划,进而更好地发挥政策协同效应的新时期。在这方面,发展与改革、财政等综合管理部门应该充分发挥其统筹协调、宏观指导与支持保障作用。

进一步而言,**一是在经济支持政策方面可以统筹考虑**,比如在最低生活保障等社会救助、个人所得税专项附加扣除政策等设计上,可以借鉴国际经验,一方面考虑需要照顾的家庭成员数量不同而可能产生的规模经济、范围经济和不经济性,另一方面考虑政策是否应体现鼓励性、激励性,优化政策设计,增加更加科学合理的政策有效供给。**二是在服务支持政策方面可以统筹考虑**,比如支持社区建设托育养老机构与设施的各种政策优惠与保障措施。毕竟,类似托育养老服务这样的社区照顾服务供给及配套基础设施建设,很多是可以通盘考虑的,无论是人员配备与培养,还是照顾服务的具体提供,更何况,实现少儿和老人整合照顾的机构,既可以让服务人员面向不同年龄的照顾对象,缓解工作的单调性、枯燥感,又可以激发一部分老人的志愿精神甚至生机与活力,充分发挥他们老有所为的积极作用。**三是在时间支持政策方面可以通盘考虑**,比如既可以设置生育支持方面的假期,也可以考虑设置照顾老人方面的假期,毕竟居家社区照顾模式仍然是目前国内外的主流托育养老模式,在机构托育养老模式尚未成为主流模式之前,可以从国家政策层面统筹考虑设置相应的家庭成员照顾假期,并在全社会范围内全面推广实施,并做好政策实施成本的合理安排与制度设计。**四是住房支持政策和就业支持政策等方面可以通盘考虑**,比如现行的住房保障政策、住房税费政策、住房贷款政策等方面都没有统筹考虑家庭照顾少儿和老人的双重压力,就业支持政策光考虑女性生育带来的不利影响,却未能充分考虑照顾老人可能带来的不利影响。

(四)治理体制机制尚待进一步完善,以增强其包容审慎性

尽管国家已经出台了不少支持政策与措施,托育服务也有了一定程度的发展,但与人民群众的美好生活需要相比,仍然存在相当大的差距。究其原因,其中一个至关重要的方面即在于既鼓励创新探索,又实现有效监管的包容审慎性治理体制机制还不够完善,这直接影响托育服务的多元化供给、专业化发展与社会创新和实践探索。这也是我国家庭照顾负担与压力尚未得到有效减缓的重要原因之一,毕竟,在劳动人口业已连续减少数年、少子老龄化形势日益凸显的今天,托育养老只有充分调动社会力量的积极性,走专业化发展道路,才能有效缓解人力资源日益紧张、社会照顾仍然较为稀缺的状况。因此,家庭生育支持政策体系建设必须包含鼓励基层探索创新、实行包容审慎监管的治理体制机制建设等方面的内容。客观上,基层一线主体对现实情况更为了解,对服务对象的需求把握更加全面准确,只有鼓励他们结合现实状况探索创新,才能更好地满足多层次多样化需求。相对而言,远离基层一线的政策制定者往往不具备这方面的优势。如果制定的政策规范不切合基层实际,不仅可能得不到有效贯彻实施,而且可能会影响微观主体的发展与探索创新。

不妨以托育服务机构备案"繁与难"为例。根据国家卫健委提供的数据,截至 2021 年 6 月 30 日,在全国托育机构备案系统里已经有 4 000 多家机构通过了备案,但仍然有 1 万多家在积极申请,[①]备案通过率似乎并不高。客观而言,托育机构并未实行行政许可制,而是采取登记备案制,有其积极进步的一面,这是汲取了我国养老机构管

---

① 国新办举行优化生育政策促进人口长期均衡发展新闻发布会图文实录[EB/OL].(2021-07-21)[2021-8-28]. http://www.scio.gov.cn/xwfbh/xwfbh/wqfbh/44687/46355/wz46357/Document/1709111/1709111.htm.

理由行政许可制向登记备案制改革的经验教训。但是,在调研中我们也了解到,目前试行的《托育机构设置标准》和《托育机构管理规范》的要求太多太高,对相当多的托育机构而言,实在难以完全达到。而2021年12月国家卫生健康委向社会公开征求意见的《托育机构建设标准(征求意见稿)》,其中的要求不仅更高,而且也更为详细与具体,要达到标准就更难了,尤其是中小型托育机构。正因为有的托育机构知道自己根本满足不了如此多的要求,所以索性选择不去备案;当然,也有的还在积极准备,以期能达到备案要求。根据2019年国家卫健委出台的《托育机构登记和备案办法(试行)》,申请备案的托育机构需要提供诸多行政部门提供的相关证明或许可证,只要有一个环节达不到规定的标准和规范要求,便难以取得相应证明或许可证。

综合而言,要么是设置托育机构的要求太多、太高,要么是所谓的备案制只是变相的行政许可制,无论是哪一种情况,在现实中都容易形成"寻租"等腐败现象。实际上,现实中隐蔽的"吃拿卡要"等寻租现象已经出现了。这不仅严重打击托育机构举办者的兴业积极性,还容易形成"创租—寻租"的恶性循环。中央政府一直在积极推进"放管服"改革,其核心要义即在于此。由此可见,政策制定不切合实际,提出超出现实的过多要求、过高门槛,是不利于托育服务机构多元化、包容性发展的。对于托育服务这样急需发展的新兴行业,亟须处理好鼓励创新探索与有效监管之间的关系,营造包容性环境与政策生态,推进包容性发展与治理。只有鼓励创新探索,才有可能找到更好地满足多层次、多样化需求的有效途径与方式。现行登记备案政策不利于小型托育机构发展,以及家庭托育服务的有效供给,而这些小型托育机构不仅是调动社会力量的重要途径,而且在我国是不可或缺的,像日本、我国台湾地区等托育服务发展较早的地区,即便在今天也还支持小型托育机构的发展。

托育机构备案繁与难,实际上还涉及托育机构的管理体制问题。

目前国家层面的主管部门是卫健委系统,而上海等一些地方则是由教育部门主管。两种管理体制,到底哪一种更有助于促进托育服务的包容性发展?实际上,无论是国家政策文件,还是地方政策文件,都主张要实现托幼一体化发展,毕竟,由幼儿园向前延伸而提供托育服务,与独立兴办托儿所相比,更具规模经济甚至范围经济性。而目前幼儿园(学前教育)是由教育部门主管的,托育机构却要由卫生健康部门主管,这是不利于托幼一体化发展的。再者,教育部门具有管理幼儿园的经验与优势,也更适合管理托幼一体化机构,无论是在政策制定,还是在日常行政管理上。因此,家庭生育支持政策体系构建,不能忽视托育服务管理体制机制理顺与优化问题。体制机制不合理,缺乏包容审慎性,会直接影响行业发展,其后果必然是家庭发展能力受到限制,家庭照顾压力与负担得不到有效缓解。

四、家庭生育支持政策建设的国内外先行做法

生育率下降、少子老龄化日益深化,已经成为很多国家和地区面临的共同社会问题。因而,相当多的国家和地区制定、出台了各种各样的家庭支持政策,以期增强家庭发展能力,在解决好"一老一小"照顾问题的同时,减缓生育率持续下降的趋势,并尽可能地提增生育意愿,只不过有的国家采取明确型(explicit)政策,如日本,有的国家则实施含蓄型(implicit)政策,如美国。[①] 由于不同国家和地区在少子老龄化水平与形势方面存在着差异,加之经济社会发展水平、国家治理理念与方式、社会福利体制、民众意识形态(如个人主义、家庭主义、国家主义等)、文化传统、宗教信仰等诸多方面也有不同,因而,不同国家和地区采取的做法亦不尽相同。鉴于此,这里将结合我国在家庭生育支持政策体系建设过程中面临的突出问题,探寻国内外先

---

① 江夏.OECD国家儿童早期照顾政策取向差异及其对我国的启示[J].学前教育研究,2021(5):3-14.

进经验与有益做法,他山之石、可以攻玉,国内先进地区的有益做法可以推广至其他地区。

(一)多方位支持生育家庭发展,尤其重视托育服务有效供给

综观国际上生育率水平较低、正面临严峻的少子化形势的国家和地区,大多数会通过经济支持、服务支持、时间支持和就业支持等多方面的政策措施,给生育家庭提供多方位的综合支持,尽管各国的国情和少子化形势的严峻程度会有所不同,家庭支持政策的慷慨程度与具体做法会有所差异。有的国家和地区甚至还会提供住房支持政策,如日本、新加坡和我国台湾地区。但是,无论如何,促进托育服务有效供给的支持政策都极受重视,毕竟,只有社会化、科学化和专业化的儿童照顾服务有效供给才是对生育家庭特别是生育女性最为重要也最为直接的支持。如果服务供给不充分,相当多接受较好教育的职业女性将不得不亲自照顾婴幼儿,职业发展与自我价值实现会受到很大影响,并面临较高的机会成本。如果依赖祖辈来照顾婴幼儿,不仅可能存在着未必科学、专业的问题,而且还会影响祖辈晚年的正常生活,更何况,也并不是所有祖辈的身体状况都适合照顾婴幼儿,而且两代人在照顾婴幼儿的理念、生活习惯与方式方法上未必一致。至于如何促进托育服务发展,被低生育率困扰多年、如今总和生育率仍然徘徊在 1.4 左右的日本尤其值得我们借鉴学习。

尽管日本生育率是从 20 世纪 70 年代开始降低的,但早在 1947 年制定的《儿童福祉法》即明确规定:为确保儿童身心健康,国家和地方公共团体有义务向儿童监护人提供必要的育儿支持服务。此后,以此法为依据,在全国范围内开始广泛设立保育所提供托育服务。随着生育率的持续走低和社会发展,人们对托育服务的质量要求不断提升。因而,2015 年实施的《儿童及育儿援助新制度》进一步明确,托育服务不仅要扩充数量,还要提升品质量。为此,日本实施了一系列改革措施,其中包括:① 按照市场化原则改革托育服务市场,将此前政府向托育机构提供一揽子运营资金改为支付"给付费",并打破以往只有保育所才能获得政府运营费的限制,民间团体、营利性企业等均可进入托育服务市场;② 构建缜密的托育必要性认定体系,根据婴幼儿监护人实际情况扩充托育服务申请事由的覆盖范围,为更多有需求的家庭提供托育服务,并为有实际需求的家庭延长每日可获得的托育服务时长;③ 增设多种类型的托育服务机构,提高市町村地方政府结合当地实际情况提供育儿支援服务的独立性和自主权,充分调动民营企业、社会福利法人、非营利组织和民间志愿者等多种社会力量参与育儿支援体系建设;④ 强化政府对托育服务的监管与调剂能力。为了落实这些改革措施,日本曾多次提高消费税税率,2019 年即将其增收部分的 5% 用于儿童及育儿援助经费,其中包括对托育机构给予财政补贴,并根据孩子数量和困难程度,对家庭实行弹性的保育费用减免。①

(二) 充分发挥社会力量的作用,破解少儿照顾服务短缺难题

对于托育养老等社会性服务领域,充分发挥市场组织和社会组织的积极功能与作用,政府主要承担兜底保障职能,不仅符合包容性发展与治理的客观趋势,而且是相当多的国家和地区的普遍做法。

事实上,正在积极推进托育服务公共化的我国台湾地区,作为亚洲托育服务的领先者,同样注重发挥社会力量的积极作用。其中,《扩大幼儿教保公共化计划(2017—2021 年度)》,明确提出以稳健提升、公私共好为原则,采取增设非营利幼儿园为主、公立幼儿园为辅的方式,将公共化幼儿园之就学比例由原先的 3 成提高至 4 成。后来实施的《少子女化对策计划(2018 年—2024 年)》,针对 0~2 周岁婴幼儿入托率远落后于瑞典、法国、德国、日本等发达国家的现实状况,除了积极鼓励地方政府加速设置小区公共托育家园和公设民营

---

① 肖子华. 日本托育情况及育儿支持制度的启示[J]. 人口与健康,2020(9):19-23;和ета花. 部分发达国家 0~3 岁托幼公共服务经验及启示[J]. 中华女子学院学报,2018,30(5):109-116.

托婴中心之外，还通过政府投入资源、税收优惠、奖励补助等多种方式，鼓励私立托婴中心及居家托育人员加入准公共服务，提供民众可负担、质量安全可靠的托育服务，以支持家庭育儿。①

可见，充分发挥社会力量提供托育服务是诸多国家和地区的通行做法。实际上，只有市场组织、社会组织充分发展，为更多的家庭提供其所需要的托育服务，政府才能够真正承担起对经济困难家庭的兜底保障责任。而且，市场组织和社会组织发展充分、竞争有序的供给结构，还有助于政府通过购买服务或者直接补贴经济困难家庭等方式来更加高效地承担兜底保障责任。

（三）以包容审慎性监管方式，支持儿童照顾服务包容性发展

少儿是社会照顾的重要对象，这一对象本身的特殊性决定了托育服务行业必须得到有效的监管，无论是公立还是私立机构，也不论是营利还是非营利机构。只有有效监管，才有助于保证服务的质量与安全，否则势必影响家庭正常消费，更不用说安心消费、放心消费了。再者，绝大多数国家的政府都不会大包大揽，而是注重调动社会力量参与发展的积极性，进而为生育家庭提供多层次、多样化的社会照顾服务。而要保证服务质量与安全，增进服务供需双方的信任，有效的监管则是必不可少的。但是，监管既能产生收益，也要付出成本，因而，监管需要考虑程度高低，即适度性问题，此其一。其二，监管还涉及事前、事中和事后等不同环节。在行业发展的不同时期，监管的重点环节会有所不同。其三，监管还有不同模式、方式和方法的选择问题。在行业发展早期阶段，一方面由于服务供给严重不足，另一方面对于新兴行业可能缺乏足够的了解，因而，可以采取包容审慎的监管方式与方法，在放手发展的同时，加强事中事后监管。

---

① 台湾少子女化对策计划（2018—2024）[EB/OL].（2021-04-26）[2021-8-18]. https://www.edu.tw/News_Plan_Content.aspx?n=D33B55D537402BAA&sms=954974C68391B710&s=1F066099DDDA393B.

当然，也有的国家和地区本身就采取前端宽进、中后端严管的监管模式。这样，有助于充分发挥社会力量在包容性发展和实现行业自律等社会治理功能等方面的积极性。比如在英国，开办幼儿园的门槛就不是高不可及的，只要创办人具备政府要求的教师资质，通过管理人员所必需的资格考试，提交了本人及所有雇用员工包括清洁工、园丁、厨师等儿童有可能会接触到人员的无犯罪记录证明和信用记录，同时具备了一定的资金，即可去教育部和地方政府注册。正因为准入门槛不高，所以，英国除了公立幼儿园、连锁幼儿园之外，还有大量的家庭幼儿园，这无疑有助于增加婴幼儿照顾服务的有效供给。当然，宽松的行业准入，是与有效的监管相配套的。英国对幼儿园的监管是依靠教育标准办公室的不定期视察和评定来进行的。此外，还有行业自律、服务对象与社会监督。比如家长每天都可能会收到幼儿园的照顾记录，包括孩子"每天吃了些什么、吃了多少、有没有摔倒、情绪发生了怎样的变化等日常生活记录"，这就是服务提供者的自主作为与接受监督。[1] 在丹麦，举办幼儿园则是公民的权利，任何一个家长都可以举办幼儿园，而且其普惠性幼儿园是以家庭和社区为依托的，而不是由大企业和资本主导的。在丹麦，只要幼儿园招满18个学生，持续办学一年以上，就可以合法化，申请成为正式的幼儿园。如果申请成功，便可以获得政府提供的占办学成本70%以上的财政支持。可见，在丹麦，举办权是高度开放的。[2] 放手发展，如果能达到政府要求，便可以获得财政支持。实际上，这也是一种包容性发展与审慎性监管相结合的包容审慎性治理思路，非常值得我国借鉴学习。

---

[1] 张倩. 英国怎么办学前教育[J/OL]. 财经, 2017(30)(2018-01-05)[2024-03-20]: http://magazine.caijing.com.cn/20180105/4393164.shtml.
[2] 马瑜骏. 发展高质量家庭式托育服务：国际经验及启示[J]. 社会建设, 2021, 8(6): 15 – 24, 39.

五、加强家庭生育支持政策体系建设的思路与建议

尽管近些年我国在构建家庭生育支持政策方面已经做出了不少努力,也取得了一定成绩,但就总体而言,仍然有进一步健全完善的可为空间,包括完善政策体系、优化支持方式、提高支持水平等诸多方面,毕竟,我国正在积极践行"以人民为中心"的发展思想,加快推进国家治理现代化与高质量发展,而切实保障"幼有所育"、促进人口长期均衡发展则是建设现代化国家和推进高质量发展的最基本要求。结合我国面临的少子老龄化和劳动人口减少等人口结构变化的严峻形势,必须直面政策建设过程中面临的突出问题,积极借鉴国内外先进经验与有益做法,选择科学合理、切实可行的政策建设思路,确定近期建设的重点与着力方向,并探寻有效的政策措施。

(一)加强家庭生育支持政策建设的总体思路与近期重点

实质上,家庭生育支持政策体系建设的维度、力度等选择,深受个人主义、家庭主义和国家主义的深刻影响。鉴于我国日益凸显的人口少子化形势,应该站在国家富强、民族复兴的全局战略高度看待家庭生育支持政策体系建设。为此,需要紧密结合影响我国女性生育意愿和家庭生育决策的主要因素,直面家庭生育支持政策体系建设中存在的短板与弱项,并在广泛参考国内外先进经验与有益做法的基础上,从经济支持、服务支持、时间支持、就业支持以及住房支持等多个维度,全面推进我国家庭生育支持政策体系建设。只有综合施策,形成政策合力,发挥政策效力,才有可能通过降低生养成本来深刻影响家庭生育决策,我国生育水平不断下降的趋势才有可能得到减缓。

考虑到家庭生育支持政策体系各个维度建设的难易程度,以及政策成本分担等诸多因素,近期政策建设的重点适合放在服务支持政策上,尤其要通过政策引导、鼓励、支持和保障等多种方式,加快以需求为导向的托育服务高质量、包容性和专业化发展,有效缓解儿童

照顾服务的供需矛盾,在切实减轻生育家庭照顾负担与压力的同时,更好地平衡育孩女性的工作与家庭关系,明显降低生养孩子的成本,进而提增生育意愿,提高生育水平,充分释放生育政策的潜能,促进我国人口长期均衡发展。

进一步而言,高质量发展就是要面向需求的发展,毕竟,托育服务需求是多层次、多样化的,供给必须适应需求。正如《人民日报》社论所指出的,"高质量发展,就是能够很好满足人民日益增长的美好生活需要的发展",不注重供需匹配,供给往往是无效的,因而也无助于解决儿童照顾服务供给严重不足的现实状况。包容性发展,是强调要充分调动社会各方面力量的积极性,实现托育服务的多元化、多途径供给,这样才能更好地满足多层次、多样化需求。专业化发展,则是强调要重视专业性托育机构发展和专业性托育服务有效供给,而不是主要依靠家庭照护、家庭式托育等零星分散式非专业性照护与托育,这既是提供高水平托育服务、更好地满足需求的重要保障,也是顺应劳动人口减少,而抚育养老服务需求却不断增长的客观需要,毕竟,只有走专业化发展之路,才能更加充分地发挥专用设施、场地和人员的规模经济与范围经济效应,减少对照护人员的需求。

(二) 加强家庭生育支持政策建设的着力方向与政策建议

结合影响我国女性生育意愿和家庭生育决策的重要因素,以及目前政策存在的短板弱项,建设家庭生育支持政策体系需要从经济支持、服务支持、时间支持、就业支持和住房支持等多个维度全面推进。

1. 经济支持政策建设

由于受不同哲学理念的影响,对生育家庭的经济支持政策,实际上可以有相当多的选择。如果按照国际著名社会福利学者艾斯平-安德森的观点,儿童是100%的国家未来,那么,投资儿童就是投资国家未来。按此理念,对生育家庭提供经济支持便可以有非常多的选择。比如,可以借鉴以色列的经验,为具有生育困难的适龄生育人群提供免费辅助生殖服务,并为少儿提供一周六天、每天都较长时间的免费托幼服务,也可以学习芬兰等福利国家的做法,为婴幼儿养育提供可靠的免费日用品,甚至还可以推广四川省攀枝花市的最新做法,为生育二、三孩的户籍家庭提供数年育儿补贴金。

不过,这些慷慨的经济支持政策都需要有强有力的公共财政实力做支撑。如果财政实力有限,则可以有别样的政策选择,其中包括将婴幼儿照护费用纳入个人所得税专项附加扣除;在积极推动职工全面参加生育保险的同时,通过财政补贴、税收优惠等政策,激励城乡居民积极参加可以融合生育保险功能的基本医疗保险;对于具有生育困难的适龄人群的治疗与辅助生殖服务等合理费用,可以将其纳入生育保险或医疗保险的报销范围;等等。

2. 服务支持政策建设

鉴于我国普惠性托育机构严重短缺、婴幼儿入托率比较低的客观现实,一方面需要加大公共财政投入,完善土地、财税、金融、人才等支持政策,另一方面则应深化"放管服"改革,在进一步扩大公立托育机构发展的同时,引导更多的社会力量积极参与托育服务有效供给,让企事业单位、社会组织、社会成员等有更多机会和更好条件,更加便捷地投身于普惠性托育服务供给,进而为婴幼儿提供更长时间的专业化照护服务。只有走专业化发展之路,才能有效降低家庭照顾压力,并节省人力资源,进而更好地顺应劳动人口减少、托育养老等对人力资源需求日益增长的客观趋势。

考虑到托育机构兴办的门槛高、手续烦琐、备案较难等客观现实,应该借鉴日本和我国台湾、上海等国内外"托幼一体化"发展思路,通过具有吸引力的支持政策与保障措施,鼓励幼儿园拓展服务内容,提供普惠性托育服务。为此,迫切需要调整托育服务机构的主管部门,推广上海等地的做法,由教育部门主管,而卫生健康等部门则在职责范围内负责相应的配套支持与管理职能。这样,不仅可以充分发挥教育部门主管学前教育的经验与优势,而且可以节省行政力量与成本,并通过一体化管理助推托幼一体化健康发展。

3. 时间支持政策建设

时间支持政策主要指生育休假等相关制度安排。2012年国务院出台的《女职工劳动保护特别规定》有产假和哺乳假的统一规定。国际上和国内其他地区还有陪产假（护理假）、育儿假等政策实践探索。有些地区，如北京，最近为了鼓励生育二孩、三孩，对产假和陪产假还有更进一步的奖励。2021年出台的国家最新政策和新修改的《人口与计划生育法》，也明确提出要探索设立独生子女父母护理假，支持有条件的地方开展父母育儿假试点。问题的关键在于，假期政策的成本目前主要是由用人单位承担，而要全面落实产假、陪产假、哺乳假甚至育儿假等时间支持政策，则必须健全假期用工成本公平合理分担机制，改变完全由用人单位承担政策成本的做法。

对于机关、事业单位等公立机构，目前主要是由公共财政承担假期用工成本，而企业、社会组织等用人单位，则要自我消化用工成本。为了便于全面严格落实统一的时间支持政策，促进公平竞争，减小男女之间的政策差异而带来的就业歧视，可以通过税收减免、增加税费抵扣额度等优惠方式，来分担时间支持政策的成本，此其一。其二，对于与生育、哺乳等关系不太紧密的育儿假之类的时间支持政策，应该坚持男女统一原则，这样既有利于平衡男女生养子女的责任，也可以减轻男女在就业方面的不平等。

4. 就业支持政策建设

我国女性劳动参与率在国际上处于较高水平。而且，随着义务教育的全面普及、高等教育的日益大众化，女性受教育水平还会不断提高，自主独立性还会进一步增强，就业创业、实现自我价值则是现代女性的重要需求。生养子女势必会影响女性的职业发展和自我价值实现，并由此带来不可忽视的机会成本。因此，要想增强女性生育意愿，提高社会生育水平，有效平衡家庭与工作之间的关系，就必须建立健全女性就业支持方面的政策，让充分照顾生育女性的就业支持政策成为现代文明社会家庭支持政策体系的标配。

为此,首先需要进一步完善法规政策,规范用人单位的招录、选聘行为,防范性别歧视行为,促进女性平等就业,并通过加强行政监管、社会监督与女性自治团体的自主维权等多种方式,保证其得到有效实施。其次可以通过社会舆论引导等综合措施,营造生育友好型社会环境,鼓励用人单位实行有利于照顾生育女性的弹性工作方式。此外,通过切实的"放管服"改革、财税优惠和社会保障政策的完善,支持鼓励各种灵活就业新方式、社会创业新业态,让生育女性有更多的就业、创业和发展机会。

5. 住房支持政策建设

尽管国家正在着力构建以公租房、保障性租赁住房和共有产权住房为主体的住房保障体系,但住房问题仍是当下中国的重要社会问题。相对于普通百姓的收入而言,房价高、房租贵、买房压力大,是不少在城市打拼的年轻人遇到的最现实问题。社会竞争激烈,住房成本居高不下,也是影响城市年轻家庭生育决策的不可忽视的因素。因此,从降低生养子女成本角度来鼓励生育、释放生育潜能,必须完善生育家庭住房支持政策。

具体而言,起码可以从宏观、中观和微观等不同层面着力。首先,在宏观层面,应该顺应人口城市化的客观趋势,积极推进土地城市化进程,为城市住房建设提供更加充足的土地保障。其次,在中观层面,要彻底改变城市政府依赖"土地财政"的现实状况,拓宽地方政府的收入来源,并在此基础上改革住宅用地的出让方式,降低住宅建设用地成本,并真正让利于百姓。最后,在微观层面,既要通过税费政策、学区房政策改革等综合措施,抑制一些城市的住房炒作投机行为,又可以借鉴日本、新加坡等国家和我国台湾地区的经验,通过财政补贴、税费优惠、公租房和保障性租赁住房配租中的优先选择权、共有产权等经济适用房供给中的适当倾斜,以及政策性住房金融、差异化租售价格等方式,为养育未成年子女的家庭提供适当的政策支持与保障。

第四章　少子老龄化形势下托育服务高质量发展的几个问题[*]

托育服务如何有效供给,不仅直接涉及众多家庭的现实需求能否得到充分满足,而且关乎我国人口发展战略、积极应对人口老龄化战略和健康中国战略的全面实施。江苏跟全国一样,一方面正面临着日益凸显的少子老龄化形势,另一方面又受到劳动年龄人口、劳动人口和就业人口业已连续下降数年的严峻挑战。在此复杂严峻形势下,切实保障"幼有所育",不仅是积极践行"以人民为中心"的发展思想、建立生育支持政策体系和更好地满足新时代人民群众日益增长的美好生活需要的现实要求,而且还具有降低生育、养育和教育成本,缓解家庭不愿生、不敢生等社会焦虑不安情绪,进而优化人口发展战略、促进我国人口长期均衡合理发展的长远价值。再者,如前所述,实现"幼有所育"是"老有所养"的前提条件之一,而推进托育服务走上以需求为导向的高质量发展与包容性治理之路,实现多层次、多样化托育服务有效供给,正是切实保障"幼有所育"的最重要途径与方式。但是,目前我们尚未能紧扣我国人口结构的不利变化趋势和托育服务供需不匹配等现实状况,回答好新形势下托育服务如何实现高质量发展与包容性治理这一至关重要的社会问题。"幼有所育",当问谁?需要在新时代新的人口形势下给出新的答卷。正因为

---

[*] 本章部分内容参见:高传胜.幼有所育,当问谁?——少子老龄化形势下托育服务的高质量发展[J].贵州社会科学,2023(5):97-105.

如此,党的二十大报告对此亦十分重视。

此外,在国内外形势异常复杂严峻且更加不确定的新发展阶段,推进托育服务高质量发展与包容性治理,还有助于扩内需、促增长,助力以国内大循环为主体、国内国际双循环互促的新发展格局构建。为此,亟须在新发展阶段回答实现托育服务高质量发展与包容性治理相关的一些关键核心问题,比如:我国托育方式到底应该如何选择,是以家庭为主、社区为主,还是以机构为主,走专业化、规模化发展之路?这直接关系到托育资源的空间配置与资金投入方向、重点。再如,托育责任应该如何分担,在个人、家庭、社会和政府等诸多主体中,谁应承担更多的责任?尤其是在少子老龄化态势日益凸显,国家正在加快推进现代化建设并着力实现民族复兴的重要历史时期。托育服务如何才能实现充分有效供给,公立机构、市场组织、社会组织、家庭和社区各自应该发挥怎样的作用?托育服务如何监管,才能既保障托育机构创立的便捷性、发展的可持续性和服务的安全科学性,同时又让百姓能够放心接受?毫无疑问,只有托育服务供给的安全性、科学性、普惠性、可及性与可得性得到切实保障,百姓才能够放心地让孩子接受托育服务,进而有效缓解孩子没人带、带不起、不敢让人带因而也不愿生育等焦虑不安的社会情绪问题。

一、严峻的少子老龄化形势,要求加快推进托育服务高质量发展

我国正面临日益凸显的少子老龄化形势。一方面,我国0~14岁少年儿童数量占总人口的比重在持续下降多年之后,现已处于"严重少子化"水平,具体数据可参见图4-1。第六次全国人口普查数据显示,2010年我国少儿比重已经降到16.6%,降至15%~18%的

"严重少子化"水平[①],尽管后来几年又有所上升,但仍然未能突破18%的上限。根据第七次全国人口普查和2021年、2022年《国民经济与社会发展统计公报》提供的数据,2020年少儿比重已经升至短期内的波峰17.9%,但2021年、2022年又有所下降,分别降至17.5%、16.9%,不仅水平逐步降低,而且均低于18%,仍处于"严重少子化"水平。如果进一步看总和生育率与人口出生率,2020年我国这两项指标的值分别为1.3、8.52‰,分别低于1.5、11‰,属于"超少子化"水平[②],而且2021年、2022年的人口出生率又进一步下降,分别为7.52‰、6.77‰。因此,综合三个指标来看,我国处于严重甚至超少子化时代的特征非常明显。另一方面,2000年我国65岁及以上人口占总人口的比例达到7%,迈入老龄化社会,此后,老年人口总量和比重一直在持续稳步上升,如图4-1所示,2021年已

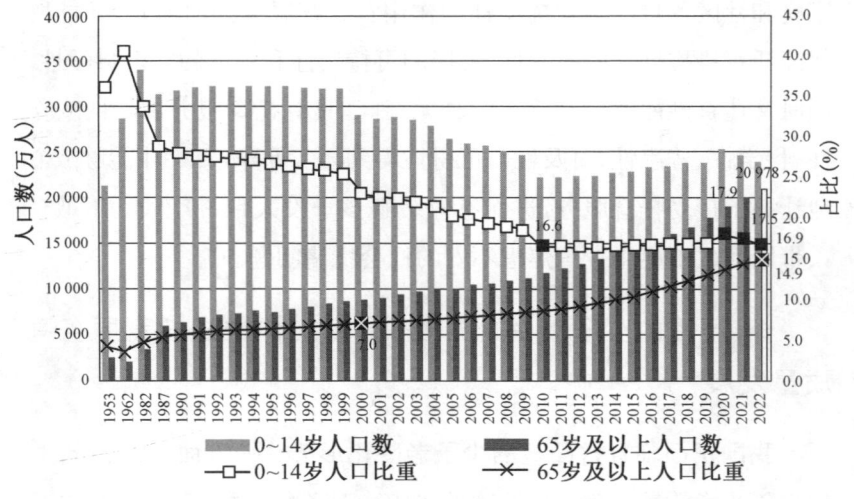

图4-1 我国少子老龄化趋势

数据来源:《中国统计年鉴—2022》和《2022年国民经济与社会发展统计公报》。

---

① 王晓峰,全龙杰.少子化与经济增长:日本难题与中国镜鉴[J].当代经济研究,2020(5):85-92.

② 王晓峰,全龙杰.少子化与经济增长:日本难题与中国镜鉴[J].当代经济研究,2020(5):85-92.

经分别达到 20 056 万人、14.2%，意味着我国进入国际口径的老龄社会。2022 年这两项指标进一步上升，分别达到 20 978 万人、14.9%，再创历史新高，人口老龄化趋势十分明显。

  日益凸显的少子老龄化形势，不仅需要从战略上加以积极有效应对，而且对我国实现"幼有所育""老有所养"都提出了更高的要求。在全面践行"以人民为中心"的发展思想的新发展阶段，"高质量发展，就是能够很好满足人民日益增长的美好生活需要的发展"①。具体到托育服务领域，进一步而言，如果立足现实，则少子化客观上要求"幼有所育、幼有优育"，要求我国更加重视人力资本投资与开发，而推进托育服务高质量发展恰恰是人的整个生命周期中非常重要的人力资本投资与开发环节；如果面向未来，少子化则意味着国家需要进一步提高生育率，实现人口正常更替，而促进托育服务高质量发展不仅有助于实现多层次、多样化托育服务的有效供给，有效降低家庭的儿童照顾负担，而且有助于降低家庭的生育、养育和教育成本，更好地平衡女性职业发展与家庭生活之间的关系。正因为如此，增强托育服务的家庭支持是国际上各国减缓生育率下降趋势的重要政策努力方向。再者，在国内外形势异常复杂严峻的新发展阶段，推进托育服务高质量发展，还有助于扩内需、促增长、惠民生，助力国内大循环，支撑新发展格局构建，进而积极应对错综复杂且更加不确定的国内外发展环境。

  然而，目前我国托育服务总体上还存在着供给总量不足、供需结构失衡和供给质量亟待提升等多方面的突出问题，婴幼儿托育服务供给和需求之间的缺口非常大。可以预期的是，如果社会上提供的安全可靠、科学专业、普惠可及的托育服务更加充分有效，那么，托育服务的需求将会更高。因此，需要用动态、互动视角看待托育服务的供需关系。同时，与发达国家相比较，在入托率上，我国差距很大。

---

  ① 牢牢把握高质量发展这个根本要求[N].人民日报，2017-12-21：001.

正因为如此,我国《国民经济和社会发展第十四个五年规划和2035年远景目标纲要》提出,要将每千人口拥有3岁以下婴幼儿托位数从之前的1.8个提高到2025年的4.5个。在现实中,尽管托位数在不断增长,但一些托育机构又出现了招不满生员的闲置浪费状况,供需难匹配的悖论亟待有效破解。加快推进托育服务实现以需求为导向的高质量发展,则是可能的破解之道。

二、就业人口连续下降的趋向,要求托育服务走专业化发展道路

推进托育服务实现以需求导向的高质量发展,首先面临抚幼方式如何理性选择问题。抚幼方式选择,将直接影响服务需求,进而决定托育资源的空间配置与未来投入方向、投入重点。而抚幼方式的选择,受到供需两侧多方面因素的复杂影响,其中至关重要的是我国劳动年龄人口、劳动人口和就业人口业已连续下降多年的客观趋势。毕竟,托育服务需要合适的就业人员来提供,而劳动人口特别是就业人口的水平与状况直接决定了幼有所依的水平与状况。更何况,我国还面临着持续深化的人口老龄化趋势,同样需要保障老有所依。因此,必须紧密结合我国劳动年龄人口、劳动人口和就业人口的水平及其变化趋势来探讨新形势下理性选择抚幼方式和托育服务高质量发展的具体实现路径问题。

如图4-2所示,我国14~64岁的劳动年龄人口、劳动力和就业人员等三项指标都已经连续下降了多年。从绝对数上看,上述三项指标分别在2013年、2015年和2014年达到波峰,而占总人口的比例则是更早便达到了波峰,分别在2010年、2010年和2004年,因此,无论是从绝对数还是相对数上看,均已连续下降了多年。这意味着我国在幼有所依、老有所依上面临更加严峻的形势。正因为如此,社会抚养比也在不断上升。如图4-3所示,我国总抚养比在2010年下降至波谷34.20%之后,已经走上了持续上升轨道,2021年、

第四章 少子老龄化形势下托育服务高质量发展的几个问题 | 113

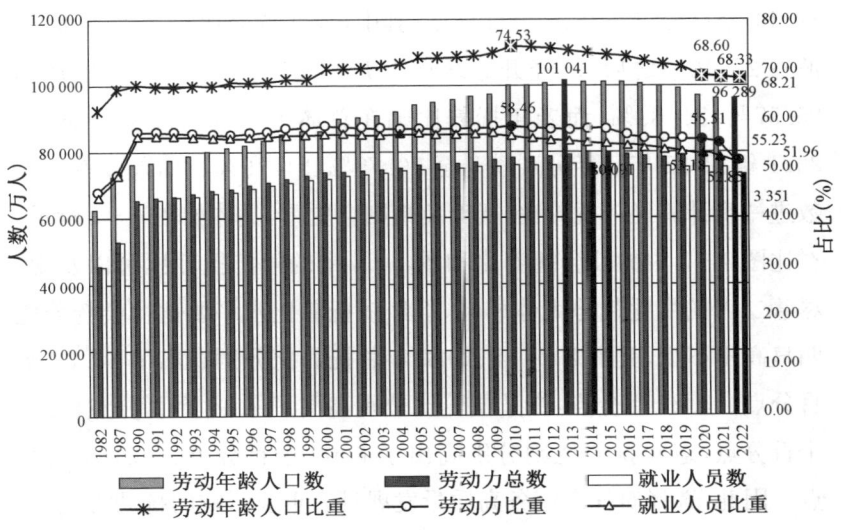

图 4-2 我国劳动年龄人口、劳动力和就业人员变化趋势

数据来源:《中国统计年鉴—2022》和《2022年国民经济与社会发展统计公报》。

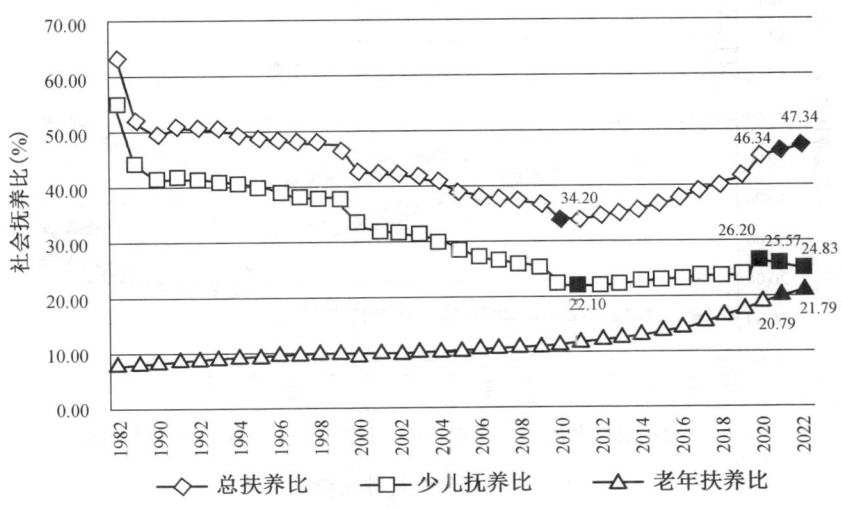

图 4-3 我国社会抚养比变化趋势

2022年已经分别升至46.34%、47.34%,分别比2010年高出了12.14个百分点、13.14个百分点;其中,少儿抚养比自2011年降至波谷22.10%之后,已经开始缓慢上升,2021年、2022年分别达到25.57%、24.83%,而老年抚养比则在总体上呈现持续上升态势,2021年、2022年已经分别攀升至20.79%、21.79%。如果按就业人数进一步计算经济抚养比,抚养负担则会更重,具体如图4-4所示。对比图4-3中的社会抚养比和图4-4中的经济抚养比可以发现,尽管二者的变化趋势大体相同,但经济抚养比水平要比社会抚养比明显高出不少,其中2021年、2022年总抚养比分别高出了13.58个百分点、13.85百分点,少儿抚养比分别高出了7.49个百分点、7.76个百分点,老年抚养比则分别高出了6.09个百分点、6.81个百分点。因此,选择对托育服务高质量发展具有重要影响的抚幼方式,必须高度关注劳动年龄人口、劳动人口和就业人口的变化趋势。

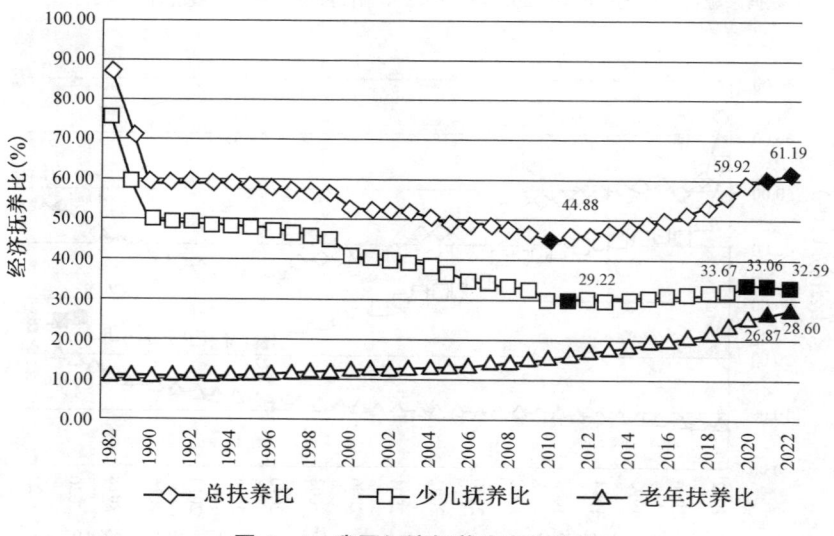

图4-4 我国经济抚养比变化趋势

数据来源:《中国统计年鉴—2022》和《2022年国民经济与社会发展统计公报》。

抚养儿童是父母的法定责任与当然义务,因此,我国现行政策仍然强调家庭对儿童照护负有主体责任，并积极支持优质专业组织开发公益性课程，利用互联网平台等渠道向社会免费开放，同时依托居委会等基层组织力量，为家庭提供育幼指导服务，帮助家庭成员提高照护能力。然而，在劳动年龄人口、劳动人口和就业人口业已连续减少，养老抚幼压力不断增大的今天，转变抚育观念与思路，推进托育服务专业化发展，将是不可避免的。只有这样，才能一方面充分发挥专业性托育机构的专业化分工优势与规模经济效应，另一方面又可以减少对托育人员的现实需求。

总是依赖家庭的分散型照顾方式，不仅难以发挥社会化照顾的专业化分工优势，无助于实现规模经济效应，而且照护服务也未必科学、合理、专业。根据"斯密定理"，分工不仅是经济增长的源泉，而且能促进市场规模扩大。① 随着经济发展水平的提高，服务业规模与占比都在不断增长，这实际上就是社会专业化分工深化和泛化的结果。托育服务领域自然也不例外。专业的人做专业的事，既是社会专业化分工的深化与泛化，也符合经济发展和社会进步的方向与趋势。更何况，在女性受教育水平不断提升、我国女性劳动参与率在国际上仍然处于较高水平的今天，由生母全职照顾婴幼儿还会影响到女性职业发展与自我价值实现，这实际上也是我国生育意愿与水平持续走低的重要原因之一。再者，第七次全国人口普查数据也显示，我国家庭户规模已经降至 2.62 人，比第六次全国人口普查的 3.1 人又有所下降，家庭抚幼养老功能在逐渐弱化，家庭越来越难以胜任同时照顾老小的双重任务。此外，我国人均预期寿命不断延长，而健康预期寿命却与之相差 8 年左右②，这一客观现实也意味着老年照护需求越来越大，照护人员的供需缺口将进一步凸显。

---

① 斯密.国民财富的性质和原因的研究[M].郭大力,王亚南,译.商务印书馆,1979:1-19.

② 2019 年全国"敬老月"主题宣传活动[EB/OL].(2019-10-08)[2022-8-1].http://www.china.com.cn/zhibo/content_75278452.htm#fullText.

鉴于此,对于"一老一小",在居家照护、社区照护和机构照护等多种社会化照护模式中,从长期趋势看,理应首选更加专业化的机构照护模式;即便是选择居家照护、社区照护模式,也适合选择更具专业化、规模化和社会化的照护服务供给方式。只有这样,才能更好地适应我国少子老龄化与劳动人口业已连续减少多年的双重人口不利变化的严峻形势。

三、适应多层次、多元化需求,推进托育服务包容性发展与治理

在幅员辽阔,人口众多,区域差距、城乡差距和群体差距都还比较大的今日中国,人民群众对托育服务的需求必然是多层次、多样化的。在国家积极践行"以人民为中心"的发展思想、全面推进治理体系与能力现代化的新时代,要更好地满足多层次、多样化的托育服务需求,必须有效调动全社会各方面力量的积极性,推进托育服务包容性发展与治理(inclusive development and governance),真正实现不同性质与类型的托育机构(如营利性、非营利性和公益性)、不同主体举办的托育形式(如家庭托育、社区托育、用人单位托育、幼儿园托班等等)和提供不同照护时长(如全日托、半日托、计时托、临时托等等)的托育服务分类协同发展与包容性治理。托育服务的包容性发展与治理,强调托育服务供给主体的多元参与性、服务对象的全面可及性、服务内容的灵活多样性和服务成效上的普惠共享性。我国现行政策导向一方面强调要完善公建民营机制,提高公办托育机构服务水平,另一方面则积极实施普惠托育专项行动,重视调动地方政府与企事业单位、社会组织等用人单位的积极性,进一步拓宽普惠性托育服务的供给渠道,这也是推进托育服务包容性发展与治理的重要途径,尽管政策效果尚待进一步观察,社会组织尤其社会企业等的积极作用还需要进一步增强。

(一)更好地发挥政府主动有为作用,保障公共托育服务有效供给

在我国生育意愿与水平持续走低、亟须促进人口长期、均衡、合理发展的新形势下,发挥好政府主动有为作用,进一步加大政府的财政投入力量,提高公共托育服务的公平性、可及性与兜底保障性,不仅是切实保障"幼有所育"不可或缺的重要努力方向,而且是积极投资"中国未来"、实现人口红利向人才红利顺利转变的可行途径与方式。

不可否认的是,在国际交流水平和社会开放程度业已大幅提升的今天,家庭生育决策难免受到个人主义、家庭主义和国家主义等不同理念的深刻影响。尽管个人和家庭可以综合生育成本与收益两方面的情况而自主选择生不生育,但若充分考虑到我国日益严峻的少子老龄化形势,则需要站在国家富强、民族复兴的全局战略高度,重新审视公共托育服务供给状况等多方面因素对家庭生育决策的影响。进一步而言,当前迫切需要紧密结合女性生育意愿与水平以及家庭生育决策的主要影响因素,直面我国现行政策存在的短板与弱项,并在广泛参考国内外先进经验与有益做法的基础上,从经济支持、服务支持、时间支持、就业支持甚至住房支持等多个维度,全面推进我国少儿家庭支持政策体系建设。[1]

在现代文明法治社会,生育决策通常是由家庭集体做出。但是,影响家庭生育决策的成本与收益出现了明显的双重不利变化趋向。一方面,社会保障体系逐步健全,养孩防老功能不断弱化,传宗接代观念进一步淡化,生育、养育和教育孩子的家庭收益大不如从前;另一方面,托育、学前教育、基础教育、高等教育以及医疗卫生、住房等诸多民生服务领域的价格高涨,导致生养教育孩子的成本不断攀升,现已居高不下。正因为成本与收益两方面截然不同的变化趋势,家

---

[1] 高传胜,王雅楠.少儿家庭支持,何以可为?——严峻的人口形势下少儿家庭政策建设再探讨[J].新疆师范大学学报(哲学社会科学版),2022(5):67-80,2.

庭生育决策受到深刻影响,生育意愿与水平持续降低,进而出现严重的少子化与老龄化叠加趋势。因此,要从根本上积极应对少子老龄化,必须从有效降低家庭生养教育成本着手,从经济、服务、时间、就业、住房等多个维度进行政策支持,改变家庭生育决策中的成本与收益对比关系,以期有效提振家庭生育意愿,提高生育水平,实现人口正常更替,进而促进我国人口长期、合理、均衡增长。

若进一步从迫切性角度看,近期家庭生育支持政策建设的重点则应放在服务支持上,尤其是要通过政策引导、鼓励、支持和保障等多种方式,加快推进以需求为导向的托育服务高质量发展,有效缓解儿童照顾服务的供需矛盾,在切实减轻少儿家庭照顾负担与压力的同时,更好地平衡育孩女性的工作与家庭生活关系,明显降低生养孩子的成本,进而提振家庭生育意愿,提高生育水平,充分释放生育政策的潜能,促进我国人口正常更替与合理均衡增长。进一步加大财政投入水平,优化财政支持方式,构建公平可及的公共托育服务体系,增强公共托育服务的经济普惠性、公平可及性,既是服务支持政策建设的重要方面,也是政府充分发挥主动有为作用、承担兜底保障责任、减轻焦虑不安的社会情绪并全面有效落实三孩生育政策的可为之处,毕竟,目前事业单位性质的公立托育机构数量极少,也未能真正承担起兜底保障作用。从国家卫生健康委托育机构备案信息系统完成备案的托育机构基本信息看,相较于营利性和非营利性托育机构,目前我国事业单位性质的公立托育机构的数量和占比都还比较低,截至2022年底,总计只有2219家,占已经备案的托育机构总数的10.13%。不过,相较于前几年,2022年增长得非常快,当年事业单位的占比已经迅速上升至14.16%,远远超过前几年一直未曾突破3%的极低水平,各年的具体情况可参见图4-5。

第四章 少子老龄化形势下托育服务高质量发展的几个问题 | 119

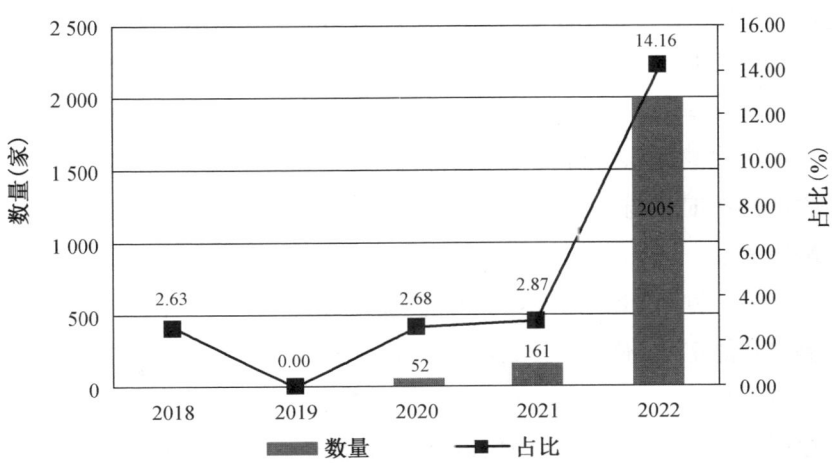

图4-5 我国事业单位性质的托育机构数量和占比变化

数据来源：国家卫生健康委托育机构备案信息系统，2023年4月18日。

（二）充分发挥社会力量积极作用，更好地满足多层次多样化需求

要更好地满足多层次、多样化的托育服务需求，必须有效调动市场组织、社会组织等社会力量的积极性，充分发挥市场机制、社会机制在托育服务充分有效供给中的重要功能与作用。尽管托育服务有效供给离不开财政投资建设的公立机构的应有作用，但在托育服务尚未列入国家基本公共服务的情况下，实现"幼有所育"还不能完全依赖事业单位性质的公共托育机构，仍然需要充分发挥市场组织、社会组织的积极功用。

具体而言，一方面是因为规模庞大且千差万别的家庭对托育服务的需求是多层次、多样化的，难以完全依靠政府提供的公共托育服务来满足。毕竟，政府在此方面的首要功能是兜底线、保基本，切实保障底线公平，家庭要求较高的需求不适合也不应该由政府通过财政投入方式来满足，此其一。其二，在我国，公立托育机构往往是事业单位，具有较强的科层制特征，其运行机制具有明显的行政化色彩，这样的运行机制通常缺乏较强的需求导向性，也很难满足多层

次、多样化需求。目前在现实生活中已经出现托位数不断增长,而招生人数却明显不足,进而出现托育资源闲置浪费等现象,部分原因即在于一些托育机构缺乏较强的需求导向性,除了安全可靠性方面的家庭顾虑未能得到有效消除之外,地理位置、价格水平以及提供的照护时长与方式难以适应家庭的有效需求也是至关重要的影响因素。

另一方面,市场组织(营利性企业)、社会组织具有不同的运行机制与功能定位,能够与公立机构分工协作、互补互动,更好地满足规模庞大且千差万别家庭的多层次、多样化托育服务需求。首先,市场组织的营利性特征与市场化运行机制,使得它能够以市场需求为导向,在充分的市场调研、合理的市场细分与明确的市场定位的基础上,提供与需求相适应的托育服务,进而更好地满足中高收入家庭的较高层次托育需求。其次,社会组织的非营利性特征与社会化运行机制,使得它能够更加关注中低收入家庭的基本需求,并尽可能地满足中低收入家庭的基本托育服务需求,而这些需求往往是市场组织参与愿意不强、政府在财政投入有限且主要承担兜底保障职能时又难以充分兼顾到的。

综合国家卫生健康委托育机构备案信息系统已经完成备案的托育机构基本信息看,截至2022年底,我国托育机构就是以营利性为主、非营利性为辅,而事业单位的占比则比较低。从2018年到2022年,全国已经备案的托育机构总数为21 916家,其中营利性托育机构总计达12 563家,占全部备案的托育机构总数的57.32%,明显居于主体地位;不过,相较于前几年一直处于60%~70%的水平,2022年的占比已经有了较大幅度的下降,并已降至50%以下,但仍然占据主体地位,各年的具体情况可参见图4-6。非营利性托育机构,截至2022年底,总计达7 134家,占比为32.55%,尚未超过三分之一,明显低于营利性托育机构占比;但是,从图4-7所示的变化趋势可以明显看出,2022年的增长幅度非常大,占比比上一年提高了接近15个百分点,达到37.64%,进而一举扭转了非营利性托育机构占比明显下降的趋势。如前分析可知,非营利性托育机构数量和占比的上升,有助于更好地满足数量和占比都比较大的中低收入家庭的一般性托育服务需求。

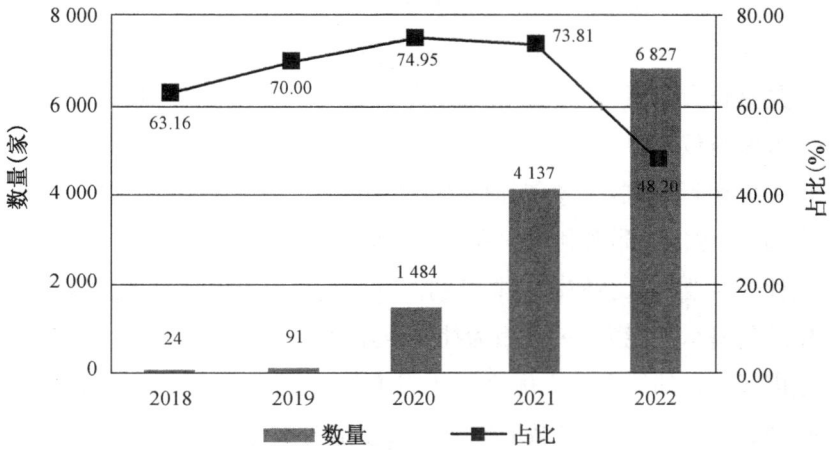

图4-6 我国营利性托育机构数量与占比变化

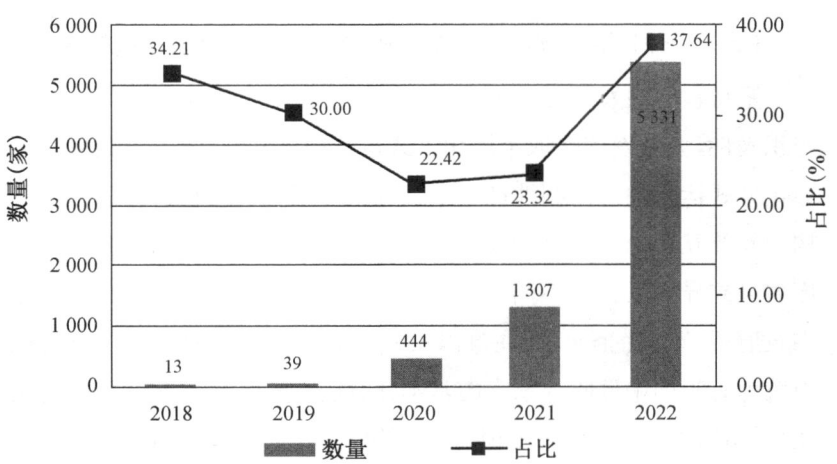

图4-7 我国非营利性托育机构数量与占比变化

数据来源:国家卫生健康委托育机构备案信息系统,2023年4月18日。

放眼国内外的广泛实践探索,社会组织不仅包括主要依赖外部捐赠或资助的传统非营利组织(NPO),还包括保留着一定程度的非营利性特征,但按照市场化方式运行的社会企业这种新兴的社会经济组织形式。传统非营利组织可以满足低收入家庭甚至经济困难家庭的基本托育服务需求,但它面临可持续性发展挑战,因为它可能经常会面临同情疲劳、志愿失灵等问题,高度依赖的外部捐赠或资助往往具有较大的不确定性;相对而言,新兴的社会企业则可以为中低收入家庭持续提供他们能够负担得起的一般性托育服务,因为它采取市场化运行方式,主要依靠服务收费等经营性收入来抵补其运营成本,而不像传统非营利组织那样,主要依赖外部无偿捐赠与资助,而且社会企业的社会使命与非营利性特征使得它能够充分考虑服务对象的价格承受能力。① 正因为社会企业具有传统非营利组织和营利性市场组织的综合杂交优势,所以它已经在世界各地日益兴起,并在托幼、养老、医疗、扶贫救助等诸多民生服务领域发挥着越来越重要的作用,而且越来越多的传统非营利组织也出现了社会企业化特征,转型发展的趋势日益明显。

(三)坚持包容性发展与治理思路,可以产生多方共赢的积极效应

坚持包容性发展与治理思路,有效调动全社会各方面力量的参与积极性,充分发挥采取市场化方式运行的营利性市场组织、采取社会化方式运行的非营利性社会组织和带有很强行政化色彩的公立机构的互补互动、分工协作的功能与作用,有助于更好地满足我国规模庞大且差异化巨大的不同家庭的多层次、多样化托育服务需求。光靠政府或营利性企业,往往难以很好地满足我国规模庞大且支付能力较为有限的中低收入家庭的基本托育服务需求。目前各级政府正在积极推动的普惠托育专项行动,即面临着企业的营利性追求难以

---

① 高传胜.社会企业的包容性治理功用及其发挥条件探讨[J].中国行政管理,2015(3):66-70.

得到充分实现的严峻挑战。在世界各地不断兴起的社会企业这种新型社会经济组织形式,正好可以弥补公立机构与营利性企业的不足,因而值得我国从国家层面积极支持其规范、健展、有序的高质量发展,而且北京、成都、佛山等地区已经有了不少积极的实践探索与政策尝试。

　　坚持包容性发展与治理思路,在供给侧有助于促进市场化营利性托育机构、社会化非营利托育机构的充分发展,在需求侧则可以更好地满足多层次、多样化托育需求。在此背景下,政府承担"保基本""兜底线"责任、发挥有为作用的途径与方式也可以更加多元化,并可以选择更加有效的责任承担方式,进而形成多方共赢的发展与治理格局,其中包括采取政府购买服务、财政补贴供方、直接补贴需方等多种途径与方式。不过,不同方式背后的运行机理有所差异,因而,也各具优、劣势,同时也需要不同的前提条件。首先,政府购买服务方式如果组织得好,可以充分发挥政府牵头组织的战略性购买作用,克服分散的居民家庭难以与具有较强市场势力(market power)的托育机构进行公平交易的缺陷,进而为居民家庭争取性价比更加合理的托育服务;但是,采用这种方式的前提条件是政府能够掌握比较充分的托育服务供给成本等方面的信息,这样,既有助于应对因信息不对称而可能产生的诸多问题,又可以为托育机构预留适当合理的盈利空间,让其可以实现健康有序可持续发展。其次,财政补贴供方可以采取补"砖头"、补"托位"等不同方式,亦即提供建设补贴、运营补贴,这样有助于促进托育机构扩大规模,增加托位数;但是,从新能源汽车行业和养老服务领域的"补供方"政策实践探索看,这种方式不仅容易造成一定程度的行政性垄断现象,影响市场充分有序竞争,还可能会出现骗补行为,并导致因争取财政补贴而增加的托育服务能力并不是需方所需要的,进而出现托位增加但招不满生源、资源闲置浪费等现象。

　　相较于政府购买服务与财政补贴供方两种方式,财政直接补贴需方方式则有其独特优势,当然也需要不同的前提条件。直接补贴需方,一是可以提升需方的有效需求,扩大需方的选择权,并通过需方支付能力提升来拉动供给侧结构性改革与发展;二是可以充分发挥需方掌握的"货币选票"带来的竞争促进效应,倒逼供方加强市场调研、细分与定位,进而以需求为导向,提供更加适合需方需求的托育服务,减少补贴供方方式可能出现的骗补、供需不匹配和资源闲置浪费等现象。不过,需要指出的是,无论是政府购买服务方式,还是直接补贴需方方式,都需要以提供托育服务的市场组织、社会组织发展较为充分为前提条件,否则服务保障是难以实现的。这也是目前我国仍然主要采取对供方实行减税降费、提供财政补贴等方式,支持托育服务尤其是普惠托育服务加快发展与普及的重要原因。

四、顺应托幼一体化发展,实行以教育部门为主的行政管理体制

推进托育服务高质量、专业化、包容性发展与治理,离不开合理设置并顺畅运行的行政管理体制和监管机制的有力支撑与得力保障。目前我国托育服务的行政主管部门,在国家层面是国家卫生健康委,因而,绝大多数地区也都是由卫生健康部门主管,但上海等一些地方是由教育部门主管。那么,两种不同的行政管理体制,到底孰优孰劣?哪一种更能顺应我国人口出生率逐步下降、一些幼儿园已经出现生源不足的客观趋势?哪一种更适合于全面推进托育服务包容性发展与治理,进而走上以需求为导向的高质量、专业化发展之路?

(一)托幼一体化发展,既是学理要求,也是现实需要

在我国,目前托育服务主要是面向0~3周岁的婴幼儿,而学前教育主要面向3~6周岁的儿童。推进二者合二为一,实现托幼一体化发展,既是国际上多学科研究的结果,也是新的人口变化形势下我国进一步整合资源并优化资源配置的客观现实需要。

由于脑科学、心理学和教育学等多学科研究的进步,早在上个世纪 80 年代国际上"学前教育"范畴便已由 3~6 岁拓展到 0~6 岁,进而应运而生了托幼一体化理念。正是基于此,瑞典、新西兰、日本、英国、丹麦、芬兰等先行国家于上个世纪 90 年代便纷纷将托幼一体化理念贯彻到政策实践中,建构起了相应的法律、财政与监督保障机制。经济合作与发展组织(OECD)因而也积极倡导"早期儿童教育与保育一体化"(Integration of Early Childhood Education and Care),在其 2006 年出版的调研报告——《强势开端 II》(*Starting Strong II*)中则更加强调托幼一体化对于促进儿童全面发展的战略意义,同时还倡议各个成员国启动托幼整合(integration,即一体化)。根据 OECD《2020 年教育概览》(*Education at a Glance 2020*)提供的数据,超过 70%的成员国已经在积极推进托幼整合模式,并由单一的部门(通常是教育部门)主管所有类型的托幼服务。①

在地方层面,上海是积极主推托幼一体化发展的先行地区。从上个世纪 90 年代开始,上海便在有条件的幼儿园逐步推进托幼一体工作,2003 年奉贤区着手构建托幼一体化教育运行机制②,2009 年普陀区推进托幼一体化改革已经取得突破③。在国家层面,2019 年 4 月颁布实施的《国务院办公厅关于促进 3 岁以下婴幼儿照护服务发展的指导意见》也明确指出,"鼓励支持有条件的幼儿园开设托班,招收 2 至 3 岁的幼儿"。从政策实践看,不少地方和国家是鼓励与支持托幼一体化发展的。进一步从学理上看,由幼儿园向前延伸而提供托育服务,与独立兴办托儿所相比,具有更强的规模经济和范围经济性,而这有助于降低托育服务的供给成本,进而增强价格的普惠性

---

① 刘国艳,詹雯琪,马思思等.儿童早期教育"托幼一体化"的国际向度及本土镜鉴[J].学前教育研究,2022(4):15-27.
② 奉贤区构建托幼一体化教育运行机制[EB/OL].(2003-11-03)[2023-05-18]. http://edu.sh.gov.cn/xwzx_bsxw/20031103/0015-xw_10536.html.
③ 普陀区托幼一体化改革取得突破[EB/OL].(2009-08-27)[2023-05-18]. http://edu.sh.gov.cn/xwzx_jyjb/20090827/0015-xw_54976.html.

与可接受性,此其一。其二,在人口生育水平持续降低的客观趋势下,不少地区的幼儿园已经出现了生源不足、招生人数减少等现实状况,推进托幼一体化发展不仅有助于充分利用未来可能面临利用不足的幼儿园资源,而且可以破解目前我国业已注册登记的托育机构在正式申请备案过程中遇到的现实难题。

(二)现行行政管理体制,不适应托幼一体化发展方向

目前我国主要面向3~6周岁儿童的幼儿园属于学前教育机构,归教育部门主管,而主要面向0~3周岁婴幼儿的托育机构则是社会照护机构,由卫生健康部门主管。不论是从管理学等学科的学理上分析,还是从现实需要来看,这样的行政管理体制对推进托幼一体化发展、增加托幼服务有效供给都是非常不利的。

首先,教育部门具有管理幼儿园的经验积累与先发优势,更适合于管理托幼一体化机构,无论是在政策规章等的制定,还是日常运行管理等方面,皆是如此。因此,要更加有效地推进托育服务高质量、包容性发展,必须尽快进一步理顺托育机构的行政管理体制。行政管理体制设置不合理、运行机制不顺畅,不仅会直接影响到托育服务行业的包容性发展水平,而且会影响到托育服务的发展速度。在托育服务供需缺口比较大、入托"难与贵"问题日益凸显的现实背景下,如果托育服务有效供给难以迅速增加,那么,少儿家庭照顾压力与负担将很难得到及时有效缓解,这必将进一步影响到家庭生育意愿与水平,进而影响我国人口长期、均衡、合理发展。

其次,顺应托幼一体化发展方向,进一步理顺托育服务行业的行政管理体制,亦是破解托育机构备案难的现实需要。目前我国对托育机构的管理,在名义上实行注册登记与备案制,但实际上备案很难,通过率非常低,很多已经通过市场监督管理部门、民政部门注册登记的托育机构并不能顺利通过国家卫生健康委托育机构备案信息系统的备案。根据国家卫生健康委人口家庭司司长杨文庄在2023年3月31日接受《中国人口报》记者的采访中提供的数据,目前全国

共有托育服务机构约 7.5 万家①,但在国家卫生健康委备案信息系统完成备案尚不到 2.5 万家,亦即在已经注册登记的托育机构中,只有不到三分之一正式完成了备案,因而,绝大多数的托育机构没有完成正式备案。

但是,按照我国现行政策法规,尚未正式通过备案的托育机构提供托育服务,实际上是违法的。这正是 2021 年浙江温州、宁波、杭州,辽宁大连,江苏徐州,以及北京等多个地区对当地尚未备案的托育机构提出警告甚至直接开出罚单的重要原因。根据 2019 年底国家卫生健康委办公厅、中央编办综合局、民政部办公厅和市场监管总局办公厅联合印发的《托育机构登记和备案办法(试行)》(国卫办人口发〔2019〕25 号)中的第三条规定:"举办托育机构的,应当按照本办法规定办理登记和备案。"2021 年 8 月我国新修订的《人口与计划生育法》的第二十八条也明确规定:"托育机构的设置和服务应当符合托育服务相关标准和规范。托育机构应当向县级人民政府卫生健康主管部门备案。"换言之,仅仅在机构编制部门、市场监管部门或民政部门注册登记的托育机构,如果未能在卫生健康管理部门完成备案而提供托育服务,便是违反上述政策法律的。

那么,为什么会有三分之二以上、业已在上述相关部门注册登记的托育机构未能完成在卫生健康部门的备案呢?主要原因在于不少托育机构创立在前,而要求备案的政策法规出台在后,特别是这些政策对备案要求多且标准较高,很多托育机构很难达到政策法规要求的设置标准和管理规范要求。根据上述《托育机构登记和备案办法(试行)》,备案时除了要提交营业执照或其他法人登记证书之外,还要提供场地证明、工作人员专业资格证明及健康合格证明、评价为"合格"的《托幼机构卫生评价报告》、消防安全检查合格证明,以及法律法规规定的其他相关材料;如果提供餐饮服务,还要提交《食品经

---

① 杨文庄.推动婴幼儿照护服务事业高质量发展[N].中国人口报,2023-3-31:001.

营许可证》。涉及如此多行政部门的各种"合格"证明、资格证明,只要有一个达不到规定标准和规范要求,便难以取得相应的证明,因而也就很难顺利完成正式备案。多种渠道的实地调研与深度访谈显示,现实中各地对托育机构的设置标准和管理规范并不完全一致,而且有的还不够稳定,不时会有所调整,让托育机构无法遵从。具体而言,有的是场地面积或位置、建筑结构达不到规定标准和要求,有的是室外场地和设施达不到政策要求,有的是从业人员达不到配备要求或未能取得相应的资格证明,有的是监控等设施设备条件达不到安全要求,有的是消防安全检查难以达到合格要求,有的是难以达到食品经营的相关要求,不一而足。

(三)托幼一体化发展与管理,可以产生多方面积极效应

如果能够积极顺应人口生育水平持续下降、幼儿园招生不足等客观趋势,以托幼一体化为发展方向,并改由教育部门统筹管理托育与学前教育,便可以充分利用幼儿园的现有资源与基础,拓展提供托育服务,进而减少兴办托育机构面临的诸多行政障碍,有效降低行业准入门槛和行政管理成本,促进托育服务更快发展,进而早日缓解托育服务有效供给不足的现实状况。而且,实现托幼一体化管理,还可以减少家庭分别办理托育与学前教育所需的各种手续,节省各种无谓的行政性付出。目前同属义务教育的小学教育与初中教育的分立,给家庭、管理部门等方面都带来了诸多不必要的麻烦,这就是典型的反面教材。再者,由教育部门主管,推进托幼一体化发展,还可以为国家早日将整个托幼服务纳入基本公共服务、切实提高服务保障水平,进而有效减轻家庭照顾负担做好前期准备。其实,在这方面,托育服务发展水平居于全国前列的上海和台湾地区均有了积极的实践探索,这可以给更多的地区以及在国家层面上进一步理顺管理体制、实现托幼一体化高质量发展提供有益经验与启示。

上海地区不仅在推进托幼一体化发展的实践探索上起步较早,而且在相关的政策法规制定、确定以教育部门为主的管理体制方面

也走在全国前列。2018年4月,上海在全国率先发布了托育服务工作的"1+2"文件,即上海市人民政府《关于促进和加强本市3岁以下幼儿托育服务工作的指导意见》(沪府发〔2018〕19号)、《上海市3岁以下幼儿托育机构管理暂行办法》(沪府办规〔2018〕12号)和《上海市3岁以下幼儿托育机构设置标准(试行)》(沪教委基〔2018〕27号),明确了教育部门在托育服务管理中的牵头作用以及其他各相关部门的工作职责。2020年8月发布的《上海市托育服务三年行动计划(2020—2022年)》(沪府办发〔2020〕6号),进一步强调要坚持托幼一体化发展方向。2022年11月地方人大通过并于2023年正式实施的地方性法规——《上海市学前教育与托育服务条例》,不仅进一步提出要"实行学前教育与托育服务一体规划、一体实施、一体保障",而且明确规定"市教育部门主管本市行政区域内的学前教育与托育服务工作,牵头推进学前教育与托育公共服务体系建设,制定发展规划和相关标准、规范,负责监督管理和指导服务工作"[①],从而为教育部门主管并推动托幼一体化发展奠定了地方性法规基础。

台湾推动托幼一体化发展,实行由教育部门主管,是应对少子化危机的客观需要。自上个世纪80年代中后期台湾进入低生育率水平之后,生育水平便一蹶不振,2022年总和生育率则进一步创下历史新低,降至0.89。为了应对少子化危机持续深化、适龄妇女越来越不愿意生育的现实困境,台湾早在1988年便提出"幼托整合"概念,托婴中心招收足月至6岁的婴儿,进而形成早期的托幼服务,2005年则进一步将其主管部门由原来的社政部门调整为教育部门。尽管生育率水平并未得到有效提高,但其推进托幼一体化发展与管理方面的实践探索与经验,则值得我们在加快推进托幼一体化、高质量发展过程中加以借鉴,尤其是2012年以来,台湾统一以"幼儿园"

---

① 上海市学前教育与托育服务条例[EB/OL]. (2022-12-06)[2023-05-18]. http://edu.sh.gov.cn/mbjy_fgwx_mbjy/20221206/ae81d861b28e4019a74c828526eec90a.html.

取代教育幼儿的"幼稚园"与托育幼儿的"托儿所",并开始实施统一的托育服务与早期教育。由教育部门联合多个部门修订的《少子女对策计划书(2018—2024)》,则明确提出"0～6岁儿童政府一起养"目标,由教育部门为主管,以"扩展平价、普及、优质的公共化托幼服务"和"减轻家长负担"为政策重点,加速扩展公共化托育服务供应量,强化准公共机制,通过公私合作等方式提升平价托幼服务质量。①

鉴于幼儿园已经出现生源不足、托幼行政管理体制不够顺畅、托育机构备案难等现实状况,在国家层面迫切需要积极借鉴我国台湾等地的经验,推广上海等地的先行做法,尽快调整托育机构的主管部门,由教育部门主管,卫生健康等部门则在各自职责范围内负责相应的配套支持与监管服务职能,就像现在的幼儿园行政管理体制那样。这样,不仅可以充分发挥教育部门长时间主管学前教育而积累的有益经验与独特优势,有效节省行政力量与管理成本,尽可能地规避因备案要求多、标准高而导致的托育机构备案难问题,而且有助于通过托幼一体化发展和管理,加快推进托育服务充分、有效、高质量的供给,切实减轻少儿家庭的照顾压力与负担,并减少托育与学前教育分立举办而给家庭等相关方面带来的不必要的行政性付出甚至无谓麻烦。

五、深化"放管服"改革,实行包容审慎性监管,保障服务安全科学

在我国托育服务尚处于供给总量不足和供需匹配程度亟待大幅度提高的现实背景下,加快推进托育服务高质量发展、包容性治理,还需要进一步深化"放管服"综合改革,特别是要遵循包容审慎性监

---

① 台湾少子女化对策计划(2018—2024)[EB/OL].(2021-04-26)[2022-8-18]. https://www.edu.tw/News_Plan_Content.aspx? n = D33B55D537402BAA&sms = 954974C68391B710&s=1F066099DDDA393B.

管原则,一方面便利托育机构创立与发展,另一方面又通过健全综合监管体系与机制,加强事中、事后监管,并进一步优化政务服务,为安全放心、科学专业、普惠可及的托育服务有效供给提供强有力的支撑与保障,否则,即使托育机构和托位数在不断增长,百姓也未必敢把缺少自我保护与表达能力的"社会最软弱群体"——婴幼儿放到托育机构接受社会照护,这也是现实中业已出现托位数在不断增长,但招生数明显不足的重要原因之一。适当的监管模式选择,既有助于托育服务健康有序发展,也可以提升有效需求,因而在托育服务尚处于发展初期阶段时,监管模式选择至关重要。

(一)现行注册登记与备案分立运行制度,已经暴露出明显问题

目前我国对托育机构的管理,充分汲取了前些年养老机构管理由行政许可制转向登记备案制的改革经验教训,直接采取了注册登记与备案制,而并未实行行政许可制,这无疑具有明显的积极进步的一面。但是,从业界反映出来的现实情况看,现行托育机构备案存在着难、繁、要求多、标准高等诸多突出问题,因而,一些托育机构明知难以达到政策文件规定的设置标准与管理规范的要求而理性地选择不去备案。然而,按照2021年8月我国新修订的《人口与计划生育法》的规定,"托育机构的设置和服务应当符合托育服务相关标准和规范。托育机构应当向县级人民政府卫生健康主管部门备案"。"应当"即意味着"必须",因而,不符合相关标准和规范、不进行备案,实际上就是违法的。正是基于此,2021年9月,浙江省温州市、宁波市、杭州市等多地开展了对未备案托育机构的检查与查处,并在全国打响了整治、处罚未备案托育机构的第一枪,这在业界、政界和学界都引起了巨大反响,并因此而引发托育机构监管模式如何选择的议题。

如前所述,2019年国家卫健委出台了《托育机构登记和备案办法(试行)》,申请备案的托育机构需要按照同年出台并试行的《托育机构设置标准》和《托育机构管理规范》中的要求,提交涉及多个行政部门出具的相关证明或许可证，其中只要有一个方面达不到属地政策规定的具体标准和规范要求，便难以取得相应的证明或许可证，因而也就无法通过备案。对照政策文件，并结合业界反馈，政策文件中的要求太多，门槛太高，对于一些托育机构尤其中小托育机构而言，根本难以完全达到，因而，有的索性选择不去申请备案，毕竟，不少托育机构本身就是创立在先，而政策文件的出台在后，让一个先前创立的托育机构达到后来出台的门槛较高的设置标准和规范要求，着实并非易事。更何况，不同于我国养老机构是由公立为主向越来越重视民办的社会化发展历程，作为不少托育机构前身的早期教育机构，则是民办等社会化发展在先，政府积极发挥主动有为作用、制定相关政策法规文件并依此加强监管只是在人口生育意愿与水平持续下降、生育政策不断调整之后的事情。

从业界反馈情况看，有的消防方面的要求太高，根本难以达到；有的则是历史遗留下来的早教中心，尽管现在不少在提供托育服务，但很难达到现行托育机构的设置标准和管理规范的具体要求，因而，也就无法通过备案。此外，还有的在主观上备案意愿并不强烈。据他们反映，要达到托育机构备案规定的场地等多方面要求，成本实在太高，而且，有的地方的政策规定还不够稳定，前期要求过严，后来标准又有所降低，过早备案反而可能增加不必要的遵循成本；还有的反映，如果备案了，会经常受到例行检查甚至"飞行检查"，毕竟，托育机构涉及的管理部门太多，检查难以避免，尤其在发展初期，但业界人员同时也反映，有的检查就是走过场、形式化，检查人员有的根本不懂行。再者，也有的认为，合规备案对托育机构的经营并没有太大的实质性帮助与引导，他们既不想参加示范机构评比，也不想通过评级获取财政补贴或申请普惠托育专项补贴，普惠性定价往往使得托育机构难以盈利；对它们来说，反而是提高服务水平与加强质量管理对经营更加重要。毫无疑问，也有机构仍然在积极准备，以期达到备案要求，只是目前总体上备案通过率比较低，如前所述，目前尚不到三分之一。

（二）深化"放管服"改革，采取包容审慎性监管模式，是可行探索

综合来看，要么是托育机构的设置标准和管理规范的要求太多、太高，要么是所谓的登记备案制只是变相的行政许可制。无论是哪一种情况，在现实中都容易形成"寻租"等腐败现象。据业界反映，现实中隐蔽的"吃拿卡要"现象已经出现。这不仅严重打击托育机构举办者的兴业积极性，而且容易形成"创租—寻租"等恶性循环。如果进一步探寻相关政策文件规定的标准与要求太多、太高，业界难以达到的深层次原因，那么，可能与相关部门规避自身管理风险、缺乏采取包容审慎性监管模式的积极性有着很大关系。试想，如果减少设置标准，降低规范要求，托育机构出问题，相关部门则要承担管理责任，相关管理人员甚至还可能被问责，因此，他们理性的做法就是规定较细、较具体，且高标准、严要求，更何况，托育服务对象的特殊性似乎也有理由支持这样的政策规定与监管模式。

实际上，监管模式选择，既要与发展阶段相适应，也要有监管技术和工具手段的支撑保障，更应与监管制度、机制的设计相匹配。规定多而细、要求高且严的严格限量监管模式（draconian and quantitative regulation），未必能适应托育服务供给总量不足、需求尚未得到有效满足的现实状况。而且，根据监管俘获理论，这种监管模式还容易导致"寻租"和腐败，造成监管者被监管对象俘获的局面。这也是中央政府一直在积极推进"放管服"综合改革的重要原因，其核心要义就是要规避形成"创租—寻租"、监管—俘获的恶性循环，真正促进各类市场主体的创立与发展。实际上，对于托育服务这样亟需充分发展的新兴行业，尤其需要处理好鼓励支持发展与有效监管之间的关系，而深化"放管服"改革，营造包容性政策生态与环境，采取包容审慎性监管模式，则有助于推进托育服务真正实现包容性发展与治理，进而为广大居民提供安全科学且普惠可及的多层次、多样化托育服务，其中的关键在于充分利用科技进步带来的有利条件，加强监管制度与机制的科学设计。比如：可以充分利用现代网格信息技术进步带来

的先进监控技术与工具手段,确保婴幼儿生活和活动区域网络监控体系全覆盖,确保监控报警系统 24 小时设防;可以建立家长随机随时巡访的监管制度与机制;等等。现行注册登记与备案分头进行的政策与监管模式,不利于中小型托育机构的创立发展和家庭托育点等多种形式托育服务的有效供给,而这些托育方式即便在托育服务十分发达的我国台湾地区和日本等国也都是不可或缺的,更不用说目前我国托育服务尚处于发展初期阶段。

考虑到目前我国托育服务尤其是面向中低收入家庭的普惠性托育服务供给严重短缺、婴幼儿入托率仍然非常低的客观现实,一方面可以通过加大公共财政投入,完善土地、房屋、财税、金融、人才等方面的支持政策,为专业性的托育服务高质量发展创造更加有利的发展环境与条件,另一方面则应切实深化"放管服"改革,积极推行包容审慎性监管模式,并通过进一步完善监控体系、健全监管制度、优化监管机制等多种途径与方式,为更多的社会力量积极参与多层次、多样化托育服务有效供给,同时也为家庭可以选择安全放心、科学专业、普惠可及的托育服务创造保障有力的市场环境与社会氛围。

第五章 老龄服务分类协同发展与社会企业参与

相较于全国而言,江苏不仅人口老龄化来得更早,而且目前老龄化程度更高,人口形势更加严峻。积极应对人口老龄化,需要从财富储备、劳动力有效供给、为老产品与服务提供、强化科技支撑以及营造良好的社会环境等诸多方面努力。但是,首要的是满足规模庞大并不断增长的老龄人口的多层次、多样化服务需求,这既是切实保障"老有所养"的现实需要,也是践行以人民为中心的发展思想的具体体现。为此,需要适应老龄人口的多层次、多样化需求,推动不同性质与类型的老龄服务业分类协同发展,并直面庞大规模中低收入群体所处的尴尬状况,重点发展以社会企业为主要供给主体的老龄服务业。

一、积极应对人口老龄化,必须推进老龄服务业分类协同发展

(一) 老龄服务有效供给是积极应对人口老龄化的基础与关键

尽管西方发达国家早已进入老龄社会,但作为发展中国家的中国则是刚进入老龄社会不久。我们不仅具有明显的未富先老、未备先老的独特特征,而且老龄人口规模十分庞大。再者,在我国人均预期寿命不断延长的同时,一方面退休年龄政策尚未适时做出调整,另一方面人均健康预期寿命与人均预期寿命相差8年多,相当多的老人患有一种甚至几种慢性病。此外,因受限于我国所处的经济发展阶段与现有发展水平,总体上而言,目前我国老年社会保障水平并不

高,而其中数量较大的城乡居民两项社会保险缴费水平与待遇水平则尤其低。由于社会保障水平受制于经济发展水平与国民收入分配状况,在短期内实现突破的难度较大,因而,中国特色老龄社会治理比较可行的选择是,首先解决好如何增加老龄服务有效供给问题,以切实保障规模庞大并不断增长的老龄人口的生活需要。

(二)适应多层次、多样化需求,推进老龄服务业分类协同发展

老龄人口的服务需求受到宏观、中观和微观层面多方面因素的复杂影响。区域和城乡发展差距、收入水平不同、身体状况的差异性和思想观念不同等诸多方面的客观现实,决定了老龄服务需求往往具有多层次、多样化的特征。

事实上,不仅从全国范围看我国还存在着明显的区域发展和城乡发展差距,而且作为经济相对发达省份的江苏,同样存在着类似的发展差距问题。从区域看,江苏省内的苏南、苏中和苏北地区之间的发展差距仍然是十分明显的。如表5-1所示,2020年苏南地区(包括南京、无锡、常州、苏州和镇江等5个地级市)、苏中地区(包括南通、扬州和泰州等3个地级市)和苏北地区(包括徐州、连云港、淮安、盐城和宿迁等5个地级市)在人均地区生产总值、人均一般公共预算收入、居民人均可支配收入、居民人均生活消费支出和恩格尔系数等方面都存在明显的差距,尽管不同指标反映出来的区域差距有所不同,其中反映宏观层面的人均GDP和一般公共预算收入要比反映微观层面的居民人均收入和生活消费支出要高一些。就总体而言,苏南地区较为发达,而苏北地区明显落后,苏中地区则介于中间。而且从表5-1中的数据还可以明显看出,按户籍人口计算的人均GDP水平的区域差距要比按常住人口计算的大得多。以苏南与苏北为例,按户籍人口计算的人均GDP水平,2020年苏南是苏北的3.38倍,而按常住人口计算的人均GDP水平,苏南则是苏北的1.97倍,尚不到2倍。从这些经济社会发展指标的比较中可以看出,江苏区域之间的发展差距十分明显。

表 5-1　2020 年江苏省三大区域及城乡的主要经济社会发展指标

指　　标	苏　南	苏　中	苏　北	苏南∶苏中∶苏北
人均地区生产总值 （按常住人口计，元）	156 393	127 357	795 68	1.97∶1.60∶1
人均地区生产总值 （按户籍人口计，元）	227 430	124 932	67 334	3.38∶1.86∶1
人均一般公共预算收入 （元）	15 656	8 046	5 382	2.91∶1.49∶1
居民人均可支配收入 （元）	57 991	40 721	30 869	1.88∶1.32∶1
城镇常住居民	65 941	50 058	37 757	1.75∶1.33∶1
农村常住居民	33 669	25 347	20 933	1.61∶1.21∶1
居民人均生活消费支出 （元）				
城镇常住居民	35 902	27 786	20 298	1.77∶1.37∶1
农村常住居民	20 737	16 268	12 850	1.61∶1.27∶1
恩格尔系数（%）				
城镇	26.5	29.0	30.5	
农村	29.3	30.7	32.6	

数据来源：《江苏统计年鉴—2021》。

从城乡看，江苏省内的发展差距同样存在，而且亦较为明显。从表 5-1 中居民人均可支配收入、人均生活消费支出和恩格尔系数的具体数据可以看出，无论是苏南、苏中还是苏北地区，江苏城镇和农村常住居民之间的差距都较为显著。图 5-1 进一步比较了 2020 年江苏城镇与农村常住居民在人均可支配收入、生活消费支出方面的状况，从二者之间的倍数可以看出，城乡差距不可忽视。从人均可支配收入看，无论是苏南、苏中还是苏北，城镇常住居民差不多都是农村常住居民的 2 倍，虽然人均生活消费支出上的城乡差距比收入略小一些，但也都在 1.5 倍之上。毫无疑问，无论是从需求的层次性，还是从内容的多样性来上说,区域发展差距、城乡发展差距的客观存在,都会影响到老龄服务需求水平的高低。

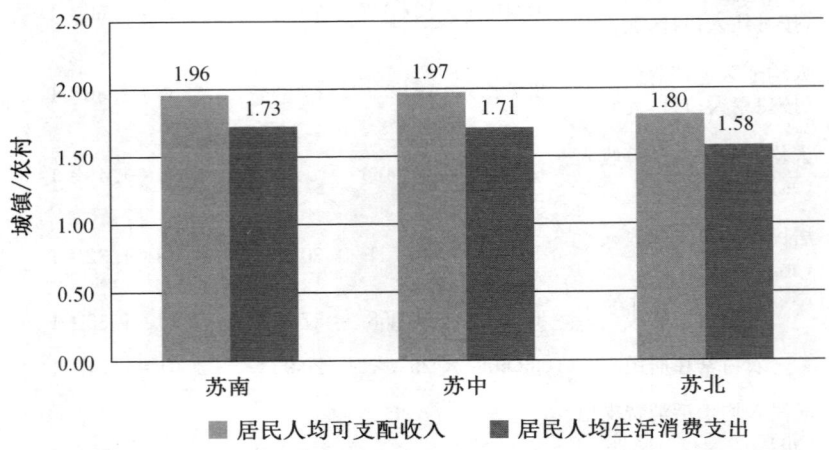

图 5-1 2020 年江苏城镇与农村居民收入与消费的比较

数据来源:《江苏统计年鉴—2021》。

要更好地满足老年群体的多层次、多样化服务需求,必须推动不同性质与类型的老龄服务业分类协同发展。进一步而言,即以营利性老龄服务机构来满足中高收入家庭要求较高的老龄服务需求,以社会企业性质的老龄服务机构来满足中低收入家庭的一般性老龄服务需求,以传统非营利组织(NPO)特征的老龄服务机构来满足低收入家庭的基本老龄服务需求,而公立老龄服务机构则主要发挥兜底保障功能,主要满足经济困难家庭的基本老龄服务需求。如果各类老龄服务机构能够得到全面发展,竞争比较充分,那么,每一类老龄机构中的不同主体都将不得不进行系统深入的市场调研、细分与定位,确定自己的目标市场,并提供与需求水平相适应、老人家庭又能负担得起的老龄服务。①

---

① 高传胜. 以老龄服务业包容性发展破解中国养老难问题[J]. 中州学刊,2015(9):73-77.

在四种性质与类型的老龄服务机构中,第一种类型发展得相对比较充分,第四种类型也有政府来兜底保障,难的是中间两种类型。其中,第三种主要靠外部捐赠与资助的传统非营利组织类型的老龄服务机构经常会面临"同情疲劳""志愿失灵"等问题,发展面临可持续性挑战。而第二种社会企业类型的老龄服务机构,则因两方面原因值得重点支持与发展:一方面是因为它主要满足规模庞大、占比最高的中低收入群体的一般性老龄服务需求,这类群体出于收入原因,支付能力较为有限,往往难以承担得起追求利润最大化的营利性企业提供的老龄服务;另一方面则是因为这类老龄服务机构兼具营利性企业和传统非营利组织的杂交优势,可以持续为中低收入老人提供他们能够负担得起的老龄服务。

二、社会企业的生成逻辑与为中低收入群体提供老龄服务的独特优势

在几种类型的老龄服务提供主体中,前两类老龄服务机构应该是主要力量,其发展如何,关系重大。对于经济发展水平与居民收入水平都还不算高的中国来说,特别需要重视的是社会化、非营利性老龄服务事业的发展,因为它们针对的主要是规模最大、占比最高的中低收入群体。在世界各地日渐兴起的新型社会经济组织形式——社会企业,则应成为社会化、非营利性老龄服务事业的最重要力量,因为其旨在解决社会问题的社会使命与特征,以及兼具追求利润最大化企业(PMB)与传统非营利组织(NPO)部分特征的独特运营模式,决定其可以为中低收入群体持续提供可负担的老龄服务。

(一)社会企业的生成逻辑与社会使命

现代经济学理论认为,当市场出现失灵时,政府应该出面干预。比如,当市场无法完成一些特定社会功能时,需要政府设立并强化相关规则来约束市场。然而,不仅规则本身未必完美,而且实施也难保没有问题。更何况,不论政府对企业的监管机制有多么完善,都不足

以应对不断增加并日渐凸显的社会问题。而且,这种监管机制仅能在企业存在的地方发挥作用,而不能覆盖那些被企业忽视的地方。而企业如果没有激励,是不会自主致力于解决这些问题的,比如贫困、失业、医疗卫生、教育、住房、环境污染、贫富差距等。观察显示,占世界一半人口的穷人被忽视,取而代之的是许多商家仅仅关注那些非必需的奢侈品消费,因为这能给它们带来巨大利润。因此,政府一直试图解决这些社会问题,比如:建立社会救助体系,发展公立医院和学校,建立住房保障体系,等等。而且,强大的政府具有这方面的优势:它不仅具有强制征税权,而且它这只"看得见的手"还可以触及社会各个角落。

但是,"看得见的手"似乎并没那么有效,否则的话,所有这些问题应该早就得到解决了。日渐增多的社会问题已经说明,完全靠政府也是行不通的,个中原因相当复杂。比如,政府的低效、行动缓慢、腐败、官僚化和自我延续(self-perpetuating),这都是上述政府优势的副效应;再比如,政府擅长创造新事物,但并不擅长在不需要它们或者它们成为负担时将其放弃。此外,政治也是影响政府效率的一个重要因素,比如在利益集团影响下,某一强势群体往往会为了自身利益而阻碍进步,这样的例子国内外都有发生。

在市场和政府都失灵后,传统 NPO 则是一种选择。但实践证明,仅仅依靠 NPO 也不足以解决社会问题。全球范围内贫困、医疗卫生、贫富差距、环境污染等问题不断恶化,说明 NPO 也会失灵。更何况,NPO 还有自身无法克服的缺陷,即完全依赖外部捐赠和资助。而且,这种对外部资源的完全依赖还会产生其他问题,比如需求与供给的空间不匹配。再者,这种志愿行为是建立在同情基础之上,在产生"同情疲劳"后,捐赠资助行为就会停止。所以,NPO 有一个内在的规模和效率上限。这些组织的负责人本来应该将主要精力投入组织的发展规划和事业拓展中,但实际上他们将大量精力和时间投入吸收捐款和资助的活动中。可见,NPO 在解决社会问题方面的成效亦非常有限。

社会企业正是在此背景下诞生并逐渐成长的。正是因为市场、政府和NPO都会失灵，才会出现全球性社会问题日渐增多并时而凸显的状况，即便在国际多边发展机构日益盛行、对企业承担社会责任的呼声不断高涨的今天。事实上，国际机构像政府组织一样，也存在着官僚化、保守化、低效率和自私等不足，而且它与NPO类似，也存在着长期资金不足、缺乏可靠性和政策稳定性等问题。营利性企业追求利润最大化，因而当利润与企业社会责任不一致时，利润通常会高于社会责任，毕竟，它们并不是为解决社会问题而成立的，即便它们表面上积极倡导经济、社会和环境"三重底线"(triple bottom line)，但最终往往只有一条底线，即经济。社会企业的兴起，不仅突破了传统的社会三大部门治理结构框架，而且推进了各方共同参与的公共治理机制，毕竟，作为一种创新型社会经济组织形式，社会企业既没有依靠公共强制权力，也不追求利润最大化，更没有完全依赖外部捐赠和资助，而是通过自我组织、自主管理和自行运营，开辟了一条崭新的社会问题解决通道，并能够实现自我维持，尽管其发展离不开政府的允许、支持和保障。① 社会企业旨在解决社会问题的社会使命与特征，决定其可以在老龄服务供给方面发挥积极作用。

（二）社会企业具有为中低收入群体持续提供老龄服务的独特优势

就一般意义而言，社会企业是一种能够实现持续发展的创新型社会组织形式，旨在解决社会问题，按照传统的追求利润最大化企业（PMB）方式运营，以经营性收入抵补成本，且盈余不能用于分红或者仅做有限分红。它是传统营利性企业与非营利组织（NPO）相互交融的产物，因而具有独特的综合优势。

一方面，相较于收入主要来源于外部捐赠或资助的传统NPO，

---

① 高传胜.社会企业的包容性治理功用及其发挥条件探讨[J].中国行政管理，2015(3)：66-70.

社会企业是社会性资源的可持续性运营方式。它主要依靠持续性经营收入,因而有助于保证事业的永续发展。另一方面,它并不像传统企业那样主要追求经济利益,而是主要追求社会使命与价值,着眼于解决社会问题,因而其产品和服务的营销并不按照利润最大化原则进行,定价会相对较低,对盈利要求也没那么高,加之在管理方式上,社会企业极大地淡化了资本的支配地位,更加强调利益相关者的共同民主管理,有助于充分考虑中低收入者的负担能力。因此,社会企业的综合优势有助于为中低收入者持续提供负担得起的非营利性老龄服务。

社会企业的综合优势必然会通过其营销组合策略体现出来。借鉴国际著名市场营销专家菲利普·科特勒(Philip Kotler)的"大市场营销"(Mega Marketing)模型,社会企业的社会使命与特征可以通过其产品(product)、价格(price)、分销渠道(place)、促销(promotion),以及政治权力(political power)与公共关系(public relation)等6Ps策略体现出来。①

社会企业为解决社会问题而创立,因而,其经营的产品不仅有较强针对性,而且体现非营利性特征。比如,商业性金融服务难以覆盖到无抵押资产、无信用记录的穷人,且利率太高,不利于穷人获得信贷来谋求生计、摆脱贫困。针对这一点,尤努斯主导创立的格莱珉银行推出了无须抵押、担保,且利率低于同类商业性贷款的包容性金融服务(inclusive finance)——小额信贷(Micro-credit),帮助了无数贫困女性及其家庭走出贫困。格莱珉银行还与巴斯夫、英特尔、达能、威立雅和阿迪达斯等世界著名跨国公司合资合作,推出了一系列针对孟加拉国不同贫困人群、他们能够买得起的功能性产品,如:可以保护睡觉人免遭蚊子传播疾病(如疟疾)折磨的蚊帐、通过信息传播技术为医护资源稀缺且诊所不足的农村提供的医疗保健服务、富含

---

① 高传胜.社会企业与中国老龄服务供给[J].社会科学研究,2015(3):115-120.

日常儿童饮食中缺乏的微量元素的酸奶、向存在严重砷污染的乡村供应的饮用水、为最低收入者生产的廉价鞋子等等。

一般而言,社会企业的社会使命决定其产品和服务的目标对象往往非常明确,功能具有鲜明的问题指向性,且不追求奢华,无须过度装饰,通常有独特卖点,此其一;其二,社会使命决定其会充分考虑目标对象的价格承受能力,定价往往比同类营利性企业要低,如格莱珉银行的小额信贷;第三,在分销上,社会企业的产品和服务通常采取本地化供给方式,往往不像营利性企业那样需要复杂的分销网络,因而,分销费用会低很多;第四,在促销上,具有明显社会功能的社会企业,往往不仅能够吸引媒体主动报道宣传,而且良好的社会效应还具有较强的口碑效应,因此不需要像营利性企业那样进行各种形式的促销,如广告、折扣等,所以会省去大量的促销费用;第五,由于社会企业本身是为了解决社会问题而创立,主要追求社会效益而非经济效益,同时具有非营利性特征,因而,一旦政府认识到其独特的包容性发展与社会治理功能,通常就会支持,鼓励,并促进其规范、有序、快速地发展,而且运行良好的社会企业还可以成为政府采购的重要招标对象;第六,真正持续规范、有效运行的社会企业,不仅能取得积极的社会效应,而且能赢得良好的社会形象与公共关系。

从产品(包括服务)设计、提供,到定价、促销、分销以及权力、公共关系等诸多方面综合来看,相较于营利性企业,社会企业提供的产品成本要节省不少,这就为其提供相对低价产品预留了空间。因此可以说,由社会宗旨与非营利性特征规定的社会企业运行方式与营销组合策略,较大地降低了其服务提供的成本,非常适合为中低收入者提供所需要的,并且能够负担得起的老龄服务。当然,所有这些的前提是,政府能够及时适应社会需求,构建起了法治的制度框架与有效的监管体系,保障社会企业能够宽松创立并规范、有序运行。

三、社会企业参与江苏老龄服务供给的可行条件与障碍因素

(一) 江苏具有调动社会企业参与老龄服务供给的可行条件

江苏经济基础好、政策积极支持、社会组织数量多,这些都为发展社会企业并让其参与老龄服务供给提供了有利条件。

1. 江苏经济基础好,为社会企业发展并参与老龄服务供给提供了有利的经济环境

江苏不仅经济发展一直比较稳健,而且在全国居于领先水平。如表5-2所示,2020年江苏地区生产总值在全国省级地区中位于第二。2021年江苏经济发展更是再上台阶。根据《2021年江苏省国民经济和社会发展统计公报》,截至2021年末,江苏省"全年实现地区生产总值116 364.2亿元,迈上11万亿新台阶,比上年增长8.6%"。全年非公有制经济实现增加值87 622.2亿元,占GDP比重达75.3%,比上年提高0.4个百分点;民营经济增加值则占GDP比重达57.3%。不仅如此,居民人均可支配收入也在不断提高,居民消费支出保持高速增长。2021年,全省居民人均可支配收入47 498元,比上年增长9.5%。其中,城镇居民人均可支配收入57 743元,增长8.7%;农村居民人均可支配收入26 791元,增长10.7%。城乡居民收入差距进一步缩小,城乡居民收入比由上年的2.19∶1缩小为2.16∶1。全省居民人均消费支出31 451元,比上年增长19.9%。良好的经济发展基础,尤其是非公经济、民营经济较高的发展水平,居民收入水平与消费支出的高速增长,都为社会企业发展并参与老龄服务供给提供了比较好的经济环境。

第五章 老龄服务分类协同发展与社会企业参与 | 145

表5-2 2020年地区生产总值及人均地区生产总值排名前十的省市

地区	地区生产总值（亿元）	地区	人均地区生产总值（元）
广东	110 760.94	北京	164 889
江苏	102 718.98	上海	155 768
山东	73 129.00	江苏	121 231
浙江	64 613.34	福建	105 818
河南	54 997.07	天津	101 614
四川	48 598.76	浙江	100 620
福建	43 903.89	广东	88 210
湖北	43 443.46	重庆	78 170
湖南	41 781.49	湖北	74 440
上海	38 700.58	山东	72 151

资料来源：《中国统计年鉴—2021》。

2. 政策积极支持，为社会企业参与老龄服务供给提供了有利的政策环境

"十三五"以来，江苏省委、省政府一直把建设养老服务体系作为应对人口老龄化、促进经济结构转型的重要举措，着力在夯实制度基础、增强保障能力、优化政策环境、扩大服务供给等方面持续发力，不断推动养老服务体系建设，使得全省养老服务体系不断健全，服务质量持续提高，服务能力显著增强。

其中，在政策体系建设上，江苏省支持养老服务的法律政策体系不断完善。江苏省结合本省情况制定并通过了《江苏省老年人权益保障条例》和《江苏省养老服务条例》，并出台关于养老服务机构管理、产业发展、金融支持、人才培养等涉老政策文件，形成了较为完善的养老服务法规政策体系。在财政支持上，全省各级政府不断加大对于养老服务体系建设的财政投入，先后实施了农村敬老院关爱工程，加强社区居家老龄服务中心、老龄服务机构、老龄服务示范区、老龄服务信息化和虚拟养老院等建设；在养老人才培养方面，江苏省大

力推行学历教育,鼓励高等院校和中等职业学校开展相关专业,加快培养养老行业相关人才,并鼓励各地制定养老护理员特殊岗位津贴政策,将养老护理员和老龄服务人员纳入企业新型学徒制试点和城市积分、准入落户政策范围,等等。

3. 社会组织数量众多,为社会企业参与老龄服务供给提供有利的组织基础

表5-3反映了除港澳台地区之外,2020年全国31个省、自治区、直辖市的社会组织分布及总量情况,其中江苏省位居第一。可见,江苏省是当之无愧的社会组织大省。据江苏省民政厅最新数据,截至2021年底,全省共有89 247家登记社会组织,其中:34 284家社会团体,54 182家社会服务机构,781家基金会;25 955家等级社会组织;1 231家社会组织孵化基地。2021年社会组织参与乡村振兴、对口支援协作项目资金达5.1亿元。江苏省社会组织具有基数大、增速快、类型多等特点,可以在解决社会问题、促进经济发展、协同社会治理等方面发挥积极作用。

具体到老龄服务领域,截至2021年底,全省共有2 330家养老机构,其中有70%由社会力量举办或者经营。江苏省也通过一系列政策措施,积极推动养老服务领域的"放管服"改革,进一步鼓励社会力量参与养老服务供给,如对于非营利养老服务组织,在准入环节,江苏省推行直接登记制度,由社会组织创办老龄服务业需要同时通过民政部门和业务主管单位审批的"双重管理"转向直接向民政部门申请登记,节约了社会力量进入养老服务领域的制度成本。在非营利养老服务组织发展过程中,为其提供与公办养老机构同等的扶持政策,并创新激励机制,提出从组织结余中提取部分奖励出资举办人的政策。① 江苏省社会组织发展基础好,政府重视社会力量参与养

---

① 玄冬冬,高传胜. 养老服务政策:瓶颈与突破——基于江苏实践探索的学理思考[J]. 南京工程学院学报(社会科学版),2019,19(1):38-45.

老服务发展,这些不仅为直接培育社会企业提供了丰厚土壤,而且为一系列社会组织转型为社会企业提供了广阔空间。

表5-3 2020年31个省区市社会组织分布情况

地区	社会组织数量(个)	地区	社会组织数量(个)
江苏	97 930	甘肃	22 820
广东	71 845	黑龙江	20 246
浙江	71 299	重庆	18 110
山东	60 247	山西	17 580
河南	47 368	上海	17 048
四川	45 657	内蒙古	16 751
湖南	37 118	贵州	14 063
河北	34 625	吉林	13 380
福建	34 200	北京	13 016
安徽	34 130	新疆	8 770
湖北	31 730	海南	8 419
陕西	31 074	青海	6 173
广西	28 921	天津	6 026
江西	27 703	宁夏	5 583
辽宁	26 185	西藏	559
云南	23 294	总计	891 870

资料来源:《中国民政统计年鉴—2021》。

(二)社会企业参与老龄服务供给的主要障碍

尽管江苏具有发挥社会企业参与老龄服务供给的有利条件,但跟很多国内地区一样,仍然面临一些障碍,毕竟,国家层面尚未有政策法规确定社会企业的身份,江苏也未像北京、四川成都、广东佛山等国内先行地区那样,出台专门的地方性政策文件认同社会企业的身份并积极支持社会企业发展,进而使其在包括老龄服务等诸多领域发挥应有的作用。

1. 法律制度缺失导致社会企业身份认同难

与社会企业法律相对完善的西欧国家不同,我国尚未颁布有关社会企业的专项法律法规,对于社会企业的身份认证、支持发展主要停留在地方性的政策上。以江苏省社会企业参与老龄服务为例,即使在《江苏省"十四五"养老服务发展规划》中有明确规定支持社会力量参与养老服务行业,也只是从宏观层面对于养老服务的社会供给进行肯定,对于第三部门中的新兴力量社会企业扶持与发展在政策层面并不是很明确。

政策层次相对较低,对社会企业的身份认同及政策支持都比较模糊,只能靠地方领悟,尚未形成统一的社会企业身份认证标准。在没有明确法律法规的保障情况下,社会企业在身份上的模糊不清直接导致社会企业无法注册、民众对于社会企业认同不高等后果,这些不良后果直接影响着社会企业的发展,也无法调动社会企业参与老龄服务的积极性。

2. 配套政策不足导致社会企业进入市场难

社会企业是老龄服务供给的新型主体,但是我国公众特别是有老龄服务需求的群体尚未对社会企业产生全面、一致的认识。如果没有相应的公开宣传、健全的法治环境、合规的政策引导,社会企业就难以得到持续稳定的发展,这终将影响社会企业的未来。

首先在准入环节,缺乏对社会企业的身份认同。英美社会企业的生成逻辑来源于其公民社会的传统,而我国社会企业自产生开始就有公众认知度不高、独立性差等特点。因此,在准入环节给予社会企业必要的身份认同,使公众充分认识到社会企业提供老龄服务的优势,才能保障社会企业的长远发展。其次,社会企业进入老龄服务市场后,并没有享受到与公立养老机构或者民办非营利养老组织同等的优惠扶持政策,我国社会企业的形式往往以民办非企业单位和工商企业这样的形式注册。当社会企业注册为民办非企业单位时,可以享受到各种优惠政策,但根据《民办非企业单位登记管理条例》,不能进行利润分配,也难以吸引社会投资,市场化方面受限;而以工商企业的形式登记时,虽然可以以商业经营模式运转,但是失去了税收等优惠政策。现行老龄服务相关条例往往强调对于公立机构或者民办非营利组织的扶持,而兼具公益性和商业性的社企在发展过程中却往往难以享受相应优惠政策,淡化利润目标的追求加之政策扶持力度不够使得社会企业在养老市场中艰难前行。

3. 能力建设不足导致社会企业提供服务难

如何提升社会企业的创造力,使其更好地满足中低收入群体的老龄服务需求,这是当前社会企业发展需要解决的重要课题。社会企业作为老龄服务的新型供给主体,资金紧张和专业护理人才缺乏是其在发展阶段面临的两大主要难题。一是资金匮乏。《2020中国社会企业发展报告》显示,截至2020年初,34.82%的社会企业勉强维持经营,19.64%经营暂停,12.5%面临倒闭危机。总体而言,社会企业的收入总额和融资水平均处于较低水平。二是护理人才匮乏。老龄服务高素质专业人才不足是制约社会企业进一步发展的一大因素。而且,社会企业贴近目标群体、提供精准服务的特点对其员工的专业能力提出了更高的要求。目前,社会企业的工资相对较低,现有员工专业性和稳定性差,如何在这种现状下,守住公益底线,规避社会企业经济目标和公益目标的失衡,也是现在社会企业需要突破的瓶颈之一。

四、社会企业参与老龄服务的国内外先行做法与实践经验

促进社会企业全面发展,支持其在包括老龄服务在内的众多领域积极发挥作用,在国内外已经有了不少先行做法甚至经验,值得我们借鉴学习。

(一) 改善政策环境,助力公益创投

为了在起步阶段就能够生存下来,社会企业需要完备的外部支持,外部支持体系涉及多个主体,如政府、营利性企业、公众等,但在外部支持体系中,政府的政策支持发挥重要的基础性作用。政府应该主动转变观念,改变对于社会企业运营模式认知的思维定式,建立起支持社会企业发展的相应制度和规范,将社会企业纳入老龄服务供给的主体体系,为其创造良好的发展环境。

首先就社会企业的法律现状而言,英美等国均形成了针对性的社会企业法律规范,如英国《公司(审计、调查和社区企业)法案》《社区利益公司规定》,美国中央与各联邦的地方性支持法案等,这些法案都对本国的社会企业发展的全流程提供了规制并肃清了其发展过程中的障碍。作为亚洲最早立法支持社会企业发展的国家,韩国于2007年和2012年相继颁布《社会企业育成法》及《社会企业育成法部分修正案》,致力于"扶持社会企业发展,丰富社会服务内容,创造就业机会,提升社会融合与国民生活质量"。在该法案制定后的10年,韩国社会企业增长了约40倍,迅速成长为亚洲地区社会企业发展的头号强国。

我国关于社会企业方面的法律目前还是空白,但是,已有不少地方政府在社会企业认证方面做了有益探索,并已取得一定成效。根据中国社会企业认证平台、佛山市顺德区社会企业创新中心、成都市社会企业综合服务平台、北京社会企业发展促进会、北京市昌平区社会组织发展服务中心的统计数据,2020年全国社会企业的认证总量为438个,其中,已经由政府牵头独立开展社会企业认证的地区如北京市、佛山市、成都市三地的社会企业认证数量占全国社会企业认证数量的62.3%,与其他省市业已拉开了差距,具体数据如表5-4所示。由此可见,在社会企业认证方面的政策先行具有良好的示范作用。

在社会企业的发展阶段,以成都市的社会企业支持政策为例,

2018年4月,成都市人民政府办公厅正式出台《关于培育社会企业促进社区发展治理的意见》,在全国首个以市级政府发文形式推动社会企业培育和发展,建立了社会企业从注册登记、章程备案、评审认定、政策扶持、监管服务乃至摘牌退出的全生命周期政策保障体系。此后,成都市各辖区也出台了社会企业培养发展办法,如成都市武侯区建立社会企业发展联席会议制度,给予辖区内社会企业资金、税收、人才和学术研究的支持;成华区实施"熊猫计划",打造综合服务平台,给予经济贡献奖励;金牛区鼓励举办重要活动及论坛,支持孵化平台建设,支持、择优实施一企一策。① 这些措施明确了社会企业的地位和作用,并通过财政支持、项目扶持等多元手段推动社会企业积极参与社会治理。

表5-4 2020年各地社会企业认证数量分布

地区	社会企业认证数量(个)	地区	社会企业认证数量(个)
北京	125	陕西	3
广东	108	内蒙古	2
四川	107	福建	2
浙江	18	重庆	2
上海	15	辽宁	2
江苏	13	广西	1
湖南	7	安徽	1
云南	6	青海	1
山东	5	江西	1
湖北	5	宁夏	1
河南	5	西藏	1
海南	3	贵州	1
甘肃	3	总计	438

资料来源:《中国社会组织报告(2021)》。

① 钟昱.地方政策支持社会企业发展探究[J].合作经济与科技,2022(7):139-141.

(二) 完善监管机制,保障良性运转

社会企业的优势是公益逻辑与商业逻辑的结合。但在实际运行过程中,难免会有组织打着社会企业旗号,把营利作为组织的首要目标,这样不仅浪费了公共资源,也辜负了公众信任,降低了社会企业的公信力。政府作为社会企业最重要的监管方,有责任完善针对社会企业的监管机制,以刚性规制保障社会企业的良性发展。

英国政府设立了社会企业局来对社区利益公司进行注册和监管。社区利益公司向社会企业局提交年度会计报告,并在提交公司履行其社会利益目标的详细报告之后,社会企业局会才对社区利益公司是否符合公共利益标准进行检验。如果发现社区利益公司存在违规行为,社会企业局有权解除公司董事或经理的职务并重新指派董事或经理,有权采取措施来保护社区利益公司的财产。同样,日本的公共利益咨询委员会除了负责对社会企业的社会公共利益地位进行认定之外,还承担着对社会企业的监管职责,包括对社会企业经营的监督和处理、对社会企业的投诉,并且对社会企业的管理提供建议和咨询。[①] 而我国也有一些城市对完善社会企业监管机制做了有益探索,以成都市对于社会企业的监管为例,成都市政府按照制度设计,将通过认证的社会企业监管区分为经济属性监管和社会属性监管。经济属性监管由成都市各级市场监督管理部门参照一般营利性企业依法实施,社会属性监管则依托成都信用网,引导社会企业按承诺履行社会企业信息披露义务,并依托成都市企业信息系统,建立与社会第三方的信息互通共享机制,委托第三方从社会企业的社会目标实现情况、管理架构、财政规范与透明、利润投入与社会效应等方面展开影响力评估,并对存在《成都市社会企业评审管理办法》所载

---

① 董蕾红,李宝军.社会企业的法律界定与监管——以社会企业参与养老产业为分析样本[J].华东理工大学学报(社会科学版),2015,30(3):108-116.

明问题的社会企业,严格落实退出(摘牌)机制并对社会公示。①

(三) 发掘人力资本,健全人才培养机制

社会企业自身发展与创业者的个人体征是密不可分的,在某种程度上,社会企业家个人的精神禀赋与创业精神会影响整个企业的行为逻辑。如何培育具有强烈社会使命感、创新精神和机会识别能力的社会企业家,吸引专业、高素质的社会企业人才,这些是推动社会企业发展不可回避的问题。

英国政府自2006年起启动实施"能力建设者"项目,其中包括面向社会企业员工提供各类指导和培训,以提高社会企业竞标和执行服务项目的能力。贸工部还资助成立了"社会企业培训支持联合会",汇集多家社会企业培训机构,为社会企业员工提供大量培训课程,发现并解决大量社会企业运转中的业务问题。不止于此,英国政府还与大学密切合作,开设社会企业课程,鼓励大学投身社会企业,发掘和培养青年社会企业家。② 在我国,北京市、成都市等率先开启社会企业认证的地方政府已经在社会企业支持政策中凸显出人力资源建设的重要性。如北京市昌平区依托北京回天社区公益基金会推出"青年菁英计划",每年度由区社发中心组织评选不超过5名社会创业者,给予一定费用的支持,用于个人能力建设,推动社会企业领袖型人才长期发展计划。成都市提供户口迁移、人才公寓、子女入学、医疗保障等人才引进制度,进一步吸引更多优秀、高端人才进入社会企业从事相关工作。这些政策指向均体现了所在地区对于社会企业中人力资本的重视,无论是社会企业创业者还是参与企业发展的社企人才,人力资本在社会企业初创、发展和成熟阶段的重要性均不言而喻。

---

① 谭馨海,尔古玛玛.发挥市场监管职能作用 营造社会企业发展良好环境[J].中国市场监管研究,2020(1):40-43,64.

② 金世斌.英国社会企业的发展历程、规制体系与启示[J].中国发展观察,2020(Z4):121-125.

五、推进社会企业发展并积极参与老龄服务供给的政策建议[①]

结合社会企业发展面临的障碍,借鉴国内外的先行做法,推进社会企业发展并积极参与老龄服务供给,起码可以从以下方面着力。

(一)明确社会企业的合法身份,建立健全法规政策体系

作为一种新型社会经济组织形式,社会企业的兴起是对传统社会三大部门治理结构失灵的理性回应与有益补充。若不是世界上已经有了广泛实践和成功案例,可能很多人对此还处在怀疑之中。社会企业通过市场化运营方式,可以更加有效地解决贫困、就业、老龄服务等社会性服务有效供给,弱势群体关怀,以及环境治理等诸多方面的社会经济问题,进而推动包容性发展,促进社会治理不断改善。它既不像普通企业(PMB)那样追求利润最大化,又不像政府组织那样需要财政持续、无偿投入,更不像传统非营利组织(NPO)那样只能依赖外部捐赠或资助,自身难以保证持续运行,因此其独特优势十分明显。但在中国,社会企业并未在政界、学界、业界和普通民众中得到广泛认知,因此,中国需要紧跟国际前沿与国内先行做法,及时更新发展与治理理念,鼓励社会各界充分了解、认识、研究、宣传和兴办社会企业。

正因为社会企业与普通企业、传统非营利组织都不太一样,而它又是实现包容性发展、促进社会治理的重要力量,因而需要政府抓紧研究制定相关法规政策,一方面确立社会企业的法律地位,另一方面通过行业规范和规制政策促进其规范、有序、健康地发展,防止一些人和组织借社会企业之名,行敛财牟利之实。鉴于社会企业这种新型社会经济组织形式的特殊性,可以考虑制定一部社会企业法,一方

---

① 高传胜.社会企业的包容性治理功用及其发挥条件探讨[J].中国行政管理,2015(3):66-70.

面这是对其重要地位的确定,另一方面也可借机将相关问题和程序做一系统规范,比如社会企业的兴办条件(如对资本和法人代表的要求、从事某一行业的具体要求等)、登记注册、变更和退出等主管部门和办理程序,税、费、水、电、土地及从业人员"五险一金"等适用政策,并明确行业规范和行为规范,确定盈余分配原则,建立健全规制监管体系,建立评价标准及奖惩机制,等等。

(二)构建多渠道的资金支持体系

社会企业正常运营后才能实现收支平衡和财务的可持续性,在发展初期需要启动资金。如何拓宽社会企业的资金来源渠道、增加出资者的出资方式,是首先要考虑的问题。借鉴国内外的做法,中国创立社会企业的资本金有如下来源。(1)财政投入,比如尤努斯创立的格莱珉银行,当初即有政府财政投入,香港特区政府对慈善机构办社会企业也提供种子基金。因此,中国完全可以利用财政资金对社会急需的社会企业给予适当投资,而社会救助资金中也可以拿出部分改成对社会企业的投资,亦即通过小微信贷方式,支持那些有劳动能力和意愿的人创办社会企业,而不是简单地资金给付。(2)个人投资,包括各类社会大众的自主投资,有的是带有慈善性质,有的是创业性质,等等。(3)企业投资,包括国有企业投资、其他性质企业的投资。(4)非营利性组织的投资,包括各种基金会、慈善组织等对社会企业的投资。(5)社区居民集资,包括发行社区股票或债券,用于投资社区的社会企业。(6)借鉴学习英国社会证券交易所(SSE)的做法,创立社会企业资本市场平台,广泛汇集社会大众的投资,让所有具有这种意愿的社会大众都能有通顺的投资渠道。

(三)加快形成多层次的人才培育体系

社会企业发展需要各种层次人才的支持。由于中国引进社会企业的概念比较晚,因而不仅人们在观念上还没有充分认识到社会企业的功用,而且在实践上距离社会企业也比较远,因而需要从各个方面进行教育培训。事实上,一些国家和地区已经建立起了比较系统的针对社会企业人才需求的教育培训体系。比如,苏格兰学历管理委员会确认,当地中学的商科教材将从2014年起加入社会企业相关内容。学生们也将有机会研究甚至创建社会企业。苏格兰政府教育主管部门发言人表示,此举对于发展学生的"自信自尊、尊重他人、责任感和团队精神"都非常重要,对他们的人生也将产生积极的影响。欧美地区的一些大学商学院和公共管理学院开始设立相关课程体系,以适应日益兴起的社会企业的人才需求。

(四)积极采取有效的公共支撑措施

中国促进社会企业的创立与发展,不仅需要完备的政策法规体系、畅通的资金融通渠道、多层次的人才培育系统,而且需要积极采取有效的公共支持措施,以支撑社会企业的创立与正常运行。参考国内外实践经验与先行做法,政府采购是一种切实有效的公共支持举措。众所周知,英国是社会企业发育最为繁盛的国家之一,而英国社会企业的成长与发展离不开政府的公共采购政策支持。据英国政府原先的内阁部长 Oliver Letwin 透露,自2010年5月以来,英国政府向公民社会组织购买服务的总额达到了4.88亿英镑,其中单单英国卫生部与第三部门之间的交易就多达702笔。此外,英国就业及退休保障部、司法部、国际发展部、交通部以及文化、媒体与体育部和第三部门机构之间签订了94份合同。中国社会企业还处于发展初期,同样需要政府通过公共采购、援助等公共措施进行积极支持,但是,同时要保证实施过程的公开、公平与公正性。

(五)构建社会企业供给老龄服务的监督评估体系

监督评估机制的缺乏,可能使得部分社会企业进入老龄服务市场后,逐利化倾向增强,丧失公益初心,产生"使命漂移"现象,这一来难以保证老年群体的有效需求,二来使得社会企业公信力受损。因此,应该构建社会企业供给老龄服务的监督评估体系。对于社会企业的外部监管而言,可以参考成都市不同部门对于社会企业两种属性分别监管的做法,也可以整合多个部门,减少多头监管造成的重复、混乱和行政浪费,如成立一个常设的跨部门社会企业工作小组,建立管理监督社会企业的数据库,专注于对社会企业公益价值追求、商业运转模式的考察,以促进利益各方的信息共享与合规监管。创新社会企业监管方式,除了常规的法治约束与政府监管外,还可以引入专业性的第三方机构,对于社会企业的社会价值实现进行影响力评估与监管,重视并增加老龄服务中老年人评价的比重,并对评估结果予以公开,使养老型社会企业在公于透明的环境下运转;对于评估不通过、不符合标准的社会企业,应建立健全退出机制并及时向社会公示。

(六) 鼓励非营利性老龄服务组织、养老企业向社会企业转型

一是从大环境来看,江苏是社会组织大省,可在原有社会组织数量庞大、涵盖面广泛的基础上,推动不同类型的社会组织参与老龄服务供给,而其中发展潜力好、创新能力强、已有成果显著的社会组织,则可以引导其向社会企业转型;二是积极借助政策引导,让一些已获认证的社会企业拓展老龄服务的板块,如信息服务类社会企业,可以抓住老年人信息鸿沟的痛点,通过对老年人的信息需求进行统计、分析,来设计开发适老类软件产品,帮助老年人更好适应信息社会;三是一些成熟的营利性企业,往往追求商业价值与社会责任的双赢,对于它们可通过用地、税收等优惠政策鼓励其进行老龄服务投资,以实质性政策激励引导此类企业参与社会企业的合作、投资和转型。

第六章 老龄服务业"放管服"改革：为何与何为

一、人口老龄化持续深化，凸显养老难与贵问题

由于受多方面因素的复杂影响，我国人口老龄化一直在持续深化，究其原因，起码有两个方面的重要因素。一是计划生育政策长期实施和城市居民生活成本不断攀升，使得人口出生率和自然增长率都降到了历史较低水平。1982年计划生育政策全面实施之后，我国人口出生率仍然惯性上升了一段时间，在1987年达最高点23.33‰，之后一路下滑，到2010年已降至11.90‰；此后又波动式小幅回升，2012年回升至14.57‰，达到波峰，2014年、2016年亦是比较高的年份，分别为至13.83‰、13.57‰，但总体上还是呈下降趋势，到2021年已经降至7.52‰。而同期的死亡率，则未见有大幅下降，大体维持在7‰上下，2021年稍高一些，为7.18‰。人口出生率与死亡率的不同变化趋势，使我国人口自然增长率一度降到5‰以下，虽然后来由于生育政策调整等多方面的原因，有些年份升至5‰以上，但2018年以来又降至5‰以下，而且下降趋势十分明显，到2021年已经降至0.34‰。相较于全国而言，江苏的人口增长形势则更加严峻，2021年江苏人口自然增长率已经首次出现了负数，为－1.1‰。二是伴随经济社会持续发展，我国人民生活水平不断提高，医疗卫生条件有了极大改善，这使得国民平均预期寿命出现较大幅度的延长。

2000年我国人均预期寿命为71.40岁,2021年已升至78.2岁,增加了近7年。根据江苏省第七次全国人口普查数据,2020年江苏人均预期寿命已经达到79.32岁,而江苏省苏州市和南京市人口平均预期寿命则首次突破了80岁。

规模庞大并不断增长的老龄人口必然催生巨大的老龄服务需求,在供给侧调整不及时、不充分的情况下,便会产生养老"难"与"贵"问题,并日益凸显出来。首先,绝大多数老人都倾向于选择居家社区养老模式,但社会化服务支持与配套设施未能及时跟上,因而,不少老人仍然难以获得与其需求相适应又负担得起的社会化服务。其次,宏观人口结构出现双重不利变化,家庭人口结构由原来的"4-2-1"向"X-4-2-2"转变,在此新动向下越来越倚重的机构养老模式①,正面临着严重的供需结构不匹配问题。宏观方面的人口结构变化有二,一是人口老龄化持续加深,二是劳动年龄人口总量和比例业已下降数年,无论是全国还是江苏,皆是如此。微观家庭人口结构的变化,则主要源于人均预期寿命不断提高和全面二孩政策效应逐渐显现。机构养老面临的突出问题,依养老机构的性质与类型而有所不同:营利性养老机构价格太高,普通民众"住不起";非营利性养老机构发展不充分、不平衡,普通百姓"寻不着";公立养老机构由于定位问题和运营机制不规范,一般老人往往"进不去"。从服务内容上看,问题主要是医养结合型机构和专业护理型床位仍然比较缺乏。从地域分布上看,农村地区老龄服务供给则存在明显短板,因为农村老人家庭的支付能力往往比较弱,难以激发更多的服务供给主体来提供他们能负担得起的服务,加之农村青壮年人口大量流出,农村老龄服务缺少人力资源。因此,养老"难"与"贵"问题仍然需要引起高度重视并积极加以有效应对。

---

① 高传胜.老有所依,当问谁?——人口和家庭结构新情境下老龄服务模式再审视[J].甘肃社会科学,2017(3).

养老难问题日渐突出，学界和业界的呼声日益高涨，已经引起决策层的高度关注。正因为如此，各级政府及相关部门近些年密集出台了一系列政策措施，以期全面放开老龄服务市场，不断提升老龄服务质量。在政府层级较多、职能部门林立、文件加速推出的现实状况下，重梳加快老龄服务业发展的学理逻辑与政策诉求，把握政策的进步与不足，将有助于政策优化完善与贯彻落实，进而有效破除行政性障碍，切实降低行政性成本，充分激发各类主体参与老龄服务业发展的活力与潜力，这也正是中央政府大力推进"放管服"综合改革的核心要义之所在。鉴于此，这一章将重点对老龄服务业领域为什么需要全面推进"放管服"综合改革、"放管服"改革的政策措施以及进一步深化改革的可为空间进行学理性探讨。

二、破解"养老难"，必须动员各方面社会资源

在过去相当长的时期内，我们主要依靠政府投资兴办的社会福利机构来解决一小部分人的养老问题，其中既包括离退休干部，也包括无劳动能力、无生活来源、无赡养人或抚养人的经济困难人口。从学理上区分，前者更接近社会福利，后者则是社会救助的特征更为明显，尽管也会带有一定的社会福利性质。本质上，二者的定位不同，差异较大。随着市场经济不断发展和福利货币化程度大幅提升，前者大有减少、转型之势，即转型为主要承担兜底保障功能的养老机构。但由于其基础条件较好，加之受长期的福利惯性影响，这类公立养老机构往往更受老人的信任与欢迎，因而常常是床位非常紧张，能住进去的人只是极少数，毕竟这类机构主要靠财政供养，数量本来就非常少。也正因为民众的需求比较旺，一些尚未明确公立养老机构应有功能定位的地区，仍然还热衷于兴建公立养老机构，于是一些地方出现了因缺乏深入市场调研而盲目兴建的养老机构入住率却并不理想的状况。究其根源，既有规划设计等方面的问题，也有经营管理体制机制等方面的原因。这正是一些地区开始探索公建民营等公私

合作方式的重要原因。实质上,这是对前期政策与做法偏误的补救与纠偏。

从公共治理趋向看,随着人口老龄化持续推进和老龄服务需求日趋多层次、多样化,老龄服务供给不能单靠财政投资兴办的公立机构来大包大揽,而应该广泛动员各方面社会资源,形成政府、市场和社会组织等多部门协同共治的格局。中国养老"难"与"贵"问题突出,一方面是因为我国确实"未富先老""未备先老",对人口老龄化趋势认识不足,准备不够,在养老方面的理论与政策研究储备不厚,视野不远,经验缺乏;另一方面则是因为长期以来形成了主要依靠政府的思维惯性,在相当长的时期内未能充分调动各方面社会资源参与老龄服务的积极性,因而,不仅不少地方仍然强调用政府投资来补养老的短板,公立养老机构甚至超出兜底保障的应有边界而进入经营性领域,与社会办养老机构形成不公平竞争,而且政策障碍、行政程序烦琐等问题也比较普遍,这正是相关政府部门近几年陆续出台一系列改革政策的重要原因,尽管有些政策还有待优化和落实,效应亦尚待观察。实际上,广泛动员政府、市场和社会部门等多方资源参与老龄服务,既是现实需要,也符合"新公共服务"、多部门协同治理等前沿理论的要求。更何况,老龄服务业具有营利性、非营利性和公共服务等多种成分,理应充分发挥社会力量的应有作用。

综合国内外的广泛实践看,老龄服务的供给主体并非仅仅局限于政府兴办的公立养老机构,还包括营利性和非营利性养老机构。公立养老机构,在中国多属事业单位,可以归于政府公共部门;营利性养老机构则属于市场部门,即经济学里假设的追求利润最大化的企业组织(PMB);非营利性养老机构属于社会部门,是非营利组织(NPO)。此外,国内外兴起的新型社会经济组织形式——社会企业非常适合老龄服务领域,它兼具营利性企业的市场化运营特征和传统NPO的社会使命导向、非营利特征①,既具有不同于上述三大传统部门的独特优势,又可以与它们互补互动,共同发挥公共治理功能,因而将其视作第四部门亦未为不可。② 从学理上看,这些不同性质与类型的养老机构具有不同的功能定位,满足的需求对象理应有所区别,尽管这些对象在现实中是连续的图谱。营利性养老机构满足的是中高收入家庭要求较高的老龄服务需求,社会企业满足的是中低收入家庭的一般性老龄服务需求,具有传统非营利组织特征的养老机构满足的是低收入家庭的基本老龄服务需求,而公立养老机构则发挥兜底保障功能,主要满足经济困难家庭的基本老龄服务需求。如果各类养老机构能够得到全面发展,竞争比较充分,那么,每一类养老机构中的不同主体都将不得不进行系统深入的市场调研、细分与定位,确定自己的目标市场,并提供与需求水平相适应、老人家庭又能负担得起的老龄服务。③ 因此,要从根本上有效破解养老"难"与"贵"问题,必须广泛动员各方面社会力量与资源,提供多层次、多样化老龄服务。

三、激发社会资本活力,必须推进"放管服"改革④

针对中国目前的现实状况,要有效动员各方面社会资源参与老龄服务业发展,必须按照全面深化改革的要求,着力推进供给侧结构性改革,加大简政放权力度,强化事中事后监管,并不断提升政务服务水平。只有推进"放管服"改革,才能将社会资本的活力和潜力充分激发出来,并投入老龄服务领域,为不同目标群体提供适销对路的

---

① 尤努斯,韦伯.企业的未来:构建社会企业的创想[M].北京:中信出版社,2011:3-8.

② 高传胜.社会企业的包容性治理功用及其发挥条件探讨[J].中国行政管理,2015(3):66-70.

③ 高传胜.社会企业与中国老龄服务供给[J].社会科学研究,2015(3):115-120.

④ 本部分内容参见:高传胜.新时代实现"老有所养"的战略路径与政策重点[J].天津行政学院学报,2018,20(4):75-82,2.

老龄服务。不可否认,中国经过多年的持续快速发展,经济实力已经极大增强,社会资本亦十分充裕,因而,现在的关键是如何吸引社会资本参与老龄服务业发展,此其一。其二,在当前世界经济增长乏力、中国经济亦面临下行压力的严峻形势下,规模庞大的社会资本正在寻找合适的投资机会,而相对于不少产能过剩的制造行业而言,包括老龄服务在内的社会性服务领域不仅供给总量尚显不足,而且存在着供需不匹配等多方面的结构性问题,迫切需要推进供给侧结构性改革来补短板、调结构,进而增强供给侧对需求侧的适应能力。鉴于此,加快推进老龄服务领域"放管服"综合改革,增强供给侧对需求侧的适应性、灵活性,既是吸引社会资本参与老龄服务、破解养老"难"与"贵"问题的现实需要,也是新发展阶段构建双循环新发展格局、增强发展新动能,促进经济社会协调发展和全面建设现代化文明国家的客观要求。

进一步而言,"放",即简政放权。对老龄服务领域,其内容起码包括全面放开老龄服务市场,降低甚至取消不必要的行业准入壁垒,简化行政管理程序与手续,降低微观主体进入行业发展的行政性成本,进而让社会资本能够机会均等、顺畅便捷地进入老龄服务业领域寻找投资机会与发展空间,其中包括原本主要依靠公立机构提供的兜底保障性公共老龄服务领域。如前所述,分别为不同收入水平家庭提供多层次老龄服务的营利性养老机构、社会企业型养老机构和传统非营利性养老机构应该是老龄服务供给的主体,按理它们都应该由社会资本来投资兴办,只有这样,老龄服务业才能得到全面长足发展。而针对经济困难家庭、承担兜底保障功能的公益性老龄服务,原本主要由公立养老机构来提供,在市场经济条件下亦可以由政府通过购买服务方式、由上述三类主力老龄服务机构通过公平竞争方式来争取提供机会。这一方面是因为公立养老机构往往存在着先天性激励约束机制不完善、经营效率低下等诸多问题,另一方面则是因为政府以购买服务方式提供公共老龄服务,不仅有助于培育更多的老龄服务主体，让市场化、社会化老龄服务供给主体能够有更大的市场发展空间，还可以通过市场竞争机制促使它们加强老龄服务产品的开发设计、不断改善服务效率并保证与提高服务质量，进而解决单纯由公立机构提供老龄服务可能存在的垄断与效率低下等突出问题。

"管"，即监督管理。由于前端主张的是全面放开，因而这里更强调强化事中、事后监管。只有前、中、后端有机衔接与配合，实现全过程协同治理，才能保证老龄服务业健康、有序、快速发展，并形成充分竞争的市场格局。事实上，无论是在学理上，还是在实践中，对任一行业都是需要进行监管的，尽管监管的内容、程度、方式与方法等可能因社会中占主导地位的"主义"不同、行业性质与结构等不同而有所差异。老龄服务业包含着性质和类型不同、运行规则有差异的多种行业，因而监管思路、内容等理应有所区别。(1)对于营利性服务产业，由于其微观主体是提供老龄服务的普通企业，因而监管时既要防止垄断行为、不正当竞争行为，又要遵循市场规则、契约精神，保护交易双方合法权益，防止坑蒙拐骗等不守信用甚至违法犯罪行为。(2)对于非营利性服务事业，其微观主体是传统非营利组织(NPO)，监管时要遵循社会服务机构的相关规章，而且规章要根据经济社会发展形势的变化不断修改完善。(3)对于新兴的社会企业型老龄服务行业，同样应遵循其自身的行业规范，鉴于目前国家层面尚未正式确定社会企业的合法地位，因而迫切需要立足国情，借鉴国际经验，加快研究制定行业规章并依此进行监管。(4)对于公立养老机构，如果是公益服务类事业单位，则应重点监管其是否保持公益性，承担的兜底保障责任履行得如何，等等。总而言之，应遵循分类监管的原则与思路，监管方式、方法应因类制宜，并结合前沿理论与国内外经验不断进行改革创新。

"服"，即政务服务。老龄服务属于社会经济(social economy)领域，该领域尤其需要政府、市场和社会等多部门协同治理，政府除了提供兜底保障性公共老龄服务、履行行业监管等职能之外，还要承担宏观调节、市场监管、社会管理等职能。无论履行哪一项职能，都需要通过具体的业务工作即政务服务来实现。因而，不断优化政务服务水平便成了"放管服"综合改革的一项重要内容。政务服务的绩效（performance）高，更有利于促进老龄服务业健康有序高质量发展，进而更好地满足不同收入家庭老人的多样化、多层次老龄服务需求。根据政府绩效管理的 4E 原则①，政务服务的经济性（Economy）好、成本低，可以降低社会负担，增进社会福利，因而，强调政府要创新公共老龄服务提供方式，即反映了这一要求；政务服务的效率（Efficiency）高，不仅可以反映在一项业务的投入产出比高上，而且可能体现在时间节约上，这在政府履行行业监管、市场监管和公共老龄服务供给等职能方面均应得到反映；效能（Effectiveness）高，则要求政务服务最终能够实现政策目标及预期效果，得到期望的社会效果和公众满意程度；公平性（Equity）要求保障政务服务的接受对象能够得到公正、公平对待，保证需要特别照顾的弱势群体能够享受到应有的基本服务，全面放开老龄服务市场、让所有社会资本都有均等机会进入养老领域发展即反映了前一方面要求，为经济困难老人提供保障性老龄服务则反映了后一方面要求。

四、老龄服务业"放管服"改革政策及其可深化空间

在全面深化改革的总方向下，中央政府正在积极推进简政放权、放管结合和优化政务服务的"放管服"综合改革。在此强大推力与压力下，相关职能部门已经认识到老龄服务领域"放管服"改革的重要性与紧迫性，近些年国务院及相关部门陆续出台了一系列相关政策，其中包括 2016 年 12 月国务院办公厅颁布的《关于全面放开老龄服

---

① FENWICK J. Managing local government[M]. London: Chapman and Hall, 1995; FLYNN, N. Public sector management[M]. New York: Prentice-Hall, 1997.

务市场提升老龄服务质量的若干意见》(国办发〔2016〕91号)(以下简称《意见》),2017年1月民政部、发改委等13个部门联合发布的《关于加快推进老龄服务业放管服改革的通知》(民发〔2017〕25号)(以下简称《通知》),2018年12月修正的《老年人权益保障法》,2019年4月《国务院办公厅关于推进养老服务发展的意见》(国办发〔2019〕5号),2020年9月民政部新出台的《养老机构管理办法》,2020年12月国务院办公厅印发的《关于建立健全养老服务综合监管制度促进养老服务高质量发展的意见》(国办发〔2020〕48号),2021年11月民政部、住房和城乡建设部、市场监管总局《关于推进养老机构"双随机、一公开"监管的指导意见》,等等。另外,2017年和2019年12月,还出台了两个国家标准:《机构养老服务质量标准》和《养老机构服务安全基本规范》。这些政策文件的出台,意味着老龄服务业"放管服"改革已经开始正式部署与推进,而各地的改革亦相继展开。鉴于此,这里将结合相关政策的内容及实施情况,从学理上进一步剖析当前深化老龄服务业"放管服"综合改革的可为空间,以期为相关政策优化完善与改革实践探索提供一定的参考,引起学界的学术探讨,目的是推动老龄服务业全面发展,早日破解中国式"养老难"问题。

  首先是推进简政放权。综合来看,有的政策文件已经开始明确强调要通过降低准入门槛、放宽外资准入、精简行政审批环节和营造公平竞争的市场环境等措施来推进老龄服务市场的全面放开,并且从老龄服务投资项目审批报建手续和养老机构审批手续两个方面对简政放权做了进一步部署。后出台的《老年人权益保障法》和《养老机构管理办法》已经不要求养老机构设立的行政许可,改而实行登记备案制。总体而言,这些政策文件的思想解放程度和改革力度都是前所未有的,充分体现了"非禁即入"的基本原则,而且其中提出的一些措施亦切中要害,其中包括推行养老机构申办一站式服务,建立"一门受理、一并办理"的网上并联审批平台。这些措施如果能落到实处,将有助于激发社会资本参与老龄服务的活力。尽管如此,如果结合其中涉及的相关政策内容及投资兴办者的合理要求看,推进简政放权仍然有进一步的可为空间,具体来说:① 尽管已经取消了养老机构设立的行政许可制,改而实行注册备案制,但备案涉及众多的行政管理部门,每个部门为了规避自己的管理风险,往往都会提出比较高的备案要求,而养老机构要想达到每个部门的备案要求,一是比较难,二是成本高,这既不利于加快增加老龄服务有效供给,切实满足规模庞大且不断增长的老龄人口多层次、多样化需求,而且也不利于推动大众创业、万众创新①;② 尽快确定社会企业的合法地位与行业规章,简化社会服务机构的注册登记程序,整合不同性质与类型的养老机构注册登记机关,并强化信息公开与社会监督,同时将精简的经办力量用于加强事中事后监管,尤其在安全与质量方面的监管上,只有建立起确保安全与质量的监管机制,让老人家庭能够信任与放心,老龄服务业才有可能发展壮大起来;③ 在系统广泛调查服务供需主体需求的基础上,进一步精简优化审批体制与程序,着力解决证、照等行政程序不同步问题,节约社会资本的投资成本。

其次是强化监督管理。《意见》中强调各地要建立健全民政部门和相关部门协同配合的监管机制,加强对养老机构运营和服务的监管,2020年国务院办公厅还专门印发了关于建立健全综合监管制度的意见;《通知》中则进一步提出要从提升行政监管能力、规范行政执法行为、建立社会评估机制和畅通投诉渠道等方面强化监管能力,并倡导推行"双随机、一公开"②监管模式,2021年民政部等相关部门还联合发布了《关于推进养老机构"双随机、一公开"监管的指导意见》。

---

① 高传胜.老龄服务业促进政策及现实问题再审视[J].社会科学辑刊,2016(4):61-66.

② 所谓"双随机、一公开",即根据随机摇号原则,随机抽取检查对象,随机选派执法检查人员,查处结果及时向社会公开。参见:"双随机、一公开"打造"阳光执法"——国务院办公厅"放管服"改革督查见闻[EB/OL].(2017-05-18)[2022-07-15]. http://www.gov.cn/xinwen/2017-05/18/content_5194992.htm.

实质上,监管涉及供需两侧,包括行业监管与市场监管两方面内容,这在上述的政策文件中均有所体现。但深入分析可以发现,在监管维度上仍然有进一步深化改革的可为空间,尤其是在监管体制机制与方式方法等方面。在上述文件提及的监管部门中,民政部门主要擅长社会福利事业管理,而在其他方面则缺乏核心专长与监管能力,食品、医疗卫生、消防、环境、规划建筑、土地、产权等诸多方面的监管皆非其所能胜任的,即使是注册登记,工商行政管理部门的网络和能力也都比它更强。因此,可以借鉴一些地方的实践探索与改革创新做法,整合包括民政、老龄办、市场监管部门在内的相关监管力量,形成综合性监管机构,全面行使包括老龄服务行业和市场两方面在内的监管职能,而民政部门的老龄服务管理职能与机构人员也可以划转到相关部门,进而规避其监管力量单薄、核心能力欠缺、管理专长主要限于社会福利事业等诸多方面的问题,真正构建大部制式综合监管部门。在监管机制与方式方法上也需要不断改革创新,改变主要依靠政府部门监管的传统做法,充分调动各方面社会力量的监督作用。为此,则需要在信息公开及相关平台建设上做好配套建设,以期为社会监督提供更加充分的信息。

最后是优化政务服务。政府职能必须通过具体的政务服务工作才能实现,因此,政务服务水平直接关系到政府职能发挥的绩效,还影响着市场环境的优劣。在《通知》中,主要强调从政府信息公开和政府精准推动养老服务业发展能力两方面来提高政务服务水平。政府信息公开做得好,不仅有助于投资经营者适时抓住老龄服务领域的发展机会,而且可以充分发挥社会监督作用。精准推动老龄服务业高质量发展,则是强调政务服务工作方式方法要不断创新,以提高政策效果。除此之外,优化政务服务还要特别关注激发社会资本参与老龄服务的具体方式:① 政府为经济困难家庭提供兜底保障性老龄服务,可以采取向社会力量购买服务的实现方式,这实际上是通过放开市场来提供具体的支撑,这有助于培育社会化养老服务机构;

② 对非营利性老龄服务机构采取"补人头"而非"补砖头""补床头"方式,亦是更为有效的支持方式,因为这有助于通过买方竞争压力促使老龄服务机构不断提高经营与服务水平;③ 政府对老龄服务机构的土地、金融及财政等政策支持要充分考虑机构的性质与功能,既不适合对不同性质与类型的养老机构提供同等的政策支持,也不能对同一类型给予不同的政策支持,要防止引发不公平竞争;④ 政府主导建立的养老产业投资基金不仅要着眼于改善老龄服务基础设施,还要发挥补短板、调结构等作用,如支持居家、社区养老模式下社会化服务的专业化供给和家庭人口结构新变化动向下需求越来越大的机构养老服务。

五、构建包容性制度,促进老龄服务业全面发展

只有充分广泛而又积极有效地动员各方面社会资源,促进不同性质与类型的老龄服务业分类协同发展,才能更好地满足规模庞大并不断增长的老龄人口多样化、多层次老龄服务需求,真正破解依然凸显的养老"难"与"贵"问题。推进老龄服务业"放管服"改革的目的就是为了破除阻碍社会资本参与老龄服务业发展的行政性因素,营造公平竞争、宽松有序的市场环境,让社会资本能够机会均等、便捷顺畅地进入老龄服务领域,适时寻得投资机会与发展空间。而且,多种来源渠道的调研数据也确实说明,目前老龄服务领域仍然存在着需要推进简政放权、强化监督管理和优化政务服务改革的可为空间。从学理上而言,能够充分有效地激发各种社会资源发展活力与潜力的制度,即包容性制度(inclusive institution)。① 鉴于此,无论是全面深化改革,还是"放管服"综合改革,本质上都是为了构建有利于有效动员社会资源并充分发挥其作用的包容性制度,全面推进包容性

---

① 阿西莫格鲁,罗宾逊. 国家为什么会失败[M]. 李增刚,译. 湖南科学技术出版社,2015:88-120.

发展与治理①,这同样适用于老龄服务等领域社会经济发展与治理。

如果深究养老"难"与"贵"问题的历史渊源,实质上与我们长期依靠并习惯于通过公立福利机构来解决极少部分人的"老有所养"问题有着很大关系。然而,随着人口老龄化的稳步持续推进,完全依靠公立养老机构已经难以解决规模庞大的老龄人口的多层次、多样化老龄服务需求,尽管有些地方仍然抱着传统观点,在加大公立养老机构的投资建设力度。一方面公立养老机构的功能定位在有的地方仍然不够清晰,规划建设也缺乏深入的市场调研,投资建设的公立机构往往不能很好地适应老人的需求,另一方面公立养老机构先天地存在着激励约束机制等经营管理方面的内在缺陷,因而出现了一些新建的公立养老机构发展得并不理想等问题。而一些地理位置较好、基础条件优越的公立养老机构则存在着进入评估不严格、不公正,以及跨入经营性领域、形成与民办养老机构不公平竞争等诸多问题。公建民营等补救性实践探索方式由此则应运而生。实际上,在经济持续快速发展多年、社会资本已经极大充裕的今天,老龄服务供给并不需要完全依赖政府主导建立的公立养老机构,而是应该充分发挥社会资本的积极功能。其中的关键即在于真正全面放开老龄服务市场,营造有利的市场环境与政策生态,有效降低行业准入壁垒,并精简行政审批程序与手续,切实降低社会资本投资运营养老服务机构的行政性成本。

正是基于此,2016年底和2017年初国家相关部门相继出台了全面放开养老服务市场、推进养老服务业"放管服"改革等政策文件。文件中提出的改革措施与方向确实前所未有,无论是思想解放程度,还是改革措施力度。同时,文件的基本原则与具体内容也充分反映了构建包容性制度、促进养老服务业全面发展的要旨。2018年新修订的《老年人权益保障法》对养老机构也不再要求行政许可,而实行

---

① 高传胜.包容性发展:理论、政策与践行路径[M].南京大学出版社,2015:2-8.

登记备案制。2020年民政部新出台的《养老机构管理办法》则进一步细化了养老机构登记备案制的实施办法。结合与此相关的政策及具体实施情况,可以发现仍然有进一步深化改革的可为空间。首先,在宏观发展思路方面,不同类型老龄服务业分类协同发展的思路体现得不够充分,特别是未能将目前最适合于中国国情的社会企业型老龄服务业发展路径给予应有的法律确认与政策支持。其次,在推进简政放权方面,养老机构的注册备案制仍然带有很强的行政许可色彩,因为备案涉及诸多行政管理部门,而要达到这些部门的备案条件和要求着实并非易事,更何况,老龄服务涉及面更广,不仅包括生活照料等养老服务,还涉及医疗、康复、护理、教育培训等多方面的服务内容。再次,在强化监督管理方面,未能吸收一些地方性实践探索与改革创新等有益做法,整合包括民政、老龄办等在内的相关监管部门,组建大部制式综合监管部门,规避民政部门监管力量单薄、核心能力欠缺、管理专长有限等缺陷。最后,在优化政务服务方面,激发社会资本参与老龄服务的具体方式仍然有待探索创新,以便取得更好的政策效果。

第七章 健康老龄化视域下老年健康服务高质量发展*

一、健康老龄化:积极应对人口老龄化的重要视角

"健康老龄化"(Healthy Ageing)是由世界卫生大会于1987年首次提出的,目标是延长寿命、增加生活满意度。1990年世界卫生组织(WHO)将其确定为应对人口老龄化的发展战略,强调从老年人健康状况和医疗保健出发,提高老年人生命质量,缩短带病生存期并延长健康余命,保持较好的身体机能状态直到生命结束。2015年,世界卫生组织正式将"健康老龄化"界定为"发展和维护老年健康生活所需功能的发挥过程"[①]。2020年,世界卫生组织在其发布的关于健康老龄化行动十年的基线报告中进一步指出:"功能能力[②]是个人固有能力、居住环境以及人们与环境相互作用的方式综合的结果,

---

* 本章内容部分参见:姚琛,高传胜.健康老龄化视域下老年健康服务高质量发展研究——以江苏省为例[J].云南民族大学学报(哲学社会科学版),2023,40(3):69-77.

① World Health Organization. World report on ageing and health[R]. 2015. https://apps.who.int/iris/handle/10665/186463.

② "功能能力"包含了五项基本内容:(1)满足基本需求,以确保适足生活水平的能力;(2)学习、成长和做出决定的能力;(3)出行的能力;(4)建立和维持关系的能力;(5)为社会做出贡献的能力。功能能力综合了个人的固有能力、个人的居住环境以及人们与环境相互作用的方式。其中,固有能力包括一个人可以利用的所有身体能力和智力能力,包括一个人的运动能力、感官能力、活力、认知和心理能力。环境是指人们居住和生活的地方,环境决定特定水平固有能力的老年人能够成为什么样的人以及能够开展何种活动。

优化功能能力是健康老龄化的关键。"①

在我国学界、政界和业界,健康老龄化已经引起了高度关注。陆杰华等指出,健康老龄化的中国方案是指以维护健康公平和贯穿全生命周期视角为核心理念,遵循因地制宜原则,将以"治病"为核心的健康服务模式转变为以"健康维护"为核心的服务模式,把健康保障视作促进人力资本投资,并围绕着行动能力和社会功能的维持与优化,以延长平均预期寿命、提升寿命质量的战略框架。② 穆光宗强调,对健康老龄化的认识不能局限于老年期,要从生命历程的增龄视角出发,认识时间变量对老龄化的影响,最终实现终身健康、多维健康和全民健康老龄化。③ 葛延风等则进一步指出,健康老龄化的重点策略包括加强和改进老年医疗卫生服务体系,完善养老服务制度建设,以及发挥老年健康产业的支撑作用等。④ 在政界,《健康中国2030 规划纲要》《中共中央 国务院关于加强新时代老龄工作的意见》以及《国家积极应对人口老龄化中长期规划》等一系列中央政策文件纷纷将"健康老龄化"作为行动纲领和追求目标融入政策文本。而且,我国先后制定了"十三五"和"十四五"两个健康老龄化规划。在业界,"健康老龄化"亦得到前所未有的高度重视,老年健康服务、医养结合服务、长期护照服务已成为老龄服务发展的重点。

功能视角是"健康老龄化"理念的出发点,若用个人或群体的固有能力和功能能力变化轨迹来模拟人的衰老过程,则可以将整个生命历程视作一个从能力高且稳定向能力衰退直至严重缺失的动态变

---

① World Health Organization. Decade of healthy ageing: baseline report [R]. WHO, 2020. https://apps.who.int/iris/handle/10665/338677.
② 陆杰华,阮韵晨,张莉. 健康老龄化的中国方案探讨:内涵、主要障碍及其方略[J]. 国家行政学院学报,2017(5):40-47,145.
③ 穆光宗. 不分年龄、人人健康:增龄视角下的健康老龄化[J]. 人口与发展,2018,24(1):11-13.
④ 葛延风,王列军,冯文猛,等. 我国健康老龄化的挑战与策略选择[J]. 管理世界,2020,36(4):86-96.

化过程。健康老龄化的目的在于采取综合行动策略,为老年人提供支持性环境,进而优化和提升老年人的功能能力。为此,要采取能够增进和维护生命历程功能能力的相应策略,而健康服务系统的改进正是实现健康老龄化的优先行动策略之一。因此,推进老年健康服务高质量发展是实现健康老龄化的重要途径。正如《人民日报》社论所言,高质量发展,"就是能够很好满足人民日益增长的美好生活需要的发展"。老年健康服务高质量发展就是要以老年群体的需求为核心,使老年健康服务供给与需求更加有效地匹配起来。健康是老年人能够完成他们认为重要的事情所具备的根本属性和整体属性,通过老年健康服务高质量发展,为老年群体提供以其需求为核心的综合连续、覆盖城乡的健康服务,正是优化和提升老年人的功能能力,保障老年人晚年生活的自由、尊严和福祉的重要手段。

从全国范围来看,江苏不仅人口老龄化来得更早,目前人口老龄化程度在全国省级地区中位居前列,而且在推进老年健康服务高质量发展方面也走在全国前列。根据全国人大常委会 2022 年 9 月发布的调研报告,江苏全省护理型养老床位达到 29.32 万张,占养老机构床位总数的 63.74%,处于较高水平。因此,本章将立足江苏省老年健康服务发展的实际状况,利用吉尔伯特(Neil Gilbert)社会福利政策分析框架(analytic framework of social welfare policy),从分配基础、分配内容、服务配送和资金筹集等维度,探讨老年健康服务发展存在的突出问题与面临的发展障碍,并在此基础上,从健康老龄化视角提出加快推进老年健康服务高质量发展的政策建议。

二、推进老年健康服务高质量发展的重要意义

(一)积极应对人口老龄化的客观需要

"十四五"时期,我国人口将转向负增长,老年群体代际更替进入重要转折期。国家统计局数据显示,1963 年至 2021 年我国人口自然增长率从最高点的 33.33‰降至 0.34‰,短期内人口负增长的趋

势难以扭转。随着新中国成立以来第二次"婴儿潮"人口(60年代出生人口)逐步进入老年期,我国将迎来老年人口增长高峰,届时老龄人口将突破3亿,年均净增长1 200万人,是"十三五"时期的2倍;年均增长率4.48%,是"十三五"时期的1.7倍,是同期总人口年均增长率的15倍。① 这一阶段新增的老龄人口多为独生子女父母,空巢和独居老人数量将不断增加,部分老人还将面对照护高龄父母(父辈)和幼龄儿童(孙辈)的双重压力。江苏的人口形势则更加严峻,2020年江苏省已进入中度老龄社会且高龄化趋势非常明显,2021年常住人口自然增长率已转负(−1.12‰)②。从图7−1所示的人口

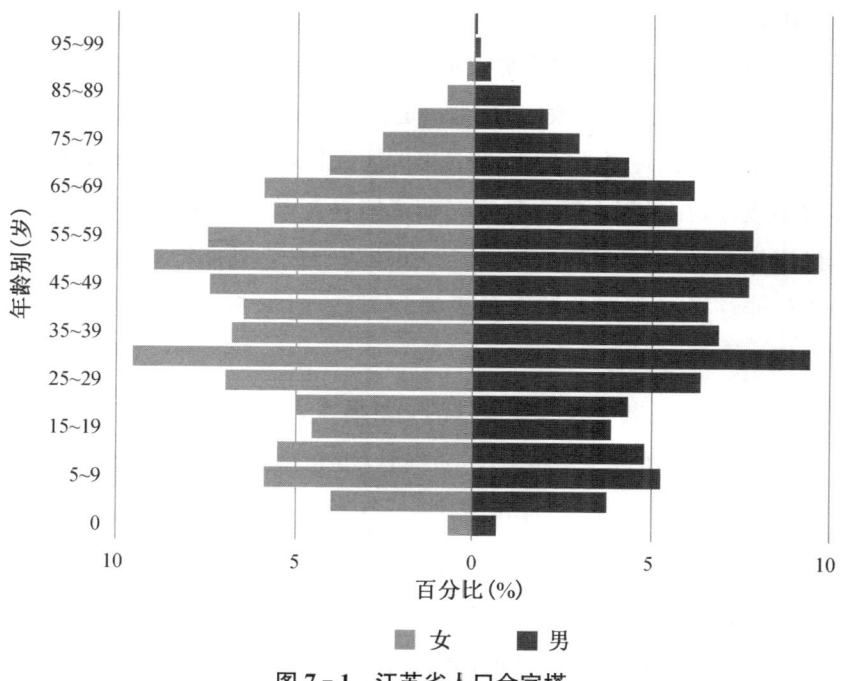

图7−1　江苏省人口金字塔

数据来源:2020年第七次全国人口普查。

---

① 中国老龄协会."十四五"时期积极应对人口老龄化的形势及国家战略对策[EB/OL]. (2020-10-15)[2022-03-25]. http://www.cadf.org.cn/post/1756?ivk_sa=1024320u.

② 江苏省统计局. 2021年江苏常住人口自然增长率首次转负[EB/OL]. (2022-03-03)[2022-03-25]. http://tj.jiangsu.gov.cn/art/2022/3/3/art_4027_10363920.html

金字塔可知,江苏省人口已经进入惯性收缩状态,人口结构"倒金字塔"趋势不可逆转。不过,未来10年内新增的老年人口主要是80岁以下的低龄老人,这为实施"健康老龄化"提供了窗口期。

急速增长的老年人口给我国医疗卫生和养老服务可持续发展带来严峻考验。从全球来看,慢性病和非传染性疾病构成了老人残疾调整寿命年(Disability Adjusted Life Years,DALY)的主要因素,Covid-19大流行揭示了患有基础性疾病(主要是非传染性疾病)对增加老年群体疾病严重程度和死亡风险的威力。如果老龄人口面对的是卧病在床、带病生存的晚年生活,那么,这不仅会影响老年人的自由、尊严和生活质量,还会给医疗卫生系统带来沉重负担。因此,必须采取有效措施应对病痛老龄化带来的潜在风险。健康而长寿能够缓解卫生保健费用激增的压力,是应对老龄化经济且有效的策略。以健康老龄化理念为指引,为老年群体提供以其需求为核心的老年健康服务,在老年人能力稳定时期或能力衰退早期进行早期干预和健康投入,将生命晚期的健康资源投入重点放在功能维持与发挥上,不仅能够提高老年人健康和福祉,也是应对老龄社会考验的必然选择。

(二) 满足老年人健康需求的必然要求

伴随着老年人口规模的快速增长,老年群体的健康需求也同步增加,并呈现多层次、多样化的特点。老年人对医疗服务的需求由原先的"看得上病、看得起病"(病有所医)向着"看得好病"(病有良医)发展,这对医疗服务的质量、连续性和公平可及性提出了更高的要求。Covid-19流行传播以来,高龄、患有基础病的老年人群成为疫情防控中的薄弱环节。在江苏省本土确诊的631名病例中,近五分之一为老年人,重症、危重症患者中绝大多数为老年人[①],这为老年

---

① 《江苏卫生健康年鉴》编委会. 江苏卫生健康年鉴(2021)[M]. 北京:方志出版社,2021.

人敲响了重视健康管理和疾病预防控制的警钟。预期寿命（Life Expectancy）和健康预期寿命（Healthy Life Expectancy，HLE）的差值能够大致反映统计人群带病生存的时间。国家卫健委的资料显示，我国老年人健康状况不容乐观，2018年我国人均预期寿命为77.0岁，而人均健康预期寿命仅为68.7岁，老年人平均有8年多的时间带病生存，患有一种以上慢性病的比例高达75%，患病人数接近1.9亿，失能和部分失能老年人超过4 000万，老年人对健康服务的需求愈发迫切。[1]

健康状况关乎老年群体的福祉，带病生存和卧病在床状况严重影响老年群体的生存质量，也给家庭和社会带来沉重负担。延长健康寿命以压缩失能残障期，尽可能优化和保障老年人的功能发挥，是满足老人健康需求，降低未来养老负担的关键。以老年人需求为核心的老龄健康服务高质量发展，就是要使老年健康服务供给和需求能够更加有效地匹配起来，这是满足老年群体日益增长且越发多样化需求的重要途径和方式。

（三）人力资本续存与投资的重要手段

随着我国劳动力工资的普遍上涨，劳动力从无限供给转变为相对短缺，支撑我国"经济增长奇迹"的"人口红利"正在逐步衰减。[2]如图7-2所示，2015年我国劳动力人口达到波峰80 091万人，之后劳动力人口规模不断减少。而15～64岁的劳动年龄人口则是在2013年达到波峰，如今业已下降近10年。65岁及以上的老年人口规模一直在持续增加，因而，老年抚养比已经从2000年的9.9%上升至2020年的19.7%，差不多每5位年轻人要供养一位老人，社会

---

[1] 国家卫建委老龄健康司.《关于建立完善老年健康服务体系的指导意见》政策解读[EB/OL].（2019-11-01）[2022-08-25]. http://www.nhc.gov.cn/lljks/s7786/201911/4cbecd7450694416a268a181f9b37e92.shtml.

[2] 程杰,李冉.中国退休人口劳动参与率为何如此之低？——兼论中老年人力资源开发的挑战与方向[J].北京师范大学学报（社会科学版）,2022(2):143-155.

养老压力不断提升。实际上,老年人口中有55.83%为60岁到69岁的低龄老人①,他们的健康状况和行动能力与退休前相比未明显下降,并且具备丰富的工作技能和经验,能够继续参与社会生产。老年人继续留在劳动力市场,不仅能够弥补劳动力短缺,缓解社会保障的支出压力,而且能够增加老人的晚年收入,提升其社会参与感和自我认同感。对企业而言,具有丰富工作经验的员工能够更快上手工作,节省培训新员工的时间成本和经济成本,并且还能发挥"老带新"师徒模式,为企业培育后备力量。总体而言,老龄人力资源开发具有多重优势。

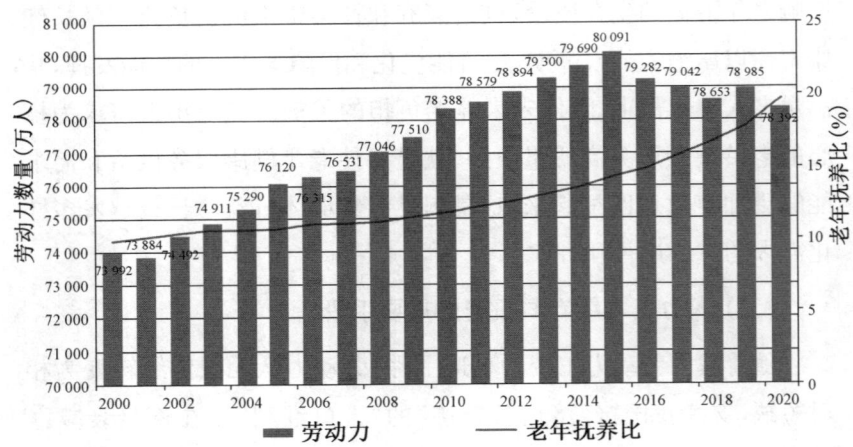

图7-2 2000—2020年我国劳动力数量和老年抚养比变化趋势

数据来源:国家统计局网站国家数据库。

良好的健康状况是老年人继续参与工作的基础。延长健康预期寿命、保障功能发挥,是减轻老年人身体负担、增加老人重返工作岗位信心的关键。老年健康服务高质量发展,能够通过健康素养的提

---

① 国家统计局.第七次全国人口普查主要数据结果新闻发布会答记者问[EB/OL].(2021-05-11)[2022-08-27]. http://www.stats.gov.cn/xxgk/jd/sjjd2020/202105/t20210511_1817280.html.

升、健康生活方式的养成、免疫疫苗接种,以及老年重点慢病筛查、干预和指导等降低老年人群的患病风险,延缓老年人力资本的折旧,延长老年人的健康续存期;同时能够通过老年疾病诊疗、康复护理和安宁疗护,尽可能保障老年人患病后的功能保持与恢复,缓解老年群体的后顾之忧。

三、推进老年健康服务高质量发展的实践探索与阶段性成绩

为满足老年人不断增长的多层次、多样化的健康养老需求,促进老龄健康事业发展,江苏省在建设老年健康服务体系、提高老年健康服务保障水平和促进老年健康服务产业发展方面持续发力,阶段性成果显著。

(一)老年健康服务体系不断完善,医养结合持续推进

老年健康服务体系包含健康教育、预防保健、疾病诊治、康复护理、长期照护、安宁疗护六大模块。江苏省通过健康宣传周和"三减三健"行动,举办了千余场老年健康讲座和义诊巡诊活动,利用传统纸媒和新媒体平台持续推进健康教育。全省组建了1.3万个家庭医生团队,编制老年人个性化签约服务项目6类85项,65周岁及以上老年人家庭医生签约率达71.8%,健康管理率达73.69%。[①] 江苏省现已建成老年医学国家临床重点专科1个、省级临床重点专科9个,二级以上老年病医院17个,护理院299个,约占全国总数的39%,数量居全国前列。全省共272个二级以上综合医院设有康复医学科,国家级安宁疗护试点3个,14个县(市、区)和3家机构开展

---

① 江苏省卫生健康委.关于印发江苏省"十四五"健康老龄化规划的通知[EB/OL].(2022-01-04)[2022-08-27]. http://wjw.jiangsu.gov.cn/art/2022/1/4/art_49499_10277130.html.

省级安宁疗护试点,[①]老年健康服务体系建设不断完善。

医养结合深入推进。江苏省共有 3 个国家级医养结合试点单位,10 个县(市、区)开展省级试点。全省具备"双资质"的专业医疗结合机构 772 家,开展签约合作机构共 3 406 对,养老机构护理型床位总数达 29.3 万张,占养老机构床位总数的 63.7%,符合条件的医养结合机构均已纳入基本医疗保险定点范围。

(二) 老年健康保障水平进一步提高

江苏省基本医保、大病保险和医疗救助三重保障制度基本实现全覆盖,基本公共卫生服务人均补助标准达 93 元,领先于全国平均水平。全省有 7 个设区市建立长期护理(照护)保险制度,参保人数达 4 000 万人,近 21 万人享受待遇,累计基金支出约 21 亿元,年人均基金支出照护费用约 7 000 元。居民基本养老保险省定基础养老金最低标准连续 11 年提高,企业退休人员基本养老金实现 19 连增,人均增幅 4.9%。截至"十三五",江苏省累计发放 80 周岁以上老年人尊老金 70 亿元,经济困难老年人养老服务护理补贴 28.8 亿元,21.15 万城乡特困供养人员实现应保尽保。

商业健康保障方面,江苏省上线了普惠型商业补充医疗保险"江苏医惠保1号",同时开展"安康关爱行动",为全省 1 478.93 万老年人提供意外伤害保险,共支付赔款 3.89 亿元,惠及 133.32 万老年人。[②]

(三) 老年健康产业规模不断壮大

江苏省健康产业基础较强,目前已建成一批国家级特色健康产业集聚发展载体。全省共有 3 个国家级生物医药产业基地和 7 个国家级生物医药产业园区,体育产业增加值占全省 GDP 比重超

---

① 江苏省卫生健康委.2021 年江苏省卫生健康事业发展公报[R](苏卫规划〔2022〕23 号),(2022-09-07)[2023-02-20]. http://wjw.jiangsu.gov.cn/art/2022/9/7/art_49506_10651940.html.

② 编委会.江苏卫生健康年鉴(2021)[M].北京:方志出版社,2021.

1.5%,规模约占全国 1/7 左右。① 根据江苏省二信厅调研,全省已有 40 个老龄用品产品入选国家推广目录,占全国的 13.5%,老年健康产业发展潜力巨大。

四、老年健康服务高质量发展面临的突出问题

尽管江苏省老年健康服务发展已经取得了不俗成绩,但与老年人日益增长的多层次、多样化的健康服务需求相比,仍然存在较大差距。要真正实现以人民需求为导向的老年健康服务高质量发展,必须找准老年健康服务发展过程中亟须克服和解决的突出问题。为此,本章借鉴吉尔伯特和特雷尔(Paul Terrell)提出的社会福利政策分析框架,从分配基础、分配内容、服务递送和资金筹集等核心选择维度(dimensions of choices)②,对健康老龄化视域下老年健康服务高发展面临的突出核心问题进行分析。

(一) 资源分布不够均衡,老年健康服务的普惠性有待提高

社会福利政策的分配基础关注的是社会福利政策的"对象"(Who),即社会福利政策的受益人。老年时期的健康状况是各个年龄阶段健康问题的积累和叠加,实现健康老龄化不仅与每个个体息息相关,而且贯穿生命始终。因此,老年健康服务的发展必然立足于全人群和全生命周期,其受益群体具有普惠性。这不仅是保障居民健康权的要求,而且符合社会政策的成本-效益原则。

福利受益的普惠性会受到经济发展、资源分布等客观环境因素的影响。优质的健康资源往往集中分布在经济发达的大城市和大型综合医院,而经济欠发达地区居民和弱势群体可获得的健康资源则

---

① 江苏省卫生健康委.关于印发江苏省"十四五"健康老龄化规划的通知[EB/OL]. (2022-01-04)[2022-08-27]. http://wjw.jiangsu.gov.cn/ar:/2022/1/4/art_49499_10277130.html.

② 吉尔伯特,特雷尔.社会福利政策导论[M].黄晨熹,等,译.上海:华东理工大学出版社,2003.

相对匮乏,尽管后者的疾病负担和服务需求可能更大,其老年健康服务的可及性却可能更低。以江苏省为例,农村地区的老龄化程度要高于城市,相较于经济状况更好的苏南地区,苏中、苏北地区老龄化程度明显更高,健康服务需求也更大。但从表7-1和图7-3所示的资源分布来看,苏北地区的医疗卫生资源配置则更好,老龄化程度更高的南通、泰州、盐城和扬州,不论是机构数,还是千人床位数、千人医师数、千人护士数和医护比均处于劣势。江苏省老龄办针对全省护理院的调查数据也佐证了该结论,尽管江苏省护理院数量已占全国的三分之一,但省内分布并不均衡。苏南地区有157家护理院,

表7-1 "十四五"时期江苏省各地区社会经济发展与医疗卫生资源状况

地区	常住人口（万人）	人均GDP（万元）	医疗卫生资源				
			机构数	每千人口			
				床位数（张）	医师数（人）	护士数（人）	医护比
全省	8 474.8	13.73	35 746	6.31	3.16	3.47	1∶1.10
南京	931.4	17.56	3 439	6.75	4.06	4.88	1∶1.20
无锡	746.2	18.77	2 952	6.91	3.35	3.75	1∶1.12
徐州	908.3	8.94	4 552	6.54	3.28	3.64	1∶1.11
常州	527.8	16.69	1 564	5.55	2.92	3.29	1∶1.13
苏州	1 274.2	17.82	3 836	5.86	2.92	3.29	1∶1.13
南通	772.6	14.27	3 429	6.41	2.90	2.90	1∶1.00
连云港	459.9	8.11	2 772	6.18	2.91	3.23	1∶1.11
淮安	455.6	9.99	2 290	6.67	3.21	3.66	1∶1.14
盐城	670.9	9.86	3 303	6.46	3.15	3.03	1∶0.96
扬州	455.9	14.69	1 964	5.77	2.89	2.81	1∶0.97
镇江	321.0	14.84	1 052	5.39	2.79	3.01	1∶1.08
泰州	451.2	13.85	2 134	6.73	3.11	3.04	1∶0.98
宿迁	498.6	7.46	2 459	6.29	2.59	3.56	1∶1.37

数据来源:《江苏卫生健康统计年鉴—2021》和江苏省统计局官方统计数据。

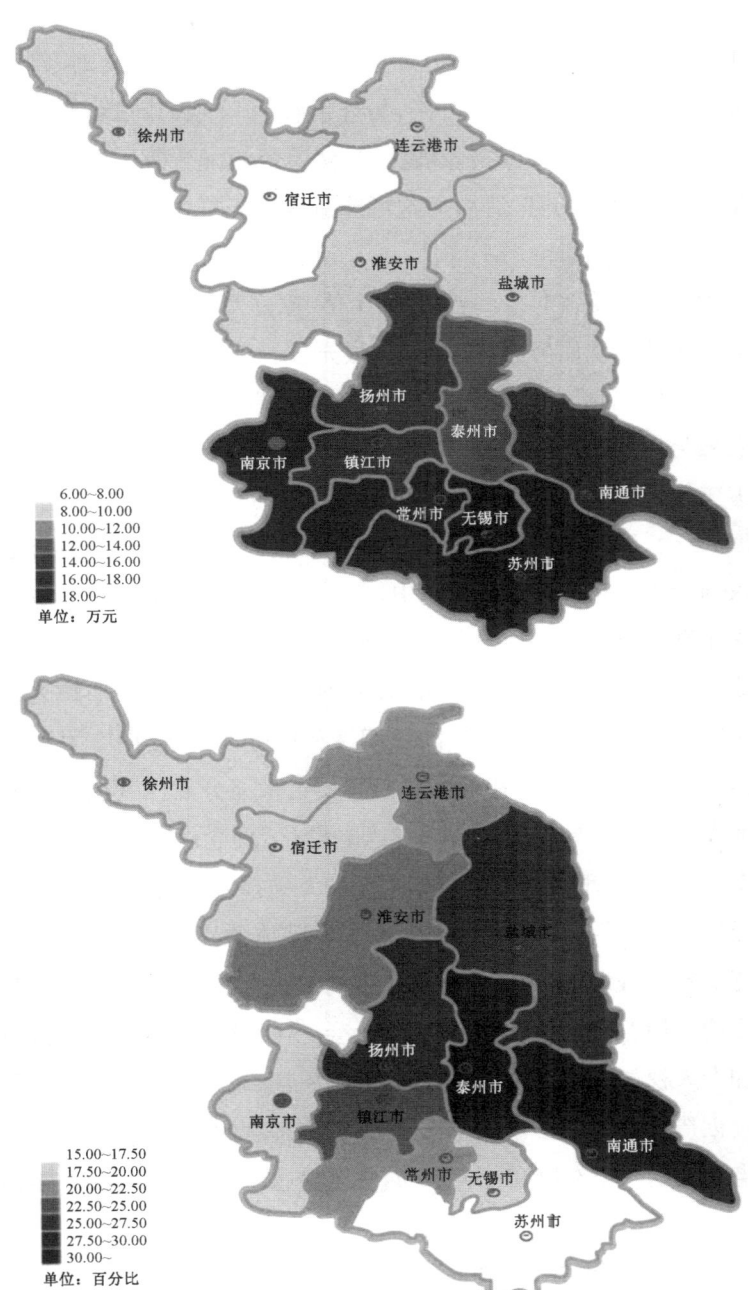

图 7-3 江苏省各地市的经济发展(以 GDP 衡量)和人口老龄化(以 60 岁人口衡量)分布
注:地图依据江苏省自然资源厅网站上的"江苏省政区图"绘制(http://zrzy.jiangsu.gov.cn/jsbzdt/ZJS/index.html.)

占全省护理院总数的63.8%;苏中地区共有51家,占到20.7%;苏北五市仅有38家,占比15.5%,另外仍有25个县(市、区)没有护理院。① 由此可见,区域经济发展状况、健康资源配置等因素都会影响老年人健康服务的可及性,而这可能造成老年群体内部的健康需求差异以及健康结果的不平等。

为了保障受益对象的普惠性,个体、家庭乃至整个社会都要为健康老龄化的实现而努力。因此,必须充分调动各方参与主体的积极性与主动性,形成多元主体的共同参与、良性互动、协同发展的包容性发展与治理的良性格局。② 但现实情况是,不少老年健康服务的相关主体还未认识到自身在健康老龄化中的责任,未能形成老年人、家庭、社会、政府协同参与的良好氛围。部分居民还停留在健康老龄化仅与老年人相关的片面认识中,未树立起健康的第一责任人观念,缺乏主动健康管理的意识和能力,这与我国居民的健康素养偏低,在健康服务信息获取中处于弱势,以及对疾病预防控制长期缺乏重视有关。由于应对老龄化问题的长期性和艰巨性,在任期有限和政绩考核的现实背景下,一些地方政府官员也未充分发挥其在老龄健康事业发展中的主导作用,未将"健康老龄化"理念融入经济社会发展的全过程,这表现为对老龄健康事业的专项投入不足,配套改革措施缺乏针对性,后续政策推进乏力。此外,整体的社会环境对年龄和老龄化的想法、认识也会影响到老年人的健康生活。年龄歧视、陈旧观念会使人们对衰老、老年人和老龄社会产生消极的观点和看法,将衰老和老人视作脆弱、负担和依赖他人的象征,质疑甚至否定老年人为社会创造价值的能力,这不但会导致一定程度的社会区隔和排斥,影响老年人的身心健康和社会参与,甚至会影响人们对衰老的判断,进

---

① 《江苏卫生健康年鉴》编委会. 江苏卫生健康年鉴(2021)[M]. 北京:方志出版社,2021.
② 高传胜. 包容性治理与"十四五"医疗卫生治理现代化[J]. 人民论坛,2021(14):24-26.

而抵触并用负面眼光看待老龄社会和老龄化进程。

(二) 老年健康服务供给还不够充分,难以与健康需求相匹配

分配内容是指提供社会福利的形式和具体内容(What),福利形式决定了福利的可转移性维度(dimension of transferability),也关系着福利给付用于预期目的的力度。健康老龄化战略着眼于长期、全面的健康干预和促进,强调对影响健康的各个要素进行综合性和系统性的干预。从健康的全流程出发,我国老年健康服务体系包含了健康教育、预防保健、疾病诊治、康复护理、长期照护、安宁疗护等六大内容。由于老年健康服务对老人及其家人所产生的直接市场价值具有不可转移性,要达到优化老年人功能能力、实现健康老龄化的目的,老年健康服务的分配内容必须精准匹配老年人的需求。对照老年人的健康服务需求,老年健康服务的分配内容还存在一些结构性的矛盾。

一是我国医疗卫生体系以疾病诊疗尤其是急性病诊疗为主,无法适应老年人"健康维护"和"功能保障"的需要。老年人内在能力和功能能力的变化是复杂、动态且具有异质性的,针对老人功能状态的不同,健康服务支持的侧重点也存在差异。对于功能能力强且稳定的老人而言,重要的是预防疾病、减少风险,倡导提高能力的行为,充分解决急性病并尽早发现、尽早处理慢性非传染性疾病;对于处于能力衰退期的老年人而言,要尽可能地逆转、组织或延缓功能衰退,通过运动和营养维持肌肉重量与骨密度,并立足于初级卫生保健机构级别提供服务;对严重失能老人而言,主要由长期照护系统解决其照护依赖;此外,日常的疾病管理、康复治疗、保守治疗和临终关怀也是十分必要的。① 可见,急性病诊疗在老年人功能保障的过程中发挥的作用是有限的,而对老年人功能维持非常必要的慢性非传染病

---

① World Health Organization. World report on ageing and health[R]. 2015. https://apps.who.int/iris/handle/10665/186463.

管理和早期干预,以及长期照护服务、康复护理、临终关怀等健康服务供给在我国则是明显不足。供需之间存在严重不匹配,于是出现"社会性压床"等不恰当地使用住院服务为长期照护服务补位的现象。

表7-2 2022年全国基本公共卫生服务项目中老年健康服务相关内容

序号	项目名称	服务对象	服务内容
一	居民健康档案管理	辖区内常住居民	居民健康档案的建立、使用及维护管理。
二	健康教育	辖区内常住居民	提供健康教育资料;设置健康教育宣传栏;开展公众健康咨询服务;举办健康知识讲座;开展个体化健康教育。
六	老年人健康管理	辖区内65岁及以上常住居民	生活方式和健康状况评估;体格检查;辅助检查;健康指导。
七	慢性病患者健康管理	辖区内35岁及以上常住居民中,原发性高血压患者和2型糖尿病患者	检查发现;随访评估和分类干预;健康体检。
十	中医药健康管理	辖区内65岁及以上常住居民	老年人中医体质辨识。
十四	健康素养促进项目	全国31个省(区、市)和新疆生产建设兵团全人群和重点人群。	大力推进贫困地区健康促进三年攻坚行动;健康促进县(区)建设;健康促进医院、学校等健康促进场所建设;健康科普;重点领域和重点人群的健康教育;控烟宣传和人群干预。
二十七	老年健康与医养结合服务	全国31个省(区、市)的65岁及以上老年人	为65岁及以上老年人提供医养结合服务。为65岁以上失能老年人提供健康评估与健康服务。

数据来源:《国家基本公共卫生服务规范(第三版)》《新划入基本公共卫生服务相关工作规范(2019版)》和国家卫健委《关于做好2022年基本公共卫生服务工作的通知》。

二是现有健康服务项目面向老年人的针对性和适用性不够,服务质量有待提升。以基本公共卫生服务为例,我国实施的基本公共卫生服务项目中,共有七大项涉及老年健康,具体如表7-2所示。做实、做细老年重点慢病筛查、干预和指导,以及神经退行性疾病的早期筛查和预警等服务项目,能够有效保障和优化老年人的功能能力。但目前针对老年人的健康管理和慢病管理主要集中于高血压、糖尿病等老年常见病,许多重点疾病,如阿兹海默症和帕金森病的筛查、干预和管理还无法落实到位。此外,健康教育内容、形式单一,家庭医生"签而不约"等问题的存在也说明了基本公共卫生服务中的供需不匹配问题。再以医疗服务为例,我国现有医疗机构多采取"以单器官系统疾病"为主的诊疗模式,针对老年患病特点的共病管理综合诊疗模式尚未建立起来。老年医院、老年病房整体发展比较缓慢,病科数量不足且水平不高;部分医疗机构的建筑设计和服务流程未针对老年人群的特殊性进行适老化改造,给有身体残障和行动受限的老年人的服务使用带来障碍。

三是老年健康服务内容单一,无法满足老人多层次、多样化的健康需求。社会经济地位是除健康状况和功能水平外,导致老年群体健康服务需求差异的重要因素,支付能力的限制可能导致需求最大的人群获得的健康服务最少,因此需要充分发挥市场化和社会化主体的服务生产能力。从现实情况来看,我国的健康服务供给总量严重不足,供给主体以大中城市的大型公立综合医院为主,资源集中且服务价格较高,老年健康服务领域的市场发育明显不足,社会资本进入困难,服务使用限制突出。要满足老年群体多层次、多样化的健康需求,应该充分发挥公共部门、以营利为目的的市场组织和不以营利为目的的社会组织(或志愿机构)等供给主体的作用。其中,追求经济利益的市场组织(如经营性企业)可以为中高收入者提供高端的、定制化的健康服务;不以营利为目的的社会组织(包含了传统的非营利性组织和新兴的社会企业)可以为广大中低收入者提供一般化的、普惠性质的健康服务；政府部门则负责为经济困难群体提供基本的、公益性质的"兜底"性服务保障。公共部门、市场组织、社会组织共同参与老年健康服务供给并形成分工协作关系，不仅可以有效利用社会资本来满足老年群体的多层次、多样化健康服务需求，而且能够克服公共部门的成本-效益约束不足等问题。

（三）供给主体发展不够充分，老年健康服务递送效能有待提高

服务递送关注的是社会福利提供策略，即采取何种机制（How）使所选择的福利送达分配对象，递送机制对福利资格和分配内容的操作化至关重要。为了确保分配基础的普及性，并满足老年人多层次、多样化的健康服务需求，采取功能互补、密切协作、公共与私营部门相结合的服务递送策略是迫切且必要的，因其效率高，符合成本-收益原则。如前所述，当前我国老年健康服务递送系统的设计显然还无法满足该要求。进一步地，考虑到老年人功能能力变化的复杂动态性，设计老年健康服务递送系统时必须考虑到服务提供的连续性和一致性。服务机构和工作人员是服务递送系统的两个主要素，以下仅就这两个要素做进一步分析。

服务系统构成和服务机构间的关系会影响到服务递送的连续性和一致性。现阶段我国的老年健康服务递送以医疗卫生机构为主，康复、护理及安宁疗护机构较少，健康服务机构发展结构失衡，不同服务环节间缺少整合和转诊机制，既难以形成有效衔接，也难以向社区、家庭进行服务延伸，导致老年健康服务递送的不可连续性（discontinuity）。对于功能衰减的老年群体而言，在其生活的社区获取初级卫生保健服务是符合就地养老[①]要求的。但由于我国尚未建立起成熟完备的分级诊疗制度，医疗卫生系统内部不同层级的机

[①] 就地养老是指老年人继续留在原社区，在整个老龄化过程中保持其社会关系。对于老年人而言，就地养老能使其继续保持人际关系和与社会网络的联系，促进其福祉，并成为其应对逆境的资源。

构间还存在服务项目重复和相互竞争。为获取更优质健康资源,老年患者往往"舍近求远",到大型三级综合医院就诊。这也进一步加剧了递送系统的分割性(fragmentation)。

卫生人力资源短缺也是制约老年健康服务递送的重要因素。我国的老龄化进程速度快,为老医疗、康复、护理和安宁疗护服务的基础薄弱,发展相对滞后,专业化人才无法满足需求。以老年医学、老年病科发展为例,我国医疗机构中的老年病科多由干部保健科转型而来,尽管在院校阶段,我国已建立起从硕士、博士、博士后到住院医师规范化培训的相对完善的人才培养流程,但由于专业医生培养周期较长,老年病科专业人才总体匮乏。[①] 同时,由于起步晚,老年健康服务业还未形成标准化、规范化的行业准则和现代化的管理制度,工资待遇低、职业认同感差、专业水平参差不齐等也会导致相关从业人员的加速流动,职业化、专业化从业人员招不到、留不住。

(四)筹资渠道仍待拓宽,老年健康服务的资金保障有待增强

资金筹集则涉及资金来源及支付等问题。人口老龄化形势越发严峻,老年健康支出刚性增长,经济下行压力加大,老年健康服务的资金可持续性面临多重考验。从资金来源看,老年健康服务的筹资渠道呈现多元化的特点,具体项目的资金来源也不同。针对群体的基本公共卫生服务由财政拨款的公共卫生服务经费支付,面向个人的疾病诊疗服务,则视有无医疗保险、保险类型、筹资和报销比例的不同,由财政补贴、单位和个人缴费、使用者付费构成。我国公共卫生经费和医保基金中间具有明显界限,属于公共卫生项目的服务不得由医保基金支付。这种服务支付方式可能会导致一些具有明显社会效益的公共卫生项目,如疫苗接种、健康体检等,由于缺乏费用补

---

① 国家中医药发展与战略研究院. 专家观点|王建业:老年医学科要先具规模,再提质量[EB/OL].(2022-04-12)[2022-08-28]. https://nicmds.bucm.edu.cn/zkcg/zjgd/72840.htm.

偿得不到充分保障；由于患病后能够获得医疗费用补偿，还可能会诱发道德风险，降低居民对健康风险因素的重视程度。

从投入结构来看，我国当前老年健康服务投入的重点仍然在公共卫生和疾病诊疗方面，对老年康复护理、长期照护和安宁疗护等重点环节及领域的投入不足。长期照护系统对支持和增强能力丧失的老年人行为，确保有尊严的晚年生活尤为重要。由于缺乏公平可及的照护服务，目前失能、半失能和失智的老年人的照护服务主要由来自家庭的无偿非正式照护者提供。这种依靠家庭提供无偿照护服务的供给模式对日渐小型化、核心化家庭而言是不可持续的，对于独生子女家庭的老人而言更是难以为继，因此要抓紧扩大长期照护保障与服务的覆盖面。长期照护服务属于鲍莫尔式服务，未来人力资本价格的上升会带来照成本的进一步增加，因此，要加大长期照护服务的投入，扩大其筹资来源，鼓励市场化和社会化的长期照护生产部门发展。

五、推进老年健康服务高质量发展的政策建议

提升老年群体的功能能力，实现健康老龄化，必须全面贯彻以人民的需求为中心的思想，加快推进老年健康服务高质量发展，使老年健康服务的供给和需求精准匹配。为此，必须充分调动多元主体共同参与的积极性，坚持增量提质并行，构建以人为本的综合性老年健康服务体系，加强医疗卫生服务和长期照护服务间的联系，增强服务递送的连续性，拓宽筹资渠道，为健康服务供给提供有力保障。

（一）多元主体协同，保障分配基础的普惠性

要充分调动各方参与主体的积极性与主动性，形成政府、社会和个人多元主体的协同参与、共同发展的包容性发展与治理的良性格局。

充分发挥政府在促进健康老龄化过程中的主导作用。一方面，要将健康老龄化理念融入经济社会发展的全过程，为老年健康服务

高质量发展提供政策和支持环境。具体而言,医疗卫生体系的政策制定和规划要首先考虑到老年人的需求,营造消除年龄歧视的政策和程序;领导并制定跨部门行动流程和机制,以促进老年健康服务高质量发展;加强引导,积极培育市场化、社会化供给主体,规范与监管市场行为,保障老年健康服务质量,维护公平竞争、健康有序的市场秩序。另一方面,增强服务公平可及性,确保老年健康服务发展消除而非强化不公平。政府要着力消除由个体选择以外的因素——如居住物理和社会环境(区域经济发展差异、城乡差异、制度差异)——或者是老年人生命历程中积累因素导致的不公平现象。

整个社会要努力营造和构建老年友好的氛围。扭转年龄歧视性观念,正确认识老龄化、老年人和老龄社会,将衰老视作每个人都会经历的正常人生阶段;认识到老年群体的价值,老年人并不是"脆弱、负担、累赘或者依赖他人者",而是社会价值的创造者;老年人拥有丰富的知识、机能和财务灵活性,老年人也可以独立生活,是家庭关系的纽带。避免因为社会环境的歧视和偏见而产生社会区隔和社会排斥,给老年人的身心健康造成伤害。意识到老龄社会所带来的机遇和挑战,才能构建起养老、孝老、敬老的老年友好型社会,为老年人的晚年生活提供健康、有尊严的社会氛围,做好长期应对老龄化挑战的准备。

个人和家庭要积极参与健康老龄化的建设。首先,要认识到自己是自身健康的第一责任人,关注自身的健康状况,加强自我健康管理管理;其次,通过积极学习健康教育知识,践行健康生活方式,提高自身主动健康的能力。

(二)增量提质并行,提供以人为本的综合性老年健康服务

老龄化已经成为短期之内不可逆转的重要人口形势,卫生系统必须朝着适应老龄化的方向转变。老年人功能变化的过程是复杂、动态且异质性的,因此必须提供以老年人为中心的综合性健康服务。

1. 以满足老年人需求为核心,对医疗卫生服务系统进行投资和改造

引导现行的医疗卫生体系从以治病为中心转变为以人民健康为中心,将临床诊疗的重点从治疗疾病转向改善老年人的功能能力,重建卫生系统,以便向老年人提供以人为本的综合性卫生保健服务。根据老年人功能能力的发展阶段,制定相应的医疗卫生干预措施。围绕老年人的患病特点进行共病管理的综合诊疗模式,建立与以老年人为中心的综合性健康服务相适应的多学科小组,共同承担老年人的临床诊疗过程和治疗结局,进行合作互补。增强健康服务资源在社区层面的整合力度,为老年人提供覆盖全命周期的健康服务。继续推进医疗卫生机构的适老化改造,设施空间位置尽可能靠近老年人的住所,避免地理不可达性导致的服务获取障碍;服务机构的基础设施应考虑老年人的需求,完善无障碍辅助设施,为老年人提供就诊"绿色通道"和"伴医"服务,增强老年健康服务的可获得性。

2. 大力发展长期照护服务,提高长期照护的可获得性

大力发展普惠型的长期照护服务,避免低收入群体和资源贫乏地区的老年人由于无法获取服务资源,或缺少合适服务类型导致的服务缺口和需求无法满足。鼓励社会资本参与长期照护服务供给,充分发挥市场主体和社会主体在多层次、多样化的服务生产上的作用。支持多种性质和类型的主体提供多层次长期照护服务。

(三)优化供给策略,增强老年健康服务的一致性和连续性

1. 从机构和人员入手,优化老年健康服务供给策略

在机构层面,明确医疗卫生体系内部不同层级机构的职能分工,鼓励一部分基层医疗卫生机构向老年照护、康复护理和安宁疗护机构转型。引导综合性老年健康服务资源在社会层面整合,构建不同类型机构、不同服务环节之间的转诊衔接机制,支持服务提供方式创新,鼓励服务提供机构上门服务、到家服务,工作范围由机构向社区、家庭延伸。在卫生人才层面,围绕老年人的需求,大力培养各类健康

服务人才，尤其是老年护理、康复方面的专业人员；加强专业卫生技术人员在处理老年人健康问题方面的培训，使其能够完成老年人功能评估的基本检查，如视力、听力、认知能力、营养状况和口腔健康等，能够处理老年人的常见健康问题，如虚弱、骨质疏松、关节炎；了解老年人的抑郁症、失智、失能等情况的表现。加强老年医学、保健知识学习和培训，进行综合性医学生物模式训练。负责老年医疗卫生和长期照护服务的工作人员、社区合作伙伴、老年人及其家属应当建立合作，并形成广泛联盟。

2. 利用技术手段，提高老年健康服务供给效率

强化科技支撑能力，提高老年健康服务供给的有效性。大力发展老年医学科技，推动老年健康服务的创新型和集成性发展；利用生物技术和信息技术融合，集成老年医疗临床和科研数据，提高老年健康服务的信息化和科技化水平；加强老年辅助技术研发和应用，为老年人提供护理照料、生活辅助、功能代偿增进的科技类辅助产品。融合移动互联网、大数据、可穿戴、云计算等技术，增强老年人主动健康能力。利用"互联网＋远程医疗"，减少物理空间和人力资源对老健康服务递送的制约；促进老年健康服务的智慧化技术应用，使老年健康服务的递送方式更加灵活和高效。

（四）优化资金管理，为服务供给提供保障

推动服务支付方式改革。合并基本公共卫生服务经费和医保基金，建立全民健康保险，支持健康保险向公共卫生服务项目付费，引导居民重视疾病预防控制和健康管理，当然也需要制定相应的监督制度，避免道德风险诱发的资源浪费。除服务供给外，也可以采取现金券或现金形式向老年人提供健康福利。尽管存在一定的道德风险问题，但相较于服务给付，现金给付或者现金券的形式更为灵活便捷，使用者拥有更多的自主权，能够根据其需求选择必要的服务，也有利于老年健康服务的市场化发展。因此，未来可以探索服务给付与现金给付相结合的服务给付形式，使老年人及其家庭在选择服务

类型和内容时拥有更多选择自由。

　　加大老年康复护理、长期照护和安宁疗护等重点环节和领域的投入,促进老年健康服务体系均衡发展。推广长期护理保险试点经验,加快建立全国统一、覆盖城乡的长期护理保险制度,为国民提供标准化的基本护理保障。尽量扩大缴费基数,建立多方筹资机制,建立以参保者缴费为主、财政补贴和使用者负担为辅的筹资模式,为长期照护服务供给提供资金保障。

第八章 医养结合,何以推进?

当今世界,人口老龄化势不可挡。2021年我国已经正式迈入国际口径下的老龄社会。积极应对人口老龄化,已经进入新阶段。江苏不仅人口老龄化来得更早,而且比全国提前了3年进入老龄社会,因而需要更加积极地应对人口老龄化,其中包括适应健康老龄化需要,推进医养结合服务实现以需求为导向的高质量发展。毕竟,老年人身体状况的脆弱性,客观上决定了养老和医疗服务是老年人最基本的服务需要。正因为如此,早在2013年发布的《国务院关于加快发展养老服务业的若干意见》,便已明确提出要积极推进医疗卫生与养老服务相结合,推动医养融合发展。2015年国家卫生计生委等九部委联合发布的《关于推进医疗卫生与养老服务相结合的指导意见》,则进一步明确了医养结合的发展目标和重点任务。针对新发展阶段医养结合服务发展在政策支持、服务能力、人才建设等方面存在的难点堵点问题,2022年7月国家卫健委再次发布了《关于进一步推进医养结合发展的指导意见》,以期推进医养更加有机、有序地结合,进一步优化医疗服务和养老服务的有效供给。为此,有必要结合新发展阶段人口老龄化新形势,进一步探讨医养结合服务高质量发展问题。

一、医养结合是推进健康老龄化的必然要求

无论是江苏还是全国,都已经迈入老龄社会。然而,老年群体的健康状况并不令人乐观,人均预期寿命与健康预期寿命相差8年多

的严峻现实,以及众多老年人患有多种慢性病的客观事实,都要求加强医疗服务与养老服务有机有序结合,更加有效地推进健康老龄化、积极老龄化。

1. 老年人身体状况的脆弱性,凸显了对医养结合服务的需求

身体状况的脆弱性随着老年人年龄上升而进一步凸显。与我国人口老龄化相伴而生的,还有高龄化、失能化。由于身体机能衰退、抵抗力下降,加之现代风险社会中健康影响因素叠加,老年人的患病率显著上升,慢性病、重大疾病概率增加,我国失能、半失能老年人和慢性病老年患者数量众多。根据第四次中国城乡老年人生活状况抽样调查结果,我国失能、半失能老年人大致有4 063万人,占老年人口的18.3%;国家卫健委老龄健康司的数据更是表明,我国约有1.9亿老年人患有慢性病。江苏的人口高龄化、失能化问题同样十分突出。根据《江苏省老龄事业发展报告(2022年)》提供的数据,江苏省80岁以上高龄老人已达288万,占老年人口的15.95%,失能、半失能老年人占比为9.6%,患有一种以上慢性病的占比高达79.4%。老年人带病长期生存使其对于医疗、护理与健康服务的需求远高于普通人群,且该需求具有长期性和连续性特征。随着人口老龄化的进一步加剧,失能、半失能老人和慢性病老年患者的数量将进一步上升,医疗、护理和健康服务的需求将会更加突出。

2. 医疗与养老资源的分离,影响了医养结合服务的有效供给

目前我国为老年人提供服务的机构有很多,包括以提供养老服务为主的养老机构,提供康复、护理服务为主的老年康复机构,以及提供医疗服务的医疗机构。这些机构分属于不同部门管理,造成医疗和养老资源的分离,医疗和养老服务的衔接困难。[①] 一方面,养老机构提供的服务以日常生活照顾为主,缺乏必需的医疗救治,难以满

---

① 王雯.推行"医养结合"养老服务模式的必要性、难点和对策[J].中国老年学杂志,2016,36(10):2538-2540.

足老年人日常看病就医和突发疾病救治的需求,容易导致床位空置率高,而能够提供基本医疗服务的养老机构则往往是一床难求。另一方面,专科医院提供以急性病治疗为主的医疗服务,对于术后康复、日常生活照料等服务的供给不足,且老年人住院养老会挤占医疗资源,易出现"压床"现象,医疗床位、技术难以发挥最大价值,而基层医疗机构却存在资源闲置甚至浪费等状况,病源不足使得人力、设备、设施等使用率低下。

在我国老年人需求多样化和高质化的现状下,医养结合作为整合照料服务模式之一,充分考虑老年人的医疗和养老需求,可整合现有的养老和医疗资源,优化资源配置,向老年人提供持续性、一体化的健康和养老服务,提高老年人养老的整体水平。医养结合养老模式是对养老服务的丰富与发展,是应对我国人口老龄化带来的一系列问题的必然选择。

二、医养结合的实践探索与基本模式

自医养结合提出后,各地结合实际情况,因地制宜地进行积极探索,形成了各具特色的医养结合模式,其中包括医养机构签约合作、医疗机构开展养老服务、养老机构依法开展医疗卫生服务、医疗卫生服务延伸至社区和家庭、医养一体化的融合发展模式等。

(一)医疗卫生机构与养老机构签约合作

医疗机构与养老机构签约合作是医疗资源和养老资源结合的较为灵活的方式,养老机构通过和医院签订合作协议结成定点对口服务单位,双方建立互信互利的关系。由医疗机构为养老机构提供医护服务,包括疾病诊治、定期体检、健康知识普及等。在老人突发急症的情况下,可以通过绿色通道前往合作医院进行治疗,而当老人的身体状况有所改善且趋于稳定时,再返回养老院。同时,由医疗机构接收的老年人,若其需要照护也可以进入养老院。医养签约使得养老机构能够获得专业的医疗服务支持,在一定程度上降低养老机构的医疗运营成本,同时也能为医疗机构减少照护压力提供机会。

(二)医疗卫生机构开展养老服务

医疗卫生机构开展养老服务是指以医院为依托,设立老年病房或养老服务部门,充分利用现有的医疗卫生资源,为医疗服务需求较高的老年人提供医疗、护理康复和安宁疗护等一系列服务。医疗机构具有专业的人员和设施,了解人体衰老和疾病诊治,能够提供高效、适老化的医疗服务。在医疗机构开展养老服务,能够整合过剩的医疗资源,减少"压床"等医疗资源的不合理利用现象,同时可通过精确地区分老年人的养老和医疗需求,为老年人提供个性化的精准服务。并且,该模式可对部分医疗机构的结构和功能进行调整,为医疗机构增添新的创收项目。

(三)养老机构依法开展医疗卫生服务

养老机构依法开展医疗卫生服务,就是由养老机构通过内置医务室、护理站、聘请医护人员等,为老年人提供专业的健康服务和应急、基础医疗服务,或养老机构在内部开设专业医疗机构,如老年病医院、康复医院等,以有效满足入住养老机构老年人的医疗需求。已经迈入老龄阶段的老年人,患病概率高,带病生存期长,医护需求强烈,因此养老机构开展医疗服务,能够及时为老年人进行全程健康管理、疾病诊治、健康监测、护理康复等长期服务,这种既养老又治病的服务模式能够有效提高老年人的养老质量,盘活现有养老资源。

(四)医疗卫生服务延伸到社区和家庭

医疗卫生服务延伸至社区和家庭,就是通过引导医疗资源进入社区和家庭,促进医疗服务和社区养老、居家养老服务的结合。以家庭医生签约服务的方式,在由全科医生、专科医生和专家组成的家庭医生团队与社区居民之间建立契约化的医疗服务关系,为社区老龄、失能、半失能、失智等老年人提供慢性病管理、上门巡诊和健康管理等服务。医养结合服务向基层延伸是必然之路,将医疗卫生服务延伸至社区和家庭的医养结合模式是依据我国以居家养老为主的实际格局,借助社区卫生服务网络,充分覆盖其辐射范围内的居民。

(五)医康养一体化的融合发展

医康养一体化是由医疗机构新建养老院和护理院,或者新建医养结合机构,在开展医疗和养老服务的同时也提供康复服务,实现医、康、养一体化发展。其中"康"包括康复和健康管理,康复的重点是为病愈的老年人进行康复护理和训练,健康管理是为老年人普及健康知识、疾病预防和保健等活动,以提高老年人的健康水平。该模式的优势在于,康复病人在住院的过程中,不仅可以得到康复护理和健康管理,而且可以得到医疗和养老服务,这有助于较大幅度地改善老年人的健康状况,为社会带来更高的效益。在康复后,一部分老年人选择继续在养老机构居住,这极大地提高了养老机构的经济效益,医康养一体化是资源配置效率最高的医养结合模式①。

三、医养结合服务发展面临的突出问题

随着医养结合实践的不断探索,越来越多的老年人开始顺应健康老龄化理念,接受养老和医疗结合服务,政府、企业和社会组织也在政策指引下加入医养结合服务的供给队伍中来。根据国家卫健委提供的数据,截至 2020 年底,全国共有两证(医疗机构执业许可证和养老机构备案证)齐全的医养结合机构 5 857 家,床位数 158.5 万张,共有 7.2 万对医疗卫生机构与养老服务机构已建立签约合作关系,90%以上的养老机构能够以不同的形式为老年人提供医疗卫生服务。可见,我国医养结合服务体系建设已取得一定成效,政策体系、服务体系和标准体系等已初步建立,医养结合服务能力不断增强。江苏省是全国较早进入人口老龄化的省份,苏州、南通、南京三

---

① 朱孔来,朱孟斐,姜文华.对医养结合模式的实践探索和对策建议[J].山东社会科学,2020(7):132-137.

个城市相继被列为全国医养结合试点城市,江苏大力开展老年健康促进行动,医养结合有效开展,并积极探索医养结合的"有效养老路径"。目前,江苏省共有两证齐全的医养结合机构810家,3 665对医疗卫生机构和养老服务机构签订合作协议,拥有卫生专业技术人员3.2万人,并组建1.3万个家庭医生团队。

尽管如此,医养结合仍然处于试点探索阶段,因而难免还面临诸多问题和挑战,江苏省自然也不例外。突出的问题,主要表现为供给与需求之间的矛盾突出、结构失衡。

(一)需求不断增长与有效需求不足并存

1. 供给难以适应不断增长的多元化需求

我国高速发展的社会经济带来了工业化、城镇化和老龄化的迅速发展,变动性和不确定性持续增加,各种自然风险和社会风险等疾病影响因素叠加,与之相伴的是生活方式、生态环境和居民疾病谱系等方面有所改变,老年人"养"与"医"需求叠加的态势日益显著,服务需求总量高速增长且质量要求持续提升。

我国人口老龄化规模大,程度深,增速快,在经历较长的生命周期后,老年人的需求普遍动态化,多元化。其一,在迈入老年阶段后,由于外部环境因素威胁加之内部身体机能下降,老年人罹患疾病的风险加大。现实也表明老年人普遍患有一种或多种慢性病,因而他们对养老的需求已不再局限于日常生活照料,还包括对疾病的救治甚至安宁疗护,所以医疗需求和养老需求是以老年人为载体相伴而生的,而这两者的实现均有赖于相互需求的满足。其二,不同身体健康状况下的老年人对于服务的需求层次不一。随着失能程度的加大,需求也呈现梯度性变化。行动能力较强的老人的需求集中于日常体检、疾病预防、健康管理和社会参与等,失能、半失能老人的需求则在此基础上进一步涉及专业医疗服务、长期护理等。其三,老年人由于退休、家庭结构的变化和人际交往范围的缩小,对于社会参与和精神慰藉等需求更是与日俱增。但目前我国医养结合服务产品单一,配套服务不足,需求挖掘不深入,服务供给难以匹配老年人医养结合的多元化、递进式需求。

2. 收入水平低,支付能力有限,导致有效需求不足

"未富先老"是我国老龄社会的显著特征。首先,老人在退出劳动力市场之后,他们的基本收入来源是养老金、储蓄、劳动收入和家庭成员赡养费用,老年人人均可支配收入较低,在保障基本生活后,很难再支付功能性的医疗和养老服务费用。

其次,经济因素是决定老年人是否选择医养结合机构和选择什么层次机构的最主要因素。根据调查,有79.7%的老年人对医养结合型医疗机构支付意愿在人均2 000元以下,关键影响因素在于支付的经济负担。[①] 相较于传统的以基本生活照料为主的养老机构,医养结合机构因提供更高层次的养老服务和专业的医疗服务而收费更高,老年人的支付能力有限,这大大限制了老年人对医养结合服务的购买力。医养结合服务支付体系不完善,部分养老机构难以纳入医保定点范围,这些因素进一步加剧了老年人购买意愿强烈而有效需求不足的问题。

(二) 供给侧的体制与要素支撑有待进一步加强

1. 管理部门多元化,体制支持有待加强

医养结合属于多目标、多属性的老龄服务,长期以来我国医疗服务和养老服务分属于卫生、民政、人社等多个部门,部门之间衔接不畅、职责模糊、责任推诿等现象普遍。随着新一轮机构改革,医养结合工作由国家卫生健康委员会负责,具有统一协调的主导单位,但由于先天不足的制度基础,加之行业差异和财政分割等因素,医养结合相关工作仍处于职能调整的磨合期,尚未形成完整的工作链条。

目前,我国的医疗机构和医疗卫生服务由卫健部门负责和管理,

[①] 王阳,田帆,范宁玥,等.老年人对医养结合型医疗机构的认知、入住意愿及支付意愿——基于成都市的实证分析[J].中国卫生政策研究,2017,10(8):18-22.

养老机构和养老服务由民政部门管理，医疗保险和长期护理保险由医保部门管理，这就使得医养结合仍然存在多头管理和分段管理的问题，多个部门在政策认知、调整和落实方面难以协调配合，形成政策合力，同时也很难对彼此的相关业务做出明确的要求和连续的规定。并且，医养结合相关部门在实践过程中为规避责任风险，往往采取较为保守的行动举措，如医疗机构派遣医护人员到养老机构、养老院开设康复科和老年病科等都要经过多层严格审批，这严重影响了医养结合机构参与服务的主动性，医疗与养老资源的有效衔接受到阻隔。

2. 服务主体参与积极性较弱，服务供给有效性亟待提高

在服务主体层面，由于医疗机构与养老机构性质不同，在提供医养结合服务方面，医疗机构主观动力不足，养老机构客观能力较弱。一方面，大型医疗机构如三级医院，拥有优质的技术和设施，进入养老领域具有天然优势，但医院的医疗、培训和科研等任务已然十分繁重，几乎没有余力再提供医养结合服务。同时相对于提供低利润的养老和护理床位，提供医疗床位能够给医院带来更高的收益，医院提供养老服务的主观意愿自然较低。而基层医疗卫生机构多侧重于公共卫生服务，医疗水平有所下降，并且医务人员有编制保护，缺乏绩效激励机制，因此基层医疗机构提供养老服务的积极性较低。另一方面，养老机构提供医疗服务需要投资建设基础设施、购置医疗设备、培训医护人员等，成本高且资金循环速度慢，回收周期长，潜在风险大，加之医疗服务行业整体素养要求高，在实质性政策未落实、补贴未到位的情况下，养老机构缺乏向医养结合机构发展的客观能力。

在服务内容层面，目前医养结合存在形式化严重、内容单一化的问题，主要表现在医疗机构与养老机构的签约合作停留在"有名无实"的阶段，开展实质性合作的机构比较少。尤其是为了响应政府号召，医疗机构和养老机构之间不得不签订"绿色通道"协议，家庭医生也是为了签约而签约，而在实践过程中服务未得到使用，服务利用率

虚高。此外,由于医疗服务供给成本过高,很多医养结合机构在医疗服务方面仅提供健康体检、健康知识普及等低层次的服务,养老服务则多提供餐饮、卫生等日常生活所必需的基础服务,至于紧急疾病的救治、医疗护理、心理咨询和安宁疗护等专业性较强的服务大部分无法提供。

3. 筹资渠道较为狭窄,资金可持续性仍然面临挑战

可持续、多元化的资金支持是促进医养结合服务有序、高效发展的重要条件,充足稳定的资金既可以为医养结合机构平稳转型和正常运行提供保障,也有助于进一步激发老龄服务市场活力。① 目前我国医养结合机构资金来源主要是老人自缴费用、医保基金和政府财政投入。面对我国规模庞大且增长迅速的医疗和养老需求,总靠国家和地方财政持续投入明显不是长久之计,而我国社会保障制度相对起步较晚,针对医养结合服务的长期护理保险仍然处于地区试点阶段,其他多数医养结合机构提供的医疗和养老服务尚未被纳入医保基金范围内,保险制度的发展明显滞后于医养服务的需求。加之医养结合机构的成本高、收益低且回收周期长,福利性和公益性较强,并且税收减免、土地优惠等配套政策落实不到位,社会力量参与医养结合机构的积极性不高。因此在政府投入有限、社会力量参与薄弱,仅靠家庭和个人来承担医养服务费用的情况下,医养结合机构很容易陷入资金难以持续发展的困境。

4. 激励机制不够完善,人才缺乏问题尚待有效破解

我国医养结合人才队伍呈现总量存在较大缺口、整体水平有待提高的特点。首先,受传统观念的影响,医养结合相关服务被视为照顾失能老人的生活起居,社会认可度较低。其次,养护服务工作任务繁重且单调枯燥,服务人员要承担生理和心理的多重压力,工资水平

---

① 邓大松,李玉娇.医养结合养老模式:制度理性、供需困境与模式创新[J].新疆师范大学学报(哲学社会科学版),2018,39(1):107-114,2.

和福利待遇相对较差,缺乏相应的激励机制,尽管政府对于从业人员给予一定的补贴,但并未从根本上解决问题,人员参与医养结合服务的积极性仍较低,流失率较高。再次,医养结合养护人员职业素养和文化水平较低,缺乏专业的护理知识。我国医养结合人才培养体系尚未健全,高等院校中鲜有学校开设养老护理专业课程,而已开设的养老护理专业也少有人问津,并且学校以培养单科专业人员为主,很少有针对全科医生和护理人员的综合性培养,这就造成了医养结合人员在总量不足的同时专业性也不高。除护理人员外,管理人员也存在一定程度的缺失,医养结合不能照搬原有医疗机构或养老机构的管理方式,管理人员需要具备全面的知识储备和统筹协调的能力,这对管理人员的综合素质构成较大考验,医养结合模式下的管理人员培养仍需进一步探索和推进。

5. 信息化建设滞后,智慧程度有待进一步提高

随着科学技术的进步和互联网的普及,"互联网+医养结合"的模式逐渐进入医养结合的发展视野,医养结合信息化、智能化有助于医养结合的纵深发展,但目前医养结合信息化建设比较滞后,智慧化程度较低。老年人健康数据是信息化平台建设的基础,但在涉老信息的采集过程中因渠道、沟通等原因造成信息缺失、健康数据不完善,进而影响信息的分析与应用。与此同时,我国目前尚未形成系统完善的信息数据平台,医养结合相关部门数据采集和使用的标准不统一,信息之间流通不畅、信息难以共享的现象突出,数据信息的使用难以发挥最佳效能。

智慧养老则存在智慧性不足、智能化偏低的问题。目前智慧养老产品的设计未能全面体现以老年人需求为中心的理念,多数产品并未切实顾及老年人的使用能力和习惯,操作烦琐,使用复杂,适老化程度低,致使许多老年人因无法熟练使用而放弃相关产品,造成资源浪费的同时也达不到为老年人服务的根本目的。互联网在医养结合领域的应用开发相对空缺,远程医疗、健康智能监测等相关应用的推广仍比较少。

四、医养结合的国内外探索与先进做法

国外许多国家早在我们之前就步入老龄化社会,通过不断的摸索和研究,逐渐形成了具有本国特点和较为成熟的养老模式,特别是医养结合的实践,有很多可供我国借鉴的经验。

(一)充分发挥政府积极有为作用,推进医养分工协作

医养结合的关键在于医疗服务与养老服务的整合,而具备宏观统筹协调能力的政府是有效整合两者的最佳选择,同时也需要相关部门的支持。英国的医养结合是政府、社区、家庭和慈善组织等多方力量参与的具体体现,它反映了福利多元化的要求,提倡福利责任的分权和利益相关者的广泛参与,以为社会提供更好的服务。[①] 英国的医疗服务和养老服务由国民保健服务体系(National Health Service,NHS)和社会服务体系提供,政府在其中发挥积极有为的作用。建立在两个体系基础上的医养结合也是如此,在相关的法律政策等中也体现了政府设立基金和制度安排以引导医养结合服务发展的责任。

同时,英国政府也认识到仅仅依靠某一部门无法提供全面、高效的医疗和养老服务支持,因此需要由政府协调相关服务提供者,以初级卫生保健为基础,以社会工作为关键要素,以多学科服务团队为载体,融合家庭、社区、初级卫生机构和社会服务机构等,形成分工明确的网络化、多元化、协同整合的医疗和社会服务体系。美国医养结合的 PACE(Program of All Inclusive Care for the Elderly)模式也是如此,涵盖了从初级到急性到长期护理的各种健康护理需求。[②]

[①] 赵晓芳.积极老龄化视角下的"医养结合":英国的经验与启示[J].社会福利(理论版),2017(5):1-6,20.

[②] CHATTERJI P, BURSTEIN N R, KIDDER D, et al. Evaluation of the program of all-inclusive care for the elderly (PACE) demonstration—the impact of PACE on participant outcomes[M]. Boston: Abt Associates, 2003.

PACE 项目内容需要协调多部门和全方面人才,由长期稳定的跨学科团队提供,包括全科医师、护士、药剂师、理疗师、营养师、日常护理人员、社会工作者等。

(二)完善政策法规,加强制度支持与保障

完善的政策法律体系有助于保障老年人在医养结合方面的权益。德国是最早通过社会立法的形式实现社会保险的国家,德国的《护理法》于 1938 年首次通过。上世纪 60 年代起日本开始建立并逐步完善养老政策法律体系,1963 年制订了《老人福利法》,其后相继出台《老年人保健法》,以及与介护相关的《介护保险法》《介护保险施行法》《医疗法改正法》等相关法案,并制定了较为合理、有效的配套措施,界定了服务对象,划分了介护的等级及对应的服务内容,明确了养老保险资金的筹措对象、资金筹集的方式,提出要以精准需求评价为先决条件,以实物支付为导向,提供居家照护与机构照护。[①] 美国除了有联邦政府的相关法律和政策外,各州还会针对本地区老人的状况制定政策。正是由于这些法律法规和政策的存在,老年人在服务待遇、筹资等方面有法律保障和政策支持。

(三)重视资金支持,建立多方参与的筹资模式

医养结合的资金需要政府、企业、个人共同承担,国外发展稳定的医养结合模式往往将其纳入医疗保险或护理保险体系内。日本的医养结合服务主要表现为介护保险制度,介护保险以全社会支持老年人为出发点,通过全社会的力量来分担个体因年老而面临的失能危险,并通过国家立法,强制个体参与。介护保险的资金来源包括三个方面,其中 10% 的费用由使用者负担,90% 的费用由政府和被保险者平均分担。德国社会性长期护理保险的参保基本实现了全员覆盖,筹资由政府、雇主和雇员三方共同承担,其费率随参保人的身份、

---

① 郭丽君,鲍勇,黄春玉,等."医养结合"养老模式的国际成功制度与政策分析[J]. 中国老年学杂志,2019,39(4):975-981.

职业和基金收支情况进行动态调整,实行现收现付制度。国内也有较为成功的医养结合筹资模式,青岛作为早于全国开启长期护理保险探索的城市,已发展出具备地方特色的模式。在资金筹集方面,主要是通过调整基本医疗保险的统筹基金与个人账户结构,建立长期护理保险基金的统筹账户,并根据资金用途,财政予以适当补贴,用人单位或个人不再进行额外缴费。①

(四)建立专业化人才队伍,加强人力支持与保障

国外医养结合服务大多由社会团体承担,并由大量具备专业技能的医护人员来提供。日本介护服务提供主要由具有专业知识和技术的老年护理人员——介护福祉士提供,为提升护理人员队伍的专业素质,政府在学校设立了护理人员培训课程,在获得国家介护福利资格证书的情况下,学生将有更多的机会去养老机构工作,而对于未受过正规教育的护理人员,政府也会定期举办介护福祉士资格证考试,为通过考试的人员发放介护福祉士资格证,以满足介护服务的需要。美国医养结合由包括医疗、护理、营养、运动康复、心理等多个领域的专业团队人员为老年人提供医疗护理服务、康复服务和社会支持服务等,通过观察老年人生理和心理的细微变化,整合相关资料,制定健康护理服务计划并及时调整养护方案,将老年人的短期护理和长期护理整合起来。英国的全科医生是医养结合服务的基石,英国政府十分重视全科医生的培养,全科医生首先要经过五年的本科专业学习,然后在医院的各个部门进行两年的轮训,再经过三年的职业培训,之后还要经过全国统一的职业资格考试,通过考核后才能上岗行医。

(五)借势科技进步,加强信息技术等的支撑力度

"互联网+医养结合"不仅可以提高医疗和养老服务的效率,而

---

① 王鑫,曹勇,唐立岷,等.青岛市"医养结合"养老模式探索[J].卫生软科学,2015,29(2):72-73,77.

且可以通过智能终端连接线上、线下资源,实现服务方式的创新。澳大利亚政府设立了专门的网站"My Aged Care",为老年人提供受政府补助的养老服务项目信息,在老年人提出线上服务申请后,由专业的评估人员对老年人的健康状况、护理需求和经济状况等进行评估,以此来划定他们享受的服务类型。①

武汉市政府也积极运用"互联网+"的现代信息技术,大胆创新医养结合服务新业态,通过搭建平台分别在社区、街道和行政区建设社区嵌入式、中心辐射式和统分结合式三类"互联网+居家养老"医养结合服务模式。② 社区嵌入式通过建立社区日间休息室、失能照料室、心理咨询室及康复训练室来拓展养老服务的场所,线上服务建立呼叫应答中心和远程检测平台,同时对空巢、高龄及其他老年人免费配备远程照护摄像头。中心辐射式是以区域平台为资源调度中心,以街道为单位,打造街道级呼叫中心,以社区养老机构为支撑,建立信息平台分级化、线上与线下一体化和一站式综合服务体系,为老年人提供公益且低偿的服务。统分结合式通过在江汉区创建"互联网+居家养老"信息平台,运用云计算、大数据、物联网等新技术手段解决"三助一护"服务需求,使数据获取、存储、挖掘与服务智能化。

五、进一步推进医养结合服务发展的政策着力点

(一) 打破部门壁垒,构建一体化管理体制

要理顺当前医养结合的管理体制,一方面需要统一领导部署,另一方面也需要各部门之间的协同配合。首先,要解决医养结合中存在的多头管理问题,实现统一指挥协调。当前我国医养结合工作主要由卫健委负责,因此可以由卫健委牵头,组建一个跨部门机构,打

---

① 刘怿,解韬.基于原居安老的居家环境适老化改造服务研究:澳大利亚的经验与启示[J].老龄科学研究,2021,9(7):64-77.
② 杨莉.医养结合的运营模式探究——以武汉市"互联网+居家养老"为例[J].学习与实践,2019,(11):101-108.

破体制和机制障碍,统一部门的目标,调整部门的差异,共同制定医养结合政策,减少部门之间的推诿扯皮,促进信息流通与共享。其次,要破解医养结合各部门间被动、消极的协作,树立整合理念,政府和各部门要充分认识到医养结合是连续性、一体化的养老服务模式,任何一个部门都不可能独立执行实施,只有部门加强协作,才能真正推动医养结合的高质量发展。强化各部门之间的政策衔接和交流协作,可以设立部门之间的协作绩效评估体系,既要注重部门内部的绩效,又要通过对部门之间协作绩效的评估,促进部门之间的协作。

(二) 健全政策法律,提高服务质量和水平

完善的政策体系及健全的法律法规是医养结合可持续发展必不可少的条件。首先,要尽快健全法律法规和政策体系,我国应强化医养结合的顶层设计,制定相关的法律、法规,对医养结合资金来源、服务内容、收费标准、待遇给付、服务人员资质、评估监管等进行规定,明确参与者的权利与义务,为服务的实施提供法律依据,以实现医疗服务的规范化、标准化,使医养结合逐步迈入法制化管理轨道。其次,要加强政策的可操作性,把宏观的政策指导和微观的政策落实有机地结合起来,为医疗和养老机构等相关机构提供利益诱因,提供资金和政策上的支持。同时要落实价格、土地、税收、保险支持等配套政策,通过政策培训、宣传引导、试点学习、监督管理等为医养结合提供政策支持,以消除医养结合服务主体顾虑。

(三) 完善激励机制,建立专业化人才队伍

专业化的护理团队关系到医养结合的医疗、养老服务质量,更关系到老年人的生活质量和医养结合的未来发展,我国要加强医养结合专业化人才队伍的建设。第一,完善薪酬体系和激励机制,建立适应医养结合行业特征的薪酬制度,突出医养结合从业人员的技术劳动价值,提高保障性工资,按技术标准设置岗位津贴,同时制定科学、合理的职业资格认证标准和考核体系,建立相应的薪酬增长机制。

第二，加强对在职人员的专业技能培训和规范管理，定期进行老年健康、心理学等方面的教育培训，树立从业人员持证上岗的硬性标准。第三，加速发展老年医学、护理专业，在中职、高职、高等教育中增设老年护理、老年服务专业，培养高素质专业人才，为医养结合提供必要的人力资源。第四，吸引非正式照护者，提供专业知识和技能培训，鼓励非正式照护者参与"时间银行"，以服务换取积分并在需要时兑现服务，在老年群体中建立起一个服务的良性循环机制。

（四）优化资金体系，实现多元化主体供给

在医养结合服务的资金来源方面，要发挥政府主导作用，在加大财政投入力度的同时，改善医养结合机构运营环境，加快推进长期护理保险制度建设，逐渐形成多元主体供给的资金投入机制。首先，建立社会保险性质的长期护理保险制度，推行长期护理保险的全覆盖。结合现有的社会经济基础和已有试点经验，单独增设长期护理保险的难度较大，会加重个人和单位的负担，因此较为实际的方法是将医保系统中的部分资金划入长期护理保险基金中，并将目前的分散资金和财政补贴进行整合，逐步实现长期护理保险的全面推行。其次，要通过制定和落实扶持政策，鼓励、引导并培养市场和社会力量参与医养结合服务，并通过公私合营、特许经营等方式整合社会资源开展医养结合服务。最后还要完善医保报销制度，建立统一的医养结合支付平台，简化审批流程，将符合标准的医养结合机构和相关费用纳入报销范围。

（五）科技赋能医养，推动智慧化服务模式

智慧化医养结合服务模式有助于打破部门、地区、机构之间的隔阂，实现资源的合理流动、高效配置和充分共享。因此，最关键的是加强老年人健康数据信息的宏观规划，明确老年人数据库的主体职责，做好数据资料的保存与保密。其次，应统一标准和规范，建立医养数据信息互联互通的平台，按照各自的权限和需要共享老年人的

医疗信息,打通医养结合信息流通渠道,提高信息利用率,实现信息实时共享、双向流通。通过信息平台可以实时获取老年人的健康状况资料和过往病历,以此针对个体差异,制定相应的治疗方案,为老年人提供个性化、差异化的高效医疗和养老服务。再者,充分利用人工智能和大数据等手段设计综合评估系统,精准评估老年人的健康状况及养老、医疗服务需求,据此研发适老化、智能化产品,制定符合老年人需求的个性化服务和产品,推动医养结合智慧化产业发展。

第九章　老年长期照护服务的需求生成、供需失衡与治理思路[*]

随着人口老龄化程度的进一步加深，我国失能失智老年人口的规模和比例将会进一步增长，越来越多的老人将因疾病、认知障碍或身体机能衰弱等原因而需要长期照护服务。作为失能失智老人的基本生活保障，长期照护服务如何实现以需求为导向的高质量发展，不仅成为当下老龄社会不得不面对的重要现实问题，而且是积极应对人口老龄化需要优先解决的基本民生问题。

江苏不仅人口老龄化来得比全国早，目前老龄化水平位居全国前列，而且跟全国情况类似，省内还存在着明显的城乡和区域差异，因此，以江苏为例探讨长期照护服务如何实现以需求为导向的高质量发展，既是解决江苏自身长期照护服务需求满足问题的客观需要，又可以为国内其他地区探索有效的发展道路。鉴于此，本章将结合江苏人口老龄化形势，首先分析老年长期照护服务需求的生成逻辑，然后探讨老年长期照护服务发展的实践探索，分析供需存在的问题及其成因，在此基础上，最后提出相应的治理思路。

---

[*] 本章内容参见：马嘉蕾，高传胜.老年人长期照护服务的需求生成、供需失衡与治理思路——以江苏省为例[J].云南民族大学学报(哲学社会科学版).2022(6):1-9.

第九章　老年长期照护服务的需求生成、供需失衡与治理思路

一、高质量发展长期照护服务：积极应对人口老龄化的客观需要

在日趋严峻的人口老龄化背景下,将会有越来越多的老人因疾病、认知障碍或身体机能衰弱而需要长期照护,以维持正常生活。第五次全国城乡老年生活状况抽样调查统计显示,江苏省老年人失能半失能占比为9.6%,患有一种以上慢性病的占比达79.4%,两周患病率也达到了12.1%。老年人自评健康状况很好和好的只有50%,一般的为35.5%,较差和很差的达到14.5%。[①] 如此推算,江苏需要长期照护的老人比例比较高,起码在10%左右。

因此,加快推进长期照护服务发展,是积极应对人口老龄化、更好地满足失能失智老人需求的现实需要。更何况,在人均预期寿命与健康预期寿命仍然相差八年多的今日中国,加快长期照护服务高质量发展,还是实现健康老龄化的迫切要求,毕竟,长期照护服务是老年健康服务体系六个方面的重要一环,而且我国正在推进健康中国战略与积极应对人口老龄化国家战略。2019年,世界卫生组织发布的《2020—2030年健康老龄化行动十年》提出改善健康老龄化的四个行动领域,为有需要的老年人提供长期照护便是其中之一。因此,我国《"十四五"健康老龄化规划》明确提出,要健全失能老年人照护服务体系。

二、老年长期照护服务需求的生成逻辑：基于脆弱性视角

在脆弱性视角下审视老年长期照护服务需求的生成逻辑,可以发现:在人口老龄化背景下,随着老年人口健康和社会脆弱性增长,长期照护服务的需要(Need)也与日俱增,但老年人口的经济脆弱性与传统思想观念等在某种程度上抑制需要向有效需求(Demand)的顺利转化,具体逻辑可参见图9-1。

[①] 《江苏省老龄事业发展报告(2022年)》发布[N].扬子晚报,2022-09-27(A4).

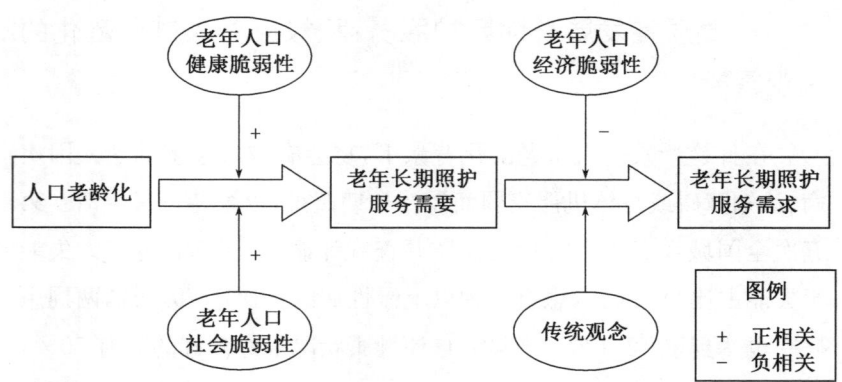

图 9-1　长期照护服务需要与需求的生成逻辑

(一) 老年人口脆弱性的三个方面

上世纪 80、90 年代,脆弱性(Vulnerability)的概念开始在自然灾害领域频繁使用,指向由自然灾害带来的、某地区易于受到伤害和损失的性质。[1] 随后,脆弱性研究延伸到多个学科和领域,如医学健康领域关注人口老龄化带来的虚弱(Fragile)状态[2],发展经济学则关注用货币衡量的贫困和生计的脆弱性[3]。关于脆弱性研究的日益丰富,其内涵发展为"由于缺乏适应能力,暴露于环境和社会变化之中因压力而容易受到伤害的状态"[4],且这种状态受到社会经济和制

---

[1] CANNON T. Vulnerability analysis and the explanation of "natural" disasters [J]. Disasters, development and environment, 1994(1): 13 – 30; WISNER B, BLAIKIE P, CANNON T, et al. At risk: natural hazards, people's vulnerability and disasters[M]. London: Routledge, 1994.

[2] CLEGG A, YOUNG J, ILIFFE S, et al. Frailty in elderly people[J]. The lancet, 2013, 381(9868): 752 – 762.

[3] SURYAHADI A, SUMARTO S, PRITCHETT L. Quantifying vulnerability to poverty: a proposed measure, applied to Indonesia [R]. No. 2437. World Bank Publications, 2000; LIGON E, SCHECHTER L, Measuring vulnerability[J]. The economic journal, 2003, 113(486): C95-C102.

[4] ALWANG J, SIEGEL P B, JORGENSEN S L. Vulnerability: A view from different disciplines[J]. Social protection discussion paper series. Social protection unit, human development network, The World Bank, 2001, 115: 60.

度发展的影响①。这样一来,脆弱性不仅指收入等经济方面陷入贫困的风险,还包括与生命健康有关的风险、暴力和社会排斥造成的风险等多个方面。② 基于此,老年人口的脆弱性可以从健康、社会和经济三个互相影响同时又有所区别的维度上加以理解。

更具体地,健康脆弱性指向患病、身体功能、认知能力和情感方面的身心健康状况。社会经济(Socioeconomic)脆弱性通常放在一起讨论,与个人物资匮乏、教育水平和社会、职业地位等关键因素有关。③④ 二者的区别在于,社会脆弱性强调个人社会资源难以抵抗社会变化带来的非经济性压力,与社会支持和参与、社会网络、社会资本和社会不平等等因素有关;经济脆弱性则是现在或将来陷入收入贫困的一种可能性,与个人和家庭收入财产条件有关。如图9-1所示,老年人口脆弱性的三个方面对长期照护服务的需要与需求影响不同,其中,健康、社会脆弱性与长期照护服务需要正相关,而经济脆弱性则与长期照护服务需求负相关。

(二)健康、社会脆弱性催生长期照护服务需要

对于老年人口健康脆弱性是否增强,即老龄化是否会带来失能失智老年人口增长,存在三种不同观点,即残病扩张说、缩短说和动态平衡说。⑤ 残病扩张说(Expansion of Morbidity)认为,医学技术的发展延长了人们的寿命,但更多时候只是"苟延残喘",较高预期的

---

① 法曼,李霞.脆弱性的人类与回应性的国家[J].比较法研究,2015(2):186-200.
② COUDOUEL A, HENTSCHEL J. "Poverty data and measurement." Preliminary draft for a sourcebook on poverty reduction strategies[R]. The World Bank: Washington, D. C. 2000 April:34.
③ GRUNDY E, HOLT G. The socioeconomic status of older adults: how should we measure it in studies of health inequalities? [J]. Journal of epidemiology & community health, 2001, 55(12): 895-904.
④ ANDREW M K, KEEFE J M. Social vulnerability from a social ecology perspective: a cohort study of older adults from the National Population Health Survey of Canada[J]. BMC Geriatr, 2014, 14: 90.
⑤ RECHEL B, GRUNDY E, ROBINE J-M, et al. Ageing in the European Union [J]. The lancet, 2013, 381(9874): 1312-1322.

寿命加大了慢性病和多发病的易感染性。人口寿命增加是因为慢性病死亡率的降低，而不是疾病发病率的降低引起，因而被延长的寿命都在疾病中度过。[1] 有学者则提出相反观点，即残病缩短说，当然也有学者认为长期内二者终归会实现平衡。从现有研究成果所反映的我国现实情况来看，当前老年残障人口规模在持续扩大，更符合残病扩张说。[2][3] 而且，当前健康标准并未将阿尔茨海默等认知疾病纳入，如果将认知功能测量引入健康定义，中国的健康预期寿命将显著降低，失能失智老年人口规模比预计更加庞大。[4] 也就是说，伴随人口老龄化，我国老年人口健康脆弱性确实在增大。

尽管感知健康状况是主观的，但已有研究发现自我评价的健康指标是未来医疗保健使用和死亡率的良好预测指标。[5] 因此，自我健康评价对实际健康状况乃至长期照护服务需求预测具有一定参考性。第四次中国城乡老年人生活状况抽样调查数据（下文简称"第四次老年人生活状况抽样调查"）显示，2015年江苏有15.53%的60岁及以上老人认为自己的健康状况比较差或非常差，11.27%的老年人认为自己需要照料，患有慢性病的老年人占77.07%，[6]详见表9-1。随着年龄的增长，老人自我健康评价越来越差，患有慢性疾病和需要照料的比例越来越大。横向对比发达国家，江苏老人（65岁及以上）

---

[1] OLSHANSKY J S. Trading off longer life for worsening health. The expansion of morbidity hypothesis[J]. Journal of aging and health, 1991, 2:194–216.

[2] 穆光宗,林进龙. 人口老龄化与老年人问题关系的再讨论[J]. 新疆师范大学学报（哲学社会科学版）,2021,42(5):115–125,2.

[3] 吴炳义,董惠玲,王媛媛,张晓青. 我国老年人口失能判别及其对健康预期寿命影响分析[J]. 人口学刊,2019,41(1):101–112.

[4] HUANG G, GUO F CHEN G. Multidimensional healthy life expectancy of the older population in China[J]. Population studies, 2021, 75(3): 421–442.

[5] HIROSAKI M, OKUMIYA K, WADA T, et al. Self-rated health is associated with subsequent functional decline among older adults in Japan [J]. International psychogeriatrics, 2017, 29(9): 1475–1483.

[6] 第四次中国城乡老年人生活状况抽样调查时间为2015年8月,江苏共33个县（市、区）参与,样本总数为15 835人（其中城镇占63.30%,农村36.70%；男性47.55%,女性52.45%），能较客观反映江苏省老年人的生活和健康状况。

自我报告健康一般、差、很差的占比为 59.69%,比 OECD 成员国平均水平 56.05% 高,老人健康状况自我评价略差,详见图 9‑2。

表 9‑1　江苏 2015 年老年人健康状况及需要照料的需要

年龄段（岁）	健康状况自我评价差①		患有慢性疾病		需要被人照料	
	人数（人）	占比（%）	人数（人）	占比（%）	人数（人）	占比（%）
60～64	439	9.14	3 259	68.1	175	3.74
65～69	456	12.67	2 724	76.1	195	5.58
70～74	487	17.34	2 281	81.9	258	9.51
75～79	416	19.88	1 740	83.5	307	15.03
80～84	377	26.02	1 242	86	366	26.37
85+	265	27.58	800	83.9	418	44.75
平均	2 440	15.53	12 046	77.07	1719	11.27

数据来源：江苏省第四次老年人生活状况抽样调查数据。

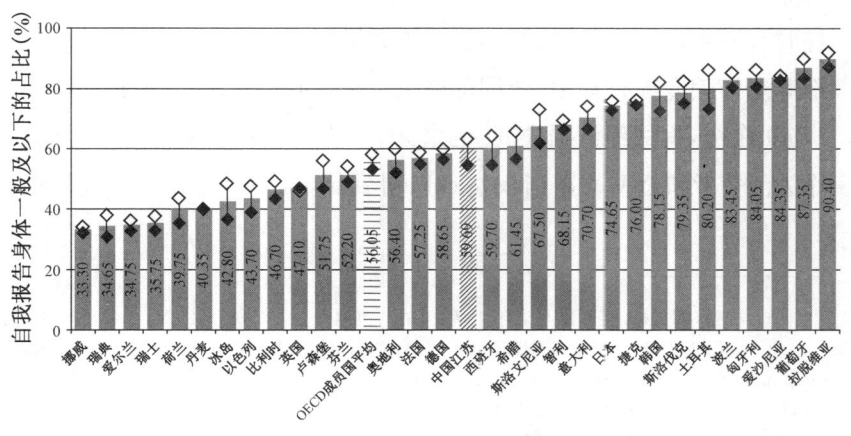

图 9‑2　江苏及 OECD 成员国 2015 年 65 岁及以上老人的感知健康状况

数据来源：OECD《2017 年健康概览》第 10 章《老龄化和长期护理》。其中，澳大利亚、加拿大、新西兰和美国使用的量表是不对称的（偏向正面），不具有直接可比性，故删除。

---

① 老年人健康状况自我评价共分为非常好、比较好、一般、比较差和非常差 5 个档次，表中"老年人健康状况自我评价差"包含比较差和非常差两个选项。

与此同时，现代社会智能化、电子化水平高，老年人口对社会适应较差，外部环境与内在能力交织影响了老年人口的社会脆弱性。老人尤其是失能失智老人获取长护服务的社会性资源和支持不足，正当权益难以保障，而"互联网+"带来的数字融入困难①，新冠疫情等公共卫生事件②和各类自然灾难会使得这一情况恶化③。其一，虐老（Elder Abuse）是普遍而又隐蔽的公共问题。2017年世界卫生组织的调研数据显示，此前一年中，在28个国家/地区中，占比15.7%的60岁及以上老人遭受过言语、肢体等多种形式的虐待。④ 在接受长期照护服务的过程中，当遇到质量低下、不符合规定，甚至遭遇殴打、虐待等人身安全受损的事件时，失能失智老人无法及时、准确地向外界表达自身意愿与要求，更不善于运用互联网等多种渠道为自己争取合法权益。其二，老人辨别能力较低且容易相信他人，养老机构非法集资、卷款跑路、保健食品欺诈销售和虚假宣传等违法犯罪事件时有发生，养老领域的欺诈新闻屡见报刊。仅2022年夏季的公安部养老诈骗专项行动中，全国即破案7 880余起，打掉违法犯罪团伙1 040余个，挽回经济损失84亿余元。⑤ 在养老照护服务领域，老人作为消费者和公民的正当权益难以得到保障。其三，在新冠疫情期

---

① 杜鹏，韩文婷. 互联网与老年生活：挑战与机遇[J]. 人口研究，2021，45(3)：3-16.
② D'CRUZ M, BANERJEE D. "An invisible human rights crisis": the marginalization of older adults during the COVID-19 pandemic—an advocacy review[J]. Psychiatry research，2020，292，113369.
③ FERNANDEZ L, BYARD D, LIN C, et al. Frail elderly as disaster victims: emergency management strategies[J]. Prehospital and disaster medicine, 2002, 17(2): 67-74.
④ WHO. Abuse of older people[EB/OL][2022-06-13]. https://www.who.int/news-room/fact-sheets/detail/abuse-of-older-people. // YON Y, MIKTON C R, GASSOUMIS Z D, et al. Elder abuse prevalence in community settings: a systematic review and meta-analysis[J]. Lancet glob health, 2017, 5(2): e147-e156.
⑤ 中华人民共和国公安部. 公安机关深入推进打击整治养老诈骗专项行动破获案件7 880余起打掉违法犯罪团伙1 040余个[EB/OL]. https://www.mps.gov.cn/n2255079/n8310277/n8568134/n8568141/c8569366/content.html.

间,有些老人遭遇信息壁垒,承受着社会和数字排斥的双重负担。① 老年人口社会脆弱性的存在及其增强,反映出对养老服务质量和水平要求的提高,也反映出对"质量有保障、安全有监管"长期护理服务需要的增长。

(三)经济脆弱性影响长期照护服务需求

尽管有庞大的失能失智老年群体,其经济脆弱性和传统思想观念却降低了长期照护服务需要转化为市场有效需求的可能性。② 老年人属于社会中低收入阶层,通常没有工资性收入,经济来源主要是养老金、积蓄和子女赠与。而当前中国老年人群固定收入来源多为城乡居民养老保险,"广覆盖、保基本"的特征决定了其保障水平很低;年轻时的储蓄则承担了多年间的通货膨胀,实际购买力不强,因而老人具有较大的经济脆弱性。

2018年中国老年健康影响因素追踪调查数据(以下简称"2018年CLHLS数据")显示,全国失能老人群体中有养老金者保障的占比30%,月均养老金为787元,加上子女转移支付,失能老人家庭的人均收入为1 184.08元/月,而失能老人的平均照护支出为3 502.8元/月,二者相差较大。第四次老年人生活状况抽样调查显示,2015年,江苏60岁及以上的老人仅有16.93%从事有收入的工作,平均储蓄金额为57 721.58元;如果入住养老机构,选择每月"最多能承担1 000元以下"和"1 000~1 999元费用"的老年人最多,占比分别为54.77%和48.03%。

老年人收入水平低、来源少、不稳定,经济脆弱性叠加节俭和为子女着想的传统思想观念导致了对长期照护服务的巨大需要难以转

---

① SEIFERT A, COTTEN S R, XIE B, A double burden of exclusion? digital and social exclusion of older adults in times of COVID-19[J]. The journals of gerontology, 2021, 76(3): e99 - e103.

② 王晶,张立龙. 老年长期照护体制比较——关于家庭、市场和政府责任的反思[J]. 浙江社会科学, 2015(8): 60 - 68, 158.

换成有效需求,导致老人选择降低生活水平以压缩长期照护服务需要,或者通过家庭、志愿等非市场途径和非专业供给以保障基本需要。

(四)老年长期照护服务需求的多元化、多层次性

需求层次理论(Hierarchy of Needs)[1]指出,人有不同内容和层次的需要。改革开放以来,我国经济社会经历了日新月异的发展,当前老年人口健康状况、知识水平、财富积累、政治权力、思想观念等维度异质性较之其他群体更为突出,老年长期照护服务需要和需求的多元化、层次性特征突出。按照服务内容划分,老年长期照护服务包含生活照料、医疗与康复护理、健康管理、社会交往与参与等多种形式。多元需要结合不同经济条件下的购买力,形成了多层次的老年长期照护服务需求。从社会整体来看,对老年长期照护服务需求呈"橄榄型"结构,中端层次的规模最大,高端和低端层次较少。其中,高端的长期照护服务需求要求老人具有较高水平的购买力,依赖于专业化、营利性养老护理服务产业;广大的中低端层次需求,依靠以社会组织和慈善组织为主体的社会化、非营利性养老服务事业;而经济困难、缺乏购买力的失能失智老人,则主要依靠政府提供公共服务事业来兜底保障。[2]

三、发展老年长期照护服务的江苏实践探索与阶段性成绩

江苏较早地认识到老年长期照护服务的重要性,因而,实践探索亦较早。事实上,早在 2015 年 9 月,南通市便在全国率先探索建立基本照护保险制度,探索提供长期照护服务。2016 年 6 月,人社部在 15 个城市启动长期护理保险全国试点,江苏南通、苏州即被列为

---

[1] Need 本意为需要,但由于该理论在国内翻译为需求层次理论已被广泛接受,故沿用此译法。

[2] 高传胜. 新时代实现"老有所养"的战略路径与政策重点[J]. 天津行政学院学报,2018(4):75-82,2.

国家首批试点城市,是较早探索提供长期照护保险与服务的城市。2017年至2019年,徐州、无锡、常州、扬州、泰州等5市先后探索省级保险试点,目的就是为失能人群需要的长期照护服务提供资金支持与保障。2021年,南京、盐城2市分别以人大通过决议的形式,建立失能人员照护保险制度。至此,江苏已经有9个设区市开始探索实践长期护理保险制度,失能人员所需要的长期照护服务有了更多来源的资金支持与保障。截至2022年3月底,江苏全省参加长期护理保险的人数已经达到4 865万,享受待遇人数近30万,总体上走在全国前列。正因为政府积极探索长期护理保险制度建设,通过引导社会资源投入长期照护领域,所以,服务供给能力得到了有效提升,进而初步形成非正式与正式照护相结合的长期照护服务供给格局。

(一) 增加政策供给,加大资源投入

资源投入是老年长期照护服务供给的基础和前提条件。面对严峻的人口老龄化而带来的长期照护服务压力,江苏充分发挥公共政策主导与引导作用,引导并加大老年长期照护服务领域人力、资金、硬件设施等的资源投入,并不断优化资源配置,具体可参见表9-2所示。其一,对人力资源的配置旨在增加从业人员数量并提高其专业水平。前者通过行业补贴、奖励等方式,增加护理人员收入,从而吸引更多人力资源进入就业,"十三五"期间,江苏省共计培训养老护理员12万人次。[①] 后者则通过培训护理员、管理人员和向家庭照料者普及护理知识、护理技能来实现。其二,对财力资源的调控旨在引导、吸引社会资本进入老年长期照护服务领域,由政府为其中的经济困难者兜底,通过保险制度来提高其他人群的购买力。2012—2018年间,江苏省向80周岁以上的高龄老人累计发放130亿元,2018年

---

① 江苏省民政厅. 对省政协十二届三次会议第0201号提案的答复[EB/OL]. (2020-07-07)[2022-08-18]. http://mzt.jiangsu.gov.cn/art/2020/7/7/art_78628_9354516.html.

向经济困难的失能半失能老年人发放养老服务补贴和护理补贴9.26亿元;①根据省卫健委提供的数据,从2017年至2021年,长期护理保险制度已经覆盖超过4 000万人,累计享受待遇人数约21万人,基金支出近21亿元,平均支付比例在70%左右。② 其三,对硬件设施等的资源投入包括直接建设提供老年长期照护服务的机构与配套设施,改造升级已有的服务设施,为失能失智老年人提供康复辅助器具等。2020至2022年,江苏按照"一户一档"原则每年支持3万户经济困难的高龄、失能、重度残疾老年人家庭进行适老化改造;2021、2022年分别支持改造标准化农村区域性养老服务中心100个、110个。③

表9-2 江苏老年长期照护服务资源配置的政策体系

资源类别	目的	调控方式	政策依据(仅列举主要文件)
人力	增加护理人员	对从事相关岗位满5年的毕业生给予一次性入职奖励	《关于制定和实施老年人照顾服务项目的实施意见》(苏政办发〔2018〕1号)
		向家庭成员普及照料失能、失智等老年人的护理知识和技能	《关于制定和实施老年人照顾服务项目的实施意见》(苏政办发〔2018〕1号)
	提高专业水平	开展养老护理员、管理人员免费培训,如"养老护理员培训工程";向从业人员发放职业技能培训、创业培训、职业技能鉴定、交通费补贴以及生活费	《关于加强养老服务人才队伍建设的实施意见》(苏民养老〔2021〕17号) 《"十三五"期间江苏省养老护理员培训实施方案》(苏民福〔2016〕4号)

① 江苏省民政厅. 温情"敬老月",江苏省民政厅为百位社区老人集体庆生[EB/OL]. (2019-10-10)[2022-08-18]. http://mzt.jiangsu.gov.cn/art/2019/10/10/art_55087_3729989.html.

② 省"十四五"养老服务发展规划新闻发布会[EB/OL]. (2020-10-13)[2022-08-13]. http://www.jiangsu.gov.cn/art/2021/10/13/art_46548_214.html?gqnahi=afiy2.

③ 江苏省民政厅. 江苏省基本养老服务制度建设新闻发布会[EB/OL]. (2022-07-03)[2022-08-18]. http://mzt.jiangsu.gov.cn/art/2022/7/8/art_78581_10536269.html.

(续表)

资源类别	目的	调控方式	政策依据(仅列举主要文件)
资金		对取得国家养老护理员职业资格证书的给予一次性补贴和月度护理岗位津贴待遇	《关于加强养老服务人才队伍建设的实施意见》(苏民养老〔2021〕17号) 《关于制定和实施老年人照顾服务项目的实施意见》(苏政办发〔2018〕1号)
	吸引社会投资	鼓励外资参与养老服务业,落实税费优惠政策,如税收等优惠政策、行政事业性收费减免政策、免征营业税	《关于加强对外合作交流鼓励外资参与养老服务业发展的意见》(苏民福〔2015〕11号)
		护理型床位一次性建设补助、改造补助;以入住失能、部分失能老年人数量为主要依据的运营补贴	《省政府关于全面放开养老服务市场提升养老服务质量的实施意见》(苏政发〔2017〕121号)
	提高需方购买力	探索建立长期护理保险制度	《关于全面推进医养融合发展的意见》(苏民福〔2014〕26号)
		失能老年人养老服务、护理补贴制度;重度残疾人护理补贴、困难残疾人生活补贴;发放尊老金	《关于建立经济困难的高龄失能等老年人补贴制度的通知》(苏财社〔2014〕254号)
	政府承担或购买	政府承担失能老年人接受救助费用	《江苏省养老服务条例》(省人大2015年通过)
		为经济困难的失能半失能等老人购买居家上门养老护理服务	《江苏省基本养老服务指导性目录清单(2022年版)》(苏民养老〔2022〕28号)
场地与设施	建设服务机构与设施	每个涉农县(市、区)至少建有1所具备长期照护能力的集中供养服务机构	《特困人员供养服务设施及农村养老服务双提升工作方案》(苏民养老〔2020〕20号)
		将事业单位、党政机关和国有企事业单位等机构闲置社会资源,整合改造成养老服务设施	《关于支持整合改造闲置社会资源发展养老服务的通知》(苏民发〔2016〕179号)

(续表)

资源类别	目的	调控方式	政策依据（仅列举主要文件）
		资源丰富的地区可将部分一、二级公立医院转型为老年护理服务机构	《关于深入推进医疗卫生与养老服务相结合的实施意见》（苏政办发〔2017〕98号）
改善服务设施		为经济困难的高龄、失能、重度残疾老年人家庭进行居家适老化改造	《关于做好适老化改造民生实事的通知》（苏民养老〔2020〕10号）
提供康复辅助器具		为经济困难的失能半失能老年人配备康复辅助器具	《关于全面推进医养融合发展的意见》（苏民福〔2014〕26号）

资料来源：江苏省人民政府、江苏省民政厅官网。

（二）专业服务供给能力不断增强

随着资源投入的不断增加，江苏老年长期照护服务专业供给能力逐步提升，这集中体现在养老护理人员、服务机构和床位的增长上。其一，养老护理员及专业技术从业人员实现快速增长。如表9-3所示，2005年到2020年，江苏护理院的卫生工作人员从2005年不足300人增长至2020年的2.35万人，其中卫生技术人员从167人增长至1.23万人。2014—2019年，江苏累计培训养老护理员5万余人次，护理员持证上岗率超过80%。[①]

其二，护理院和医养结合机构等服务机构数量逐年增长。尽管护理院也可以为晚期姑息治疗患者、慢性病患者等人群提供服务，但失能失智老年人依然是主要服务对象。如表9-3所示，2005年到2022年，江苏护理院机构数量从个位数增长至292家，位居全国第一。根据《2020年江苏省卫生健康事业发展统计公报》，2020年，江

---

① 江苏省民政厅. 对省政协十二届二次会议第0163号提案的答复[EB/OL].(2019-06-25)[2022-08-18]. http://mzt.jiangsu.gov.cn/art/2019/6/25/art_78628_9354478.html?from=groupmessage.

第九章 老年长期照护服务的需求生成、供需失衡与治理思路

表 9-3 江苏省护理院历年情况

年份	护理院机构		卫生工作人员		卫生技术人员		医师	
	数量（个）	增幅（%）	数量（人）	增幅（%）	数量（人）	增幅（%）	数量（人）	增幅（%）
2005 年	3	\	277	\	167	\	48	\
2006 年	4	33.33	286	3.25	171	2.40	47	−2.08
2007 年	4	0.00	372	30.07	222	29.82	51	8.51
2008 年	13	225.00	843	126.61	460	107.21	126	147.06
2009 年	15	15.38	1 079	28.00	569	23.70	153	21.43
2010 年	19	26.67	1 412	30.86	737	29.53	162	5.88
2011 年	26	36.84	1 756	24.36	895	21.44	180	11.11
2012 年	35	34.62	2 723	55.07	1 317	47.15	268	48.89
2013 年	51	45.71	3 606	32.43	1 791	35.99	353	31.72
2014 年	57	11.76	4 347	20.55	2 118	18.26	407	15.30
2015 年	75	31.58	6 040	38.95	3 034	43.25	587	44.23
2016 年	105	40.00	7 856	30.07	4 090	34.81	832	41.74
2017 年	139	32.38	11 113	41.46	5 301	29.61	1 116	34.13
2018 年	176	26.62	15 260	37.32	7 644	44.20	1 752	56.99
2019 年	246	39.77	19 756	29.46	10 271	34.37	2 294	30.94
2020 年	292	18.70	23 466	18.78	12 276	19.52	2 877	25.41

数据来源：历年《江苏统计年鉴》。

苏省内同时具备医疗卫生资质和养老服务能力的医养结合机构共 772 家，较前一年增长 18.77%；其中养老服务机构举办医疗卫生机构的共 608 家，较前一年增长 21.36%，医疗卫生机构开展养老服务的共 164 家，较前一年增长 10.07%，医疗卫生机构与养老机构开展签约合作的有 1 532 对，较前一年增长 22.56%。

其三，照护床位数不断增长。床位数量代表了对失能失智老年人的接收容纳能力，相关床位数量增加能直接反映专业化服务供给能力的增强。图 9-3 反映了江苏护理院床位和民政机构养老床位

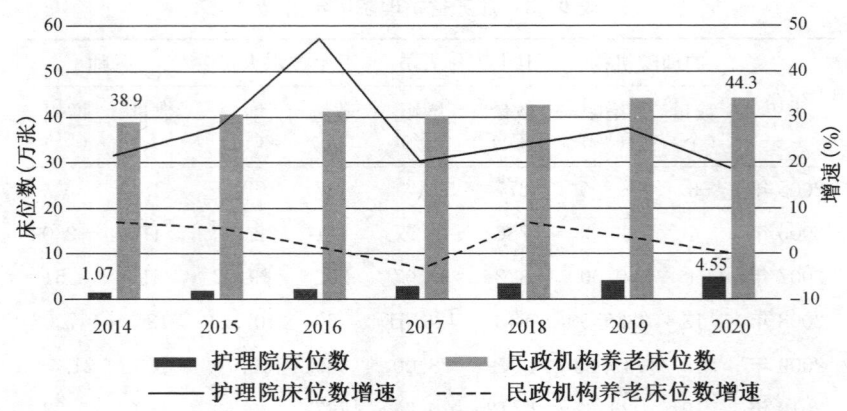

图9-3 江苏老年长期照护服务相关床位数增长状况

数据来源:历年《江苏统计年鉴》和《中国统计年鉴》。

的增长情况。2014—2020年,江苏护理院床位数从1.07万张持续增长至4.55万张,年增速保持在15%～50%之间,民政机构养老床位从38.9万张增长至44.3万张,除2017年外均实现正增长。如图9-4所示,2012年至2020年,江苏每千老年人口(60岁及以上)养

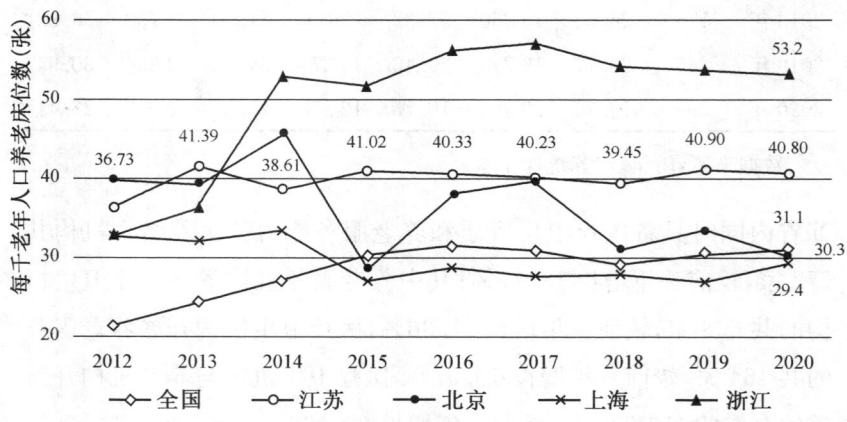

图9-4 江苏与其他省份每千老年人口(60岁及以上)养老床位数比较

数据来源:历年《中国统计年鉴》。

注:该项数据包括养老机构床位和日间照料中心等居家养老服务机构床位,从2012年开始统计。

老床位数始终高于全国平均水平10张左右,位居全国前列。此外,从2018年到2020年,江苏养老机构护理型床位从23.29万张增长至29.32万张,占比从53%增长至63.74%。①

(三) 形成非正式与正式照护相结合的供给主体格局

福利多元主义视角下,社会福利具有多元化来源,家庭、政府、机构和慈善是相互补充的福利供给者。在国家层面上,党的十九届四中全会提出,要建设"居家社区机构相协调、医养康养相结合的养老服务体系"。这也为江苏省老年长期照护服务发展提供了基本遵循规则。总体来说,江苏老年长期照护服务形成了非正式与正式照护者相结合、以家庭照护者为核心的供给主体格局。来自家庭、朋友/邻居的非正式照护,尤其是家庭照护依然是照护服务的核心供给力量,家庭照料负担沉重。

如表9-4所示,2015年,江苏接受非正式照护服务的老年人占比接近94%,接受正式照护服务的老年人仅占6.01%。年纪越大,接受正式照护服务尤其是家政服务人员和养老机构服务的老年人越多,接受非正式照护服务的老年人越少。在非正式照护中,来自志愿者等第三部门的参与不足。从正式照护服务内部来看,更多老年人在家中接受来自家政服务人员的照护服务,而接受医疗护理机构和养老机构人员照护的老年人占比分别为0.37%、1.84%,医疗护理和养老机构主体在提供老年人照护服务方面存在缺位。

---

① 江苏省卫健委. 对省政协十二届二次会议第0682号提案的答复[EB/OL]. (2019-08-13)[2022-08-18]. http://wjw.jiangsu.gov.cn/art/2019/8/13/art_59524_8670724.html;江苏省人民政府办公厅. 江苏省"十四五"养老服务发展规划[EB/OL]. (2021-10-12)[2022-08-18]. http://mzt.jiangsu.gov.cn/art/2021/10/12/art_78622_10050097.html.

表 9－4　江苏 2015 年接受照护服务老年人的照护者来源

年龄段（岁）	照料护理者来源									
	非正式照护者				正式照护者					
	家庭照护者		总计		家政服务人员（保姆、小时工等）		医疗护理机构人员		养老机构人员		总计	
	人数（人）	占比（%）	人数（人）	占比（%）	人数（人）	占比（%）	人数（人）	占比（%）	人数（人）	占比（%）	人数（人）	占比（%）
60~64	167	99.40	167	99.40	0	0.00	1	0.60	0	0.00	1	0.60
65~69	181	98.37	182	98.91	0	0.00	0	0.00	2	1.09	2	1.09
70~74	242	96.80	243	97.20	1	0.40	1	0.40	5	2.00	7	2.80
75~79	264	93.95	266	94.66	10	3.56	0	0.00	5	1.78	15	5.34
80~84	328	91.36	330	91.92	19	5.29	1	0.28	9	2.51	29	8.08
85+	342	87.92	345	88.69	32	8.23	3	0.77	9	2.31	44	11.31
总体	1524	93.44	1533	93.99	62	3.80	6	0.37	30	1.84	98	6.01

数据来源：江苏省第四次老年人生活状况抽样数据。其中家庭照护者包括配偶、儿子、儿媳、女儿、女婿、孙子女和其他亲属，朋友/邻居、志愿者为非家庭的非正式照护者。

四、老年长期照护服务的供需失衡及其成因

尽管资源投入持续增加，服务供给能力不断增强，但是江苏的老年长期照护服务供给仍与需求、需要存在一定程度的脱节，亦即仍然存在供需失衡问题。根据发生范围，可以将供需失衡划分为总量失衡和结构性失衡。

（一）供需总量失衡及其成因

尽管江苏老年长期照护服务供给能力和水平不断提升，但失能失智老年人群及其需要的持续增长，稀释了供给的增长，因而，仍然存在供需总量失衡问题。这一供需总量失衡问题，尤其体现在人均

长期照护服务资源相对短缺上。纵向来看,2014—2020年间,尽管江苏每千老年人口(60岁及以上)养老床位数始终高于全国平均水平10张左右,但是增长并不明显,这7年中实现正增长的年份仅有2年(详见图9-4)。横向对比国内其他省份和发达国家,江苏人均长期照护服务资源供给也存在不足。江苏每千老年人口(60岁及以上)养老床位数近年来一直低于浙江(详见图9-4,全国范围内还有内蒙古也高于江苏)。2019年,30个OECD成员国每千名老人(65岁及以上)拥有的长期照护服务机构床位数为46张(详见图9-5)。同期,江苏共有护理型床位数26.69万张[1],结合"七普"人口数据,江苏每千名老人(65岁及以上)拥有的长期照护服务机构床位数为19.44张,不足OECD国家平均水平的一半。

具体地看,造成老年长期照护服务供需总量失衡的原因主要有以下几个方面。

第一,家庭规模缩减伴随居住方式改变,人口流动加速,导致家庭成员对失能失智老人的照护功能弱化。与我国人口老龄化相伴随的是少子化和家庭结构小型化趋势,家庭结构变迁导致家庭可以提供照护服务供给的人口规模和比例减少,家庭中支撑照护功能的人数减少,并突出体现为老年抚养比的攀升。[2] 2000—2020年,江苏平均家庭户规模从3.23人/户降低至2.6人/户,老年抚养比从15.36%增至23.62%。同时,家庭成员照料老人的物理空间条件缺失。与西方国家先城市化、后人口老龄化不同,我国人口老龄化与城镇化几乎同步进行。[3] 因此,人口老龄化带来依靠家庭照护的老年人口不断增长,但城镇化导致支撑家庭照护的子女及其他家庭成员

---

[1] 江苏省卫生健康委员会. 对省十三届人大三次会议第4016号建议的答复[EB/OL].(2020-07-27)[2022-08-18]. http://wjw.jiangsu.gov.cn/art/2020/7/27/art_59524_9328557.html.

[2] 孙鹃娟. 中国老年人的居住方式现状与变动特点——基于"六普"和"五普"数据的分析[J]. 人口研究,2013,37(6):35-42.

[3] 黄石松,纪竞垚. 深化养老服务供给侧结构性改革[J]. 前线,2019(7):44-47.

有为与可为：积极应对人口老龄化的服务维度探索
——立足江苏的研究

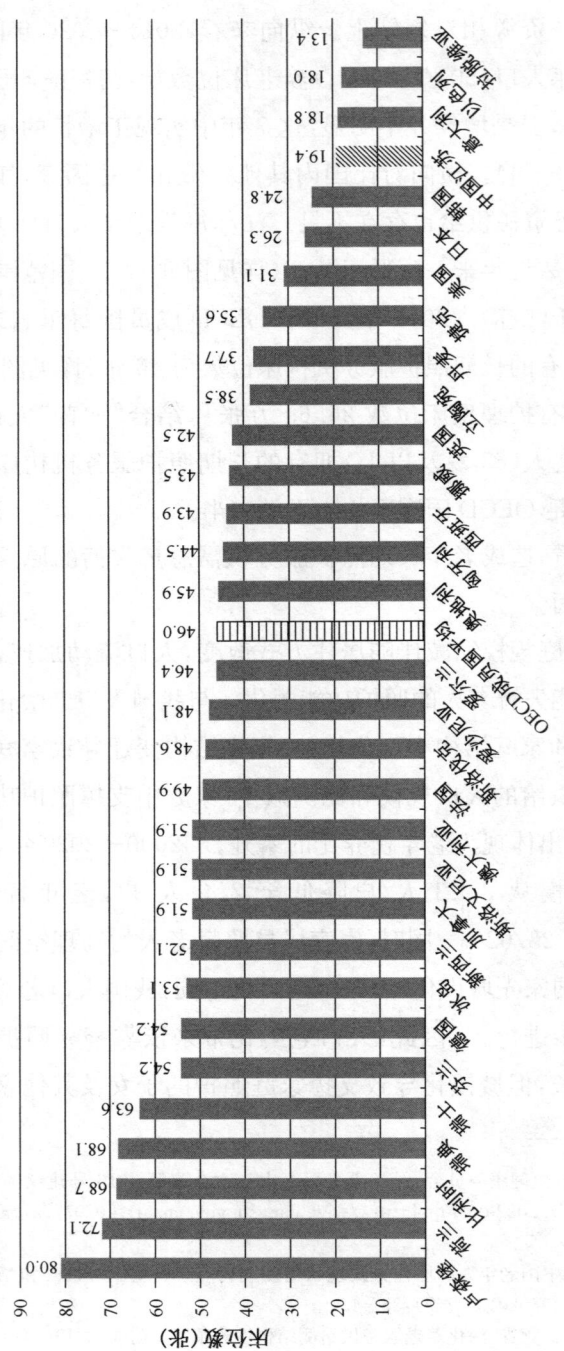

图 9-5 2019 年每千名老人拥有的长期照护服务机构床位数：江苏与 OECD 国家

资料来源：OECD《2021 年健康概览》第 10 章《老龄化和长期护理》，其中美国为 2018 年数据。

远离家庭,加之多代同堂居住方式的改变,物理距离限制了照护的可能性与频率。2018年,江苏老年人口中有52%为空巢状态,高于全国0.7个百分点;2019年空巢老人占比增长至55.3%。①

第二,政府在养老服务兜底保基本的职责方面,对于更急需、紧缺的长期照护服务重视程度和参与程度相对不足。公立养老照护服务机构主要是农村特困人员供养服务机构,少量公立养老院分布在城市。江苏民政厅养老服务机构查询网站显示,在全省2 345家养老服务机构中,公建公营和公建民营分别有1 071家、302家,政府直接供给和参与供给率分别为45.67%、58.55%;而在215家护理型养老院中,公建公营和公建民营分别有80家、14家,政府直接供给和参与供给率分别为37.21%、43.72%,远低于养老机构平均水平。此外,公立机构本应优先提供给特困供养、最低生活保障、计划生育特殊家庭,以及经济困难的高龄、空巢独居、失能等特殊困难老人,但现实中不尽如此。

第三,市场组织(即一般意义上的营利性企业)和社会组织因资源有限、经营风险高而供给乏力。一方面,除了养老行业普遍面临的资源不足问题,长期照护服务作为具有一定专业性的劳动密集型服务,人力资源成本高,各类适老化设施和辅助设备价格不菲,即使政府已经提供多项补贴,提供合格的长期照护服务的建设、经营成本依然较高。资源短缺和成本高昂叠加,为市场和社会组织进入长期照护服务市场筑起高墙。另一方面,从事老年长期照护服务业具有较高经营风险,社会资本进入意愿低。由于失能失智老年人群的自身特点,跌倒等安全事故的发生风险较大,多种疾病和身体机能的下降

---

① 江苏省统计局. 我省民办养老机构发展的现状及对策[EB/OL].(2018-06-14)[2022-08-08]. http://tj.jiangsu.gov.cn/art/2018/6/14/art_4027_7680585.html;江苏省民政厅. 我省60岁以上老年人口已占23.04% 深度老龄化凸显专业护理人员短缺[EB/OL].(2019-10-24)[2022-08-08]. http://mzt.jiangsu.gov.cn/art/2019/10/24/art_55087_8743143.html.

也使其具有更高的死亡率。

(二) 供需结构性失衡及其成因

老年长期照护服务供给与失能失智老年人需要、需求的不相符合,即为结构性失衡,出现大量养老机构床位空缺与失能失智老年人庞大需要未能完全满足并存的"错位"现象。[①] 供需结构性失衡存在于供给分布方式、内容、质量、层次和空间五个方面。

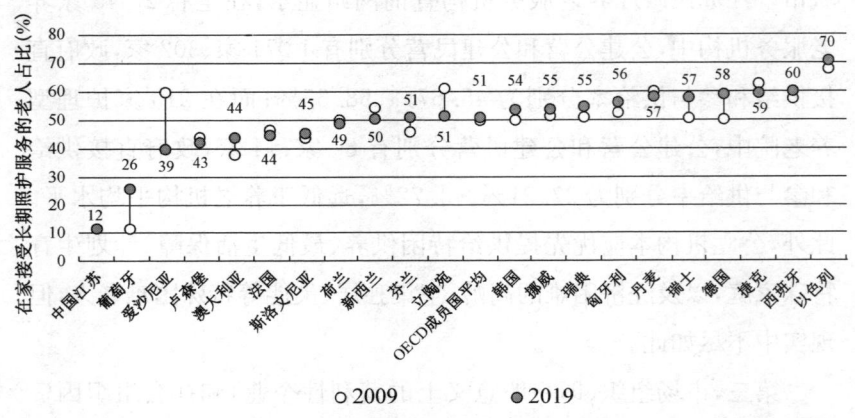

图 9-6 老人在家中接受养老服务的比例:江苏与 OECD 国家

资料来源:OECD《2021 年健康概览》第 10 章《老龄化和长期护理》。

第一,老年长期照护服务在居家、社区和机构之间分布不均衡,不协调。在政策长期鼓励养老机构的背景下,供给集中在机构,居家和社区的长期照护服务供给不足,老人"原地安养"需要未能充分满足。这既与居家和社区的大量实际需要不相符合,也与当下"9064"的养老服务建设模式不相符合。江苏消保委 2021 年调查数据显示,在 83.3%愿意选择居家养老的老年人中,62.2%的老年人希望有正式照护服务参与,33%的老年人希望以家人照顾为主,社区/相关组

---

① 张盈华,闫江.中国养老服务现状、问题与公共政策选择[J].当代经济管理,2015,37(1):51-56.

织能够提供一些上门或者托管服务。① 图 9-6 反映了 20 个 OECD 成员国 65 岁及以上老人在家接受长期照护服务，以及江苏 60 岁及以上老人在家接受养老服务的情况，其中 OECD 国家数据根据 75% 的长护服务使用者是 65 岁及以上老人计算而得。2009—2019 年，OECD 国家 65 岁及以上老人在家接受护理的长期照护服务接受者②比例从 50% 略微上升至 51%。2019 年，江苏共有 1 514 个机构（组织）开展老年人上门服务，服务人数达 229.41 万人③，结合人口数据可知 60 岁及以上老人接受上门养老服务的占比为 11.75%。即使按照《江苏省居家社区养老服务能力提升三年行动工作方案（2022—2024）》里 2024 年的约束性目标 18%，再忽略老年人口划分差异，并假设所提供的养老服务都是长期照护服务，该水平也与发达国家相差甚远。

从政策方面看，当前床位补贴、税费减免、土地划拨等各种优惠政策和鼓励措施从早些年的"补砖头"转向"补床头"，不论哪种方式落脚点都是补供方，养老照护机构得以迅速发展。但养老护理机构上门提供服务的动力不足，而那些坐落于偏远地区的养老护理机构也难以辐射至需求集中的城市地区。相比较而言，社区街道日间照料中心和社区居家养老服务中心虽然空间上可及性较高，但是规模较小，场地有限，专业力量短缺，服务供给能力不足。而且，社区养老服务供给主要面向自理、半自理老人，服务内容集中在基础膳食供应、清洁卫生、休闲娱乐等生活照料。即使部分社区能提供医疗护理

---

① 江苏省民政厅. 江苏省养老方式及服务需求研究报告居家养老仍占据主导地位[EB/OL]. (2021-10-12)[2022-08-08]. http://mzt.jiangsu.gov.cn/art/2021/10/12/art_55087_10042878.html.

② 长期照护服务接受者（LTC recipients）指从付费提供者那里接受长护服务的人，付费提供者包括了根据社会计划接受现金支付的非专业人士。由于我国没有为家庭照料者提供费用的公共政策，因此在我国长期照护服务接受者即为正式长护服务接受者。

③ 江苏省民政厅. 2019 年江苏省民政厅民生实事进展况[EB/OL]. (2019-11-11)[2022-08-08]. http://mzt.jiangsu.gov.cn/art/2019/11/11/art_78608_9400213.html.

服务,合作或内设的医疗机构通常也不过是社区(村)卫生服务中心(站),供给专业化水平较低,因而,难以惠及全部失能失智老人。

第二,失能失智老人最为需要的专业医疗护理服务供给存在不足,日常生活照料供给相对过剩,供给内容与实际需要、需求相脱节。老年长期照护服务不是治病就医,因而有别于医疗服务;也不等同于养老服务,其最重要的区别就是包含了专业护理、专业康复等医疗护理服务。根据《2018—2019中国长期护理调研报告》对23个长护险试点城市的调研,长期护理服务供给存在内容匹配偏差,最为短缺的服务内容包括协助服药、尿管等管道护理、按摩推拿等医疗护理服务。同时,不同失能程度老年人群存在不同程度的供需内容结构失衡,其中重度失能老年人供需内容脱节最为严重,医疗护理服务供给最为不足。

第三,由于专业护理人员总量不足,专业性欠佳,长期照护服务的供给质量难以满足实际需要和需求。长期照护"一对一"的服务性质,决定了与供给质量最紧密相关的是养老护理人员的数量和专业水平。2022年初,江苏共有失能失智老年人口64.2万,部分失能老年人69.7万。根据世界卫生组织通用评估标准和《民办养老机构管理办法》标准,失能、部分失能老年人应按3∶1和6∶1的比例配备养老护理员,共需要33万养老照护员。但江苏目前仅有6.13万一线养老护理人员,缺口近27万人,而其中具备高级护理员以上职称的不足0.2万人。[1] 由于存在人力资源数量缺口,现实中大量民办机构的养老护理人员由非专业人员"替补",养老护理员队伍平均年龄大,学历低,专业水平低,性别比例失调,[2]供给专业水平不能满足实际需要。

---

[1] 人民网江苏频道. 江苏探索医养结合"最优养老路径"添彩夕阳红[EB/OL]. (2022-03-04)[2022-08-08]. http://m.people.cn/n4/2022/0304/c3663-15466461.html.

[2] 江苏省统计局. 我省民办养老机构发展的现状及对策[EB/OL]. (2018-06-14)[2022-08-08]. http://tj.jiangsu.gov.cn/art/2018/6/14/art_4027_7680585.html.

第四,"哑铃型"供给层次与"橄榄型"需要、需求相脱,普惠优质的长期照护服务供给不足。老年长期照护服务存在高端与低端两头供给过多的问题,体现在两个方面:新增床位主要由高端养老院、乡镇敬老院贡献,且其床位空置率过高;而城市公办养老机构"一床难求"。2021年江苏消保委调查数据显示,老人入住养老机构平均支付的费用为2 350元/月,但从需方来看,即使是在社区照料中心或养老服务中心而非价格更昂贵的专业养老照护机构,老人可接受的日托、全托费用也仅为1 319元/月、2 198元/月,二者存在差距。① 更进一步,供给层次的结构性失衡,导致城市公办养老机构"一床难求"与农村公立照护机构、民营照护机构"床位空置"并存的现象。较发达地区的公办养老院价格实惠、质量可靠,床位供给严重不足,许多老年人需排队等待才能入住;而敬老院、五保供养服务中心等农村集中供养机构服务功能较弱,难以满足农村失能失智老年人的需求,形成空置率较高的假象;民办养老机构多为高端服务,价格高出普通家庭支付能力,出现较多床位闲置。

第五,城乡之间和苏南、苏中、苏北地区之间存在供需配置失衡,二者相互交错,导致欠发达地区供需错位程度更深,老年长期照护服务供给空间与需要、需求相脱节。随着工业化、城镇化的推进,欠发达地区劳动人口流向发达地区,以常住人口为标准的农村人口老龄化比城市更严重,加上医疗条件、物质生活和健康意识较差,欠发达地区常住失能失智老年人群占比更大。② 数据显示,江苏农村人口

---

① 江苏省民政厅.江苏省养老方式及服务需求研究报告居家养老仍占据主导地位[EB/OL].(2021-10-12)[2022-08-08]. http://mzt.jiangsu.gov.cn/art/2021/10/12/art_55087_10042878.html.
② 李建伟,吉文桥,钱诚.我国人口深度老龄化与老年照护服务需求发展趋势[J].改革,2022(2):1-21.

老龄化率高于城市 20 个百分点①,苏中、苏北地区老龄化程度明显高于苏南地区②,可以推测欠发达地区老人失能失智占比更高,对老年长期照护服务的需要更为迫切。而各类护理补贴、机构运营补贴等支持政策主要靠地方政府财政支持,越发达的地区更有可能提供力度较大的政策支持,从而在省内形成马太效应。于是,苏中、苏北地区和农村地区在长期照护服务的基础设施规模、服务供给水平、保障标准方面都存在明显短板。③ 根据《江苏"十四五"养老服务发展规划》,农村特困人员供养服务机构护理型床位占比在 2020 年末水平为 50%,2025 年将达到 55%;而全省平均水平在 2018 年就达到 53%④,2022 年 3 月已达到 65%⑤。在农村地区养老床位数总量不足的情况下,护理型床位相比城市更为短缺。

供需空间结构性失衡下,居民对包含长期照护服务在内的养老服务满意度也出现空间差异。2017 年,不论是社区居家养老服务还是养老机构服务,城镇地区和苏南地区的居民满意度均高于全省平均水平,苏中、苏北地区以及农村地区的服务满意度相对更低,具体参见表 9-5。

---

① 江苏省人民政府.农村老龄化率高于城市 20 个百分点,"未备先老"更突出补齐短板,让"田园养老"更普惠可及[EB/OL].(2021-12-17)[2022-08-08]. http://www.js.gov.cn/art/2021/12/17/art_60095_10217268.html.

② 江苏省民政厅.《2021 年江苏省老龄事业发展报告》发布养老服务能力不断增强[EB/OL].(2021-10-03)[2022-08-08]. http://mzt.jiangsu.gov.cn/art/2021/10/3/art_78574_10035698.html.

③ 江苏省统计局.聚焦基本公共服务巩固脱贫攻坚成果[EB/OL].(2021-07-27)[2022-08-08]. http://tj.jiangsu.gov.cn/art/2021/7/27/art_4027_9952324.html.

④ 江苏省卫健委.对省政协十二届二次会议第 0682 号提案的答复[EB/OL].(2019-08-13)[2022-08-08]. http://wjw.jiangsu.gov.cn/art/2019/8/13/art_59524_8670724.html.

⑤ 江苏省民政局.破解养老服务"难中之难"!江苏"十四五"期间养老机构 70%床位向失能老人倾斜[EB/OL].(2022-03-09)[2022-08-08]. http://mzt.jiangsu.gov.cn/art/2022/3/9/art_55087_10370592.html?from=singlemessage.

第九章 老年长期照护服务的需求生成、供需失衡与治理思路

表9-5 2017年江苏养老服务满意度(%)

养老服务		社区居家养老服务	养老机构服务
分城乡	城镇	73.50	68.00
	农村	68.10	65.20
分地区	苏南	75.50	69.40
	苏中	69.80	64.70
	苏北	68.80	66.00
总体水平		71.70	67.10

数据来源:江苏省统计局网站统计信息《多措并举狠抓落实全省基本公共服务满意度稳步提高》。

上述长期照护服务发展五个方面的供需结构性失衡,有各自的生成原因,但都与发展基础、国内外大环境等现实因素有关,更与深层次的体制机制相联系。在体制机制方面,长期照护服务发展面临政出多门、九龙治水的碎片化格局。① 多部门交叉管理领域的长期照护服务,由于部门间理念、政策、标准的不统一,有限资源难以得到优化配置。例如,民政部门以机构护理型床位为着力点,将其作为重要发展目标和绩效考核指标,并将其作为财政支持和补贴的依据,而卫健部门注重发展同时具备医疗卫生资质和养老服务能力的医养结合机构、护理院、疗养院,如此一来便分散了本就有限的政府公共资源。

五、老年长期照护服务供需失衡的治理思路

老年长期照护服务供需失衡的治理路径,应该是同时推进需求侧管理和供给侧结构性改革,力求在更高水平上实现供求关系新的动态均衡。而供需双方数据信息的有效及时传递在其中起到基础作用,因而也需要重视数据监测的中介作用。

(一)加强数据监测体系建设,把握长期照护服务需求状况

要动态监测老年长期照护服务市场,包括需求侧健康状况、经济

---

① 杨团.中国长期照护的政策选择[J].中国社会科学,2016(11):87-110,207.

条件、家庭照护、支付能力,以及供给侧供应商性质、规模、地址等数据,并建立供需两侧畅通的信息传输渠道。这些资料不仅能有效体现当下并预测未来的失能老人状况、长期照护服务需求量、建设供给成本等,为政府产业规划和规制政策出台提供依据,还能减少老人选择供给方式和机构时的信息不对称,促进市场机制发挥。各类数据中,最为基础的是老年人口数据。目前,全国性老年人口数据主要来自国家统计局进行的人口调查和高校组织的社会调查,前者如中国城乡老年人口状况抽样调查,后者如中国健康与养老追踪调查(CHARLS)、中国老年健康影响因素跟踪调查(CLHLS)、中国老年社会追踪调查(CLASS),但不同数据反映出的老人尤其是失能老人的身体、经济及社会状况存在较大出入。许多OECD国家有负责长期照护需求数据监测的政府机构,如美国国会预算办公室、卫生与人类服务部计划和评估助理部长办公室,对失能失智老人等人口数据和公共预算支出进行评估和预测。

因此,我国亟须整合、共享现有数据资源,要基于现有数据调查体系,以统计部门为基础,建立一套科学有效且统一的长期照护服务数据监测体系。此外,在保护个人隐私的前提下,应开放数据以便学界深度挖掘与分析,多方参与更有利于借智于民。江苏可以利用现有的民政、卫健、医保等数据平台,建立并完善省级智慧养老服务综合平台,实现不同政府部门、行政级别长期照护服务数据信息的央地联动、部门互通。在方法层面,可以借鉴上海在全市推广老年照护统一需求评估标准的做法,整合各市现行不一致的规定,统一全省评估标准,尽量准确把握全省老人长期照护服务需求。

(二)加强需求侧管理,减弱老年人的多维脆弱性

科学管理老年长期照护服务需求,降低老年人口的健康、经济、社会脆弱性,要着力预防和减少失能失智,增强老年群体购买力,改善传统思想观念,在提高老人生存韧性的同时有序释放潜在需求。

其一,运用健康干预与提前预防、互联网技术、科技辅助器具等方式,减小失能失智概率并降低其程度,从而减小老年人的健康脆弱性。积极开展老人失能失智预防干预工作,广泛开展健康教育,倡导健康生活方式,引导老人建立积极养老的心态。引导养老服务业以满足老人需求和改善其生活状况为出发点,充分考虑使用者生理心理特点设计产品,避免养老服务设施设备"重显示端、轻用户端"的问题,提升对老人身心健康状况的监测能力,增强老人独立生活能力。

其二,为经济困难的失能失智老人提供基本保障,健全老年补贴制度并积极探索中国特色的全民基本收入方案,鼓励个人和家庭做好养老储备,减小老年人的经济脆弱性。针对叠床架屋的"补需方"政策,整合多部门养老服务、护理和高龄补贴等多项政策,基于失能失智老人照护成本缺口,统一财政补贴标准,建立补贴标准并建立合理调节机制。鼓励发展个人养老金和企业年金制度,倡导个人和家庭为将来的老年生活提前做好准备。发扬孝道文化,鼓励子女对长辈给予能力范围内的经济支持。

其三,提升老年人现代社会适应能力,削弱老年人的社会脆弱性。引导社会提高对养老照护机构的认可度,消除老人对机构养老的排斥心理。逐步消除老人对智能技术设备的抵触心理,帮助老人跨越"数字鸿沟"。倡导并践行整个社会的积极老龄观,减少社会经济生活中对老人的排斥甚至歧视,形成尊重老人、维护老人正当权益的社会氛围。

(三) 深化供给侧结构性改革,促进老年长期照护服务高质量发展

推进老年长期照护服务供给侧改革,既要促进多元主体协同生产以弥补供给总量缺口,更要以老人需要为导向,从分布方式、内容、质量和空间多个方面改善供给结构,还要增强政府包容性规制以实现有序发展。

第一,推进多元主体协同治理。合理把握多元供给主体间和内部的定位与职责,使政府、企业、社会组织之间和政府府际各尽其能、各展其长,实现优势互补和分工协作的协同治理。其一,明确政府兜底保障的功能定位,政府应优先保障经济困难且急需照护的失能失智老人,确保公立养老院首先满足经济困难老人的入住需求,逐步扩大基本养老服务的提供水平。其二,探索打破业务部门分割的管理体系,理顺中央与地方、政府各部门之间的财务和业务关系。从长远看,为应对人口老龄化趋势,有必要建立长期照护服务管理机构,整合跨部门、跨地区资源,统一全国长期照护服务规则、标准和规制体系。其三,培育和调动社会力量和社会创新,发展长期照护市场化营利性服务产业和社会化非营利性服务事业。完善长期照护服务机构鼓励政策,建设健全运营补贴、税费优惠、水电气热执行居民价格等支持政策,加大对养老企业普惠金融支持力度,加强养老服务用地保障,为营利性和非营利性机构培育良好营商环境。此外,推广北京、成都等地社会企业发展经验,通过政府购买、专业咨询、品牌推广宣传等方式,重点培育养老照护等社会服务领域的社会企业和社会组织,支持可支付、普惠性的中低端老年长期照护服务发展。①

第二,补短板、强弱项,优化资源配给结构。充分引导社会福利资源流向老年长期照护服务短板领域,调整供给结构以达到与需求分布方式、内容、质量、层次和空间的适配。其一,在增强居家社区供给力量方面,通过政府购买、服务推广等方式鼓励发展社区嵌入式长期照护服务,支持社区闲置资源升级,打造社区街道养老服务中心,鼓励资源向居家社区倾斜。同时,从法律和政策上承认家庭成员照料失能失智老人的经济社会价值,定期培训家庭照护者并提供免费喘息服务,给予有工作的家庭照护者照护休假,鼓励家庭非正式长期照护的投入。其二,在增强专业化医疗护理服务供给方面,基于整合照护(Integrated Care)理念,增强职业院校护理专业实力与护理员护理技能培训强度,鼓励基于社区的中小型养老机构发展医疗护理

---

① 高传胜.“老有所养”,中国该如何养？——基于养老服务与保障关系及发展的思考[J].兰州学刊,2016(11):163-169.

服务，发展护理院、疗养院等具备医疗护理服务能力的照护机构。其三，在提高老年长期照护服务质量方面，挖掘欠发达地区家庭妇女等闲置劳动力资源，完善职业补贴、技术补贴等优惠政策，教育培训，以及职业资格鉴定体系，着力提高养老护理员社会经济地位，吸引人力资源进入并稳定现有人才队伍。其四，在平衡老年长期照护服务空间发展方面，需要中央、省级政府通过差额拨款等调剂手段，向欠发达地区提供更多的财政、税收、补贴等支持，减轻地方财力不足的压力。与此同时，欠发达地区也应充分利用土地资源丰富、劳动力成本较低的比较优势，注重适合本地特色的创新发展。例如，在乡情浓厚的地区发展以低龄老人服务高龄老人为主要形式的互助养老，盘活闲置农房资源，鼓励村集体经济支持养老服务发展。

第三，促进政府包容性规制。以包容性发展的理念实现长期照护服务业政府规制，充分发挥政府、行业、民众和自我规制的共同作用，保护老人作为消费者和公民的合法权益。[①] 其一，强化长期照护服务过程、质量、效果的事中事后规制，切实降低行业门槛，采用"双随机、一公开"规范养老服务检查，通过"黑红名单"赏善罚恶并建立长护服务信用体系，灵活运用大数据等技术提升规制准确性和及时性。其二，发展长期照护服务的行业协会、第三方评估机构、新闻媒体等组织，鼓励行业出台行为规范、评星定级等标准，畅通公众检举和投诉渠道，营造社会共同监督的氛围。其三，倒逼照护机构加强自我规制，严格规范内部管理制度，定期开展工作人员职业道德教育与培训，运用监控等电子设备提高服务过程对老人家庭的可探视性和透明程度，提升养老照护机构的认知度和认可度。

---

① 高传胜.论包容性发展的理论内核[J].南京大学学报(哲学·人文科学·社会科学版),2012,49(1):32-39,158-159.

第十章　积极老龄化视角下老年教育发展

人口老龄化已是我国的基本国情,江苏自然也不例外。发展老龄事业,是积极应对人口老龄化的重要举措,这不仅直接影响到老年群体的日常生活,而且关系到人口结构转型能否与经济社会发展状况相适应。因此,近些年国家和地方陆续出台了一系列政策文件,推进老年事业发展,积极应对人口老龄化。2021年颁布的《中共中央国务院关于加强新时代老龄工作的意见》强调要把积极老龄观、健康老龄化理念融入经济社会发展全过程,并特别提出要促进老年人社会参与,扩大老年教育资源供给,鼓励老年人继续发挥作用。

老年教育,是老龄服务、老龄事业不可或缺的部分。它是老有所学的重要实现方式,也有助于更好地实现老有所为。因此,面向老年群体的需求,发展老年教育,有助于更好地满足老年人的美好生活需要。考虑到目前老年教育发展还不够充分、平衡,亟须在积极老龄化视域下进一步探讨加快推进其实现以需求为导向的高质量发展的可行之路。

一、发展老年教育、积极应对人口老龄化具有重要意义

(一)发展老年教育,是满足老人需求的客观需要

江苏是国内人口老龄化来得比较早、目前程度也比较高的省级地区,因而,需要更加积极地应对人口老龄化。加强老年教育和老年学习,则是积极应对人口老龄化不可或缺的重要途径与方式。

首先,老年人日常生活需求呼唤老年教育。随着知识更新换代,老年人原有的知识结构体系与当代社会发展出现脱节,甚至难以满足日常生活需要。互联网兴起带动支付方式和生活方式的革命性变革,从"现金"到"电子货币"、从菜单点单到"扫码下单"、从有线电视到网络电视、从移动通话到网络通信……平台经济的蓬勃发展也进一步加剧老年人日常生活困境。据《老年人出行现状调查报告》显示,有21%的老年人日常出行距离不足1公里,这相当于在五个老年人里,就有一个被困在了出门的"第一公里"。[1] 因此,老年人更新知识结构、适应社会环境的需求呼唤老年教育。

其次,老年人精神追求需要老年教育。随着经济发展和生活水平的提高,人们对于美好生活的需求不再只停留在物质层面,还有更多精神层面的需求。老年群体大多退出劳动力市场,闲暇时间比较多,有更多时间追求个人兴趣爱好,弥补年轻时受经济基础限制留下的遗憾,并在学习中得到自我满足感,开启"第三人生"。Tam 通过对香港17个学习中心的519名55～75岁学习者进行调查,并对18名学习者及21名未学习者进行深度访谈,结果发现老年人参与学习的动机有三个:充实或丰富自己、对某个学习项目或内容感兴趣以及存在未完成的求学梦。[2] Helterbran 对重返大学校园以获得学士学位的老年人进行半结构化访谈,研究发现,老年人参与动机在于追求乐趣与丰富自身。[3]

而且,老年人脱离了劳动力市场,不仅中断了自我价值的实现途径,也大大减少了与他人沟通交流的机会和渠道。不再参与社会生产活动的人容易与社会产生割裂,滋生消极情绪。有调查研究表明,

---

[1] 半月谈."银发少年"互助模式,助老出行开辟新路径[EB/OL].(2022-07-15)[2022-07-24]. https://mp.weixin.qq.com/s/ARs1KMShwv-SpEXRvWNniQ.

[2] TAM M. Later life learning experiences: listening to the voices of Chinese elders in Hong Kong[J]. International journal of lifelong education, 2016, 35(5): 569-585.

[3] HELTERBRAN V R. Lessons in lifelong learning: earning a bachelor's degree in retirement[J]. Adult learning, 2016, 28(1): 12-19.

低龄老年群体刚刚经历社会角色转变,而心态并未随之顺利调整,可能会出现心理危机。这一年龄阶段的老人需要过渡性社会活动舞台,帮助他们实现心态调整,老年教育则重新搭建起老年人参与社会的平台,通过老年人的组织化参与精神文明劳动创造,让个体重新拥有社会归属感和自我价值,减少进入老龄期的负面情绪以保持心理健康。

此外,老人文化教育水平也影响老人对老年教育的需求。中科院心理健康研究团队在对高学历(高中以上受教育程度)老人的心理健康状况及影响因素进行定量分析后,发现教育因素对于老年认知功能和心理健康状况正向影响显著,高学历老人更注重人际交往、生活情趣并适当参加一定的工作[1][2];Cincinnato 等基于文化资本理论评估社会背景对成人教育参与的影响,发现社会背景对成人教育参与影响的总效应中有 63%~93% 的效应是由自身教育程度调节的。[3] 第七次全国人口普查数据显示,我国 60 岁及以上人口中,拥有高中及以上文化程度的有 3 669 万人,比 2010 年增加了 2 085 万人;高中及以上文化程度的人口比重为 13.90%,比十年前提高了 4.98 个百分点。[4] 随着我国老年人整体文化水平的提高,老年人对于老年教育的需求也越来越高。

(二) 发展老年教育,有助于优化社会保障、财政等支出结构

老年教育通过增进老年人健康,还能间接影响医疗费用支出,进

---

[1] 陈天勇,李德明,李贵芸.高学历老年人心理健康状况及其相关因素[J].中国心理卫生杂志,2003(11):742-744.

[2] 岳春艳,王丹,李林英.老年人心理健康状况及与社会支持的相关性[J].中国临床康复,2006(18):53-55.

[3] CINCINNATO S, DE WEVER B, VAN KEER H, et al. The influence of social background on participation in adult education: applying the cultural capital framework [J]. Adult education quarterly, 2016, 66(2): 143-168.

[4] 教育部.第七次全国人口普查数据结果显示十年来我国人口受教育水平明显提高[EB/OL].(2021-5-12)[2022-08-20]. http://www.moe.gov.cn/jyb_xwfb/s5147/202105/t20210512_530993.htm.

而减少医疗费用支出,减轻政府财政压力,优化财政支出结构,助力财政支出结构从"消极性"支出向"积极性"支出转变。

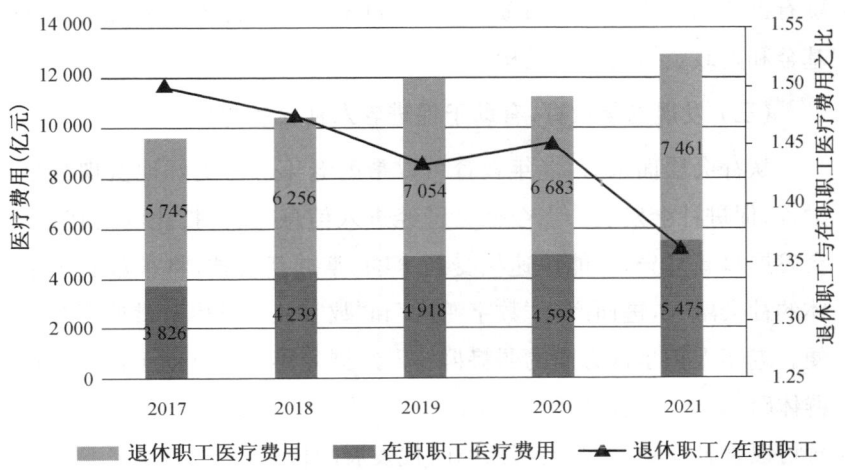

图 10-1　医疗机构发生费用中退休与在职职工分布状况

数据来源:2018—2021 年《全国医疗保障事业发展统计公报》。

一方面,老年群体身体状况的脆弱性影响到医疗保障基金支出。我国职工基本医疗保险实行社会统筹与个人账户相结合的制度模式。在国家医保局推行门诊互助共济制度之前,个人账户基金主要用于药店医疗费用支出,而社会统筹基金则主要用于医疗机构的医疗费用支出。图 10-1 反映了近些年在医疗机构发生的医疗费用中退休职工与在职职工的各自费用。从中可以明显看出,退休职工费用始终大于在职职工费用,尽管二者之比处于下降趋势。

另一方面,老年教育丰富了老年人的精神生活,增加了其生活乐趣,并对其心理和生理健康产生了积极影响。心理学研究表明,积极情绪能够激活一般的行动倾向,对于认知具有启动和拓展效应,是心理健康的重要组成部分,同时对身体健康也有促进作用。① 老年教

---

① 郭小艳,王振宏. 积极情绪的概念、功能与意义[J]. 心理科学进展,2007(5):810-815.

育提供的社会支持网络,显著改善老年人的心理健康状况[①][②],提高老年人生活满意度,激发积极情绪,促进老年人身体保持健康。这无疑有助于节省老人的医疗费用支出,进而优化医疗保障等社会保障基金和财政资金的支出结构。

(三) 发展老年教育,有助于促进老人社会参与

从社会层面来看,老年教育可以帮助老年群体更好地实现社会融入,促进社会发展。当今社会已经进入信息化、科技化的时代,社会发展日新月异,不能快速接受新事物、掌握新科技,将很难实现个体的社会融入,进而产生"数字鸿沟"和"数字社会排斥",遭遇诸多不便。老年人正是这方面的弱势群体。发展老年教育有助于帮助老年群体跨越"数字鸿沟",让他们跟上信息化时代的发展步伐。老年教育可以弥补空缺,架起老年人与时代发展的桥梁。

二、江苏老年教育发展的基本状况与地方性积极探索

从老年教育供需角度来看,一方面,持续增长的老年群体对老年教育的需求量越来越大,另一方面,我国老年教育供给总量却严重不足。根据老年教育蓝皮书提供的 29 个省份调查数据,目前我国老年教育办学机构(包括县以上老年大学数和基层老年教育机构数)总数为 111 730 所,其中县以上老年大学 8 210 所;乡(镇、街)以下基层老年教育机构 103 520 所。[③] 尽管国家已经在老年教育方面做出了努力,并取得了明显进展,但老年大学"一座难求"的报道依然屡见不鲜,老年教育依然无法满足当前老年群体的多样化、多层次需求。因

---

① 陈立新,姚远. 社会支持对老年人心理健康影响的研究[J]. 人口研究,2005(4):73-78.
② 瞿小敏. 社会支持对老年人生活满意度的影响机制——基于躯体健康、心理健康的中介效应分析[J]. 人口刊,2016,38(2):49-60.
③ 中国成人教育协会老年教育研究中心. 第八届老年教育国际研讨会举行发布老年教育蓝皮书[EB/OL]. (2022-1-13)[2022-06-09]. http://www.goschool.org.cn/lnjyxx/zxtz/2022-01-23/37897.html.

此,一方面要直面问题,健全老年教育供给体系,增加老年教育有效供给,满足老年群体的教育需求;另一方面要从政府政策角度优化老年教育支持方式,积极应对人口老龄化带来的经济和社会挑战。江苏在这方面已经做出了积极努力,并取得了不少地方性探索成果。

(一) 江苏老年教育发展的基本状况

随着江苏省人口老龄化水平的不断提高,省政府对老龄服务领域的关注也持续增加,从原有的养老设施、老年人就医、养老服务等拓展至社会照护、老年教育等更多领域。早在 2007 年,江苏省政府办公厅印发的老龄事业和教育事业发展"十一五"规划中,便从老龄和教育两个领域同时关注发展老年教育,并且设置了相应的目标指标。此后的几个五年规划期间也都有相关政策文件出台,具体可参见表 10-1。总体来看,老年教育发展得到了政府大力推动,老年教育服务体系也不断建立健全,服务水平与质量则在进一步提高。

表 10-1 "十一五"至"十四五"期间江苏省出台的老年教育相关政策

时期	文件标题
"十一五"时期 (2006—2010)	《江苏省政府办公厅关于印发江苏省老龄事业发展"十一五"规划的通知》 《江苏省政府办公厅关于印发江苏省教育事业发展"十一五"规划的通知》 《中共江苏省委江苏省人民政府关于加快我省老龄事业发展的意见》 《中共江苏省委江苏省人民政府关于印发〈江苏省中长期教育改革和发展规划纲要(2010—2020 年)〉的通知》
"十二五"时期 (2011—2015)	《江苏省政府关于加快完善终身教育体系的实施意见》 《江苏省政府关于进一步加大财政教育投入的实施意见》 《江苏省政府关于印发江苏省"十二五"老龄事业发展规划的通知》 《江苏省政府办公厅关于印发江苏省"一二五"教育发展规划的通知》 《江苏省政府办公厅关于加强继续教育工作推进学习型社会建设的意见》 《江苏省政府关于加快发展养老服务业完善养老服务体系的实施意见》

(续表)

时期	文件标题
"十三五"时期 （2016—2020）	《江苏省政府办公厅关于印发江苏省"十三五"老龄事业发展规划的通知》 《江苏省政府办公厅关于印发江苏省人口发展"十三五"规划的通知》 《江苏省政府办公厅关于制定和实施老年人照顾服务项目的实施意见》
"十四五"时期 （2021—2025）	《江苏省政府办公厅关于促进养老托育服务高质量发展的实施意见》 《江苏省政府办公厅关于印发江苏省妇女发展规划和儿童发展规划的通知》 《江苏省政府办公厅关于印发江苏省"十四五"公共服务规划的通知》 《江苏省政府办公厅关于印发江苏省"十四五"老龄事业发展规划的通知》 《江苏省政府办公厅关于印发江苏省"十四五"教育发展规划的通知》 《江苏省政府办公厅转发省发展改革委关于推动生活性服务业补短板上水平提高人民生活品质行动方案（2022—2025年）的通知》

资料来源：江苏省人民政府网站。

1. 政府部门大力推动老年教育发展

老年教育发展是在政府支持下进行的，投入力度持续加大并不断进行政策建设。在政策上，立足社区教育，将老年教育纳入终身教育体系，落实省财政的经费补贴，采取政府购买服务等方式鼓励社会各界支持老年教育，推动学习型社会的建设；在管理体制上，政府公职人员可以任职于老年大学或者老年教育委员会指导老年教育的办学管理；在目标设置上，每个五年规划，江苏省政府均制定相应的发展指标，提高老年教育的参与率，具体如表10-2所示。

表 10-2　江苏省"十五"至"十四五"期间江苏省老年教育发展目标

目标	"十五"	"十一五"	"十二五"	"十三五"	"十四五"
老年人口学习参与率	超过老年人总数的5%	不低于10%，条件好的地区力争15%以上。	达到10%以上，条件好的地区力争15%以上。	达到20%	预期目标25%

注：根据江苏省人民政府官网公布数据整理。

2. 构建老年教育服务网络体系

从办学规模指标的扩大到老年大学、老年开放大学、网上老年大学、直播教学、云课堂等办学形式的多样化，再到老年教育课程体系的开发与探索，江苏省由面到点地完善老年教育政策内容，推动老年教育"县—乡—村"三级社区老年教育办学网络。目前，江苏省老年教育网络体系已经初步构建，省内部分地区已经形成老年教育三级网络全覆盖，初步实现老有所学的目标。

3. 推动老年教育高质量发展

江苏省老年教育在追求数量增长的同时注重高质量发展。江苏已建成全国社区教育示范区 12 个、国家级社区教育实验区 16 个，省级社区教育特色品牌 71 个，省级老年教育资源库 21 个，"江苏老年教育"平台开通运行，实现每个设区市建有 3 所、90%以上的县（市）建有 1 所老年大学的目标。① 目前，全省共有老年教育机构 8 792 所，其中老年大学 219 所，经常性参与教育活动的老年人占老年人口总数的比例达 23%。② 截至 2021 年 9 月，全省共有 10 所全国示范性老年大学，131 所省级示范性老年大学和老年学校。③

---

① 江苏省人民政府. 教育事业[EB/OL]. (2022-5-19)[2022-06-08]. http://www.jiangsu.gov.cn/col/col31384/index.html.

② 江苏省人民政府. 对省十三届人大四次会议第 5015 号建议的答复（关于推动我省养老服务高质量发展的建议）[EB/OL]. (2021-08-10)[2022-06-08]. http://www.jiangsu.gov.cn/art/2021/8/10/art_59167_9970005.html.

③ 江苏省老年大学协会. 江苏省老年大学协会简报（2021 年第 3 期）[EB/OL]. (2021-11-27)[2022-08-21]. https://mp.weixin.qq.com/s/XqCgNCvilZ6GBMfGl7oXmg.

（二）江苏各地发展老年教育的积极探索

在国家、江苏省政府政策文件指导下，江苏各地也结合自身实际情况与优势，积极探索老年教育高质量发展之路，并形成了一些先进典型与有益做法。

1. 南京："一点一面"带动基层三级老年教育网络全覆盖

南京作为江苏的省会城市，在全省乃至全国的经济发展都较有优势，老年教育的发展也走在全省前列。在南京老年教育的发展中，金陵老年大学和江宁区老年教育这"一点一面"是南京老年教育发展的示范和标杆。通过"一点一面"的发展，探索以点带面的老年教育发展可能，拓展老年教育网络向基层延伸的同时保证教学质量。

"一点"指的是以金陵老年大学办学资源为依托，在南京市各地挂牌金陵老年大学分校，实现各地资源共享。概括起来，其发展具有以下特色：一是南京市政府的大力财政和政策支持保障了教学物质基础；二是与时俱进的教学管理体制保障了教学质量；三是教学内容的丰富性和多层次性增加了对老年人的吸引力。

金陵老年大学的资源优势让其在老年人中备受欢迎，但由于办学场地有限，难以满足广大老年群体的需求。鉴于此，政府推动金陵老年大学在各区、街道进行挂牌办校，整合街道社区的场地资源和金陵老年大学的师资、课程内容等资源，让金陵老年大学不再"一座难求"，在家门口就能接受优质老年教育。

"一面"指的是江宁模式，除区级的江宁老年大学外，在江宁各街道发展老年大学，并进行社区集镇的教学点延伸，形成全区"区—街道—社区"三级办学网络。在经费投入上，区老年学校的办学经费基本列入了区、街财政年度预算；在教师和教育管理队伍上，采取兼职或外聘模式开展教学和教育管理；在教育内容上，区老年教育的内容丰富多彩，涵盖广泛，包括生活常识、体育健康、书法绘画类、器乐类、科技类等多个领域。① 2017年江宁社区老年教育全覆盖、区老年大学特色经验双双入选中国老年大学协会"五个十工程",高水平老年教育已成为江宁一张闪亮名片。具体来说,江宁模式具有以下几个特点。

一是将教学点和教学资源下沉,增加老年人参与老年教育的机会。教学点下沉让老年教育融入社区和社会,因地制宜、因人制宜地提供普及、便捷、实用的教育服务。推动老年群体与时俱进,重新融入社会,参与社会活动。

二是整合社区教育资源,提高老年教育的服务水平。整合各街道、社区原有的教育资源,社区老年学校与社区居民学校共享资源,包括校舍、设施设备、师资、志愿者等,共同发力,更充分地利用当地资源为老人服务,提高服务水平。

三是打破入学年限限制,实现老年教育的精神养老社会功能。老年教育作为实现积极老龄化的方式之一,不仅是为了让老年人入学学习某项课程、拿到证书,更是要以这种形式为老年群体提供丰富的精神文化生活,提高老年人社会参与度,并保持积极健康的生活习惯和生活态度。

在"一点一面"的带动下,截至2020年11月,南京全市有1 391所(个)老年大学(老年学校、教学点、收视点和其他老年教育单元),已经形成市、区、街道和社区的四级老年教育网络。在校(在点、在线)学习的老年人大约30万人,约占全市老年人口20%。据金陵大学副校长叶南客教授介绍,全市规模以上老年大学(街道以上有一定规模的老年大学,包括南京企业办的老年教育、高校办的老年教育,不包括社区老年学校)共37家,在校生约5.2万人。市、区两级老年

---

① 国家开放大学老年大学. 5万学员快乐"充电",老年教育成南京江宁新名片[EB/OL]. (2019-09-01)[2022-06-09]. http://www.lndx.edu.cn/Pages/NewsInfo/2019/09/01/8a3c2791-aea8-4e37-b8aa-8af165cd7150.html.

开放大学建成率达到100%,各级公共文化设施均向老年人免费开放。①

2. 南通:老年教育"三三三工作法"

从整体上看,南通市老年教育以实施"老年教育百千万工程"为抓手,探索出了具有地区特色的老年教育"三三三工作法",即在老年教育内容上重视"三型"——知识型、休闲型、保健型;在老年教育形式上突出"三化"——信息化、多样化、特色化;在老年教育课程上实现"三接"——与社区居民需求有效衔接、与区域经济社会发展无缝连接、与地方社会治理工作全面对接。上述做法实现了南通全市老年教育的全覆盖和充分供给。②

3. 淮安:"699"电视学习互动平台打破学习限制

"699"电视学习互动平台是淮安市探索发展老年大学的新成果,于2017年4月正式开通上线,是江苏省第一个以数字电视技术为基础,以智能终端为支撑,借助云计算、互联网、物联网等新兴信息技术,集报刊、广播电视、互联网功能于一体的老年教育综合服务平台。打开电视机,按下"699"三个数字即可进入老年大学的电视学习互动平台,并进行学习内容和互动内容的选择。这种利用互联网技术,以电视机为载体的老年教育线上教学互动的创新突破了线下老年教育的种种限制,提高了老年群体学习互动的积极性。

一是学习方式的创新,突破名额和空间的限制,使"老有所学"成为可能。一般来说,老年大学入学有一定的名额限制,先到先得,需要掐点"秒杀","一座难求",电视学习互动平台将线下课程搬到线上,老年学员在家中即可随时收看免费的课程。

二是学习载体的创新,降低了参加老年教育的技术门槛。当前

---

① 叶南客.城市老年教育发展取得的主要成效[EB/OL].(2022-06-22)[2022-07-09]. https://mp.weixin.qq.com/s/pK0eaeZtz4454-a-Vydc_A.

② 景圣琪,马素萍,高洪波.基于供给侧教育改革的老年教育创新实践与探索——以南通市老年教育为例[J].南京广播电视大学学报,2017(3):1-4.

的互联网技术发达,在日新月异的科技发展面前,大部分老年人难以运用电脑进行自主学习,对网络在线老年教育只能望洋兴叹。而电视机是家常电器,绝大多数老人都会使用,将老年教育学习平台从电脑搬到电视机上,降低了老年人参与老年教育的难度。

三、江苏老年教育发展面临的突出问题

江苏省老年教育经过政府多年的努力推动一直处于持续发展之中,并且从数量到质量都取得了不俗成绩,但是,与老年人的美好教育需求相比,服务供给仍然存在着进一步推进与提升的空间,实现"老有所学"尚需持续不断地努力。因此,需要找准老年教育在发展中面临的关键突出问题,以便从供给端发力,推动老年教育走上以需求为导向的高质量发展。

(一) 积极老龄观尚需有效践行,政策法规尚待完善

发展老年教育是实现积极老龄化的重要途径,老年教育本身也需要老人的积极参与。然而,当前江苏省内老年教育的主要方式依然是,聘用教师以授课形式进行相应的教学活动。虽然老年人参与老年教育比较积极,但绝大多数处于被动接受角色,主动参与尚未得到激发。老年人都有丰富的人生经历和经验,对于问题的认识也较为深刻,应当充分发掘其主动性,积极参与老年教育,形成教学相长、教学相融、学而优则教、有劣则学的积极氛围。

尽管徐州是我国第一个制定并施行《老年教育条例》的地级市,但江苏省至今尚未出台省级层面的《老年教育条例》。没有统一的法规制度进行管理,没有明确的第一责任部门统一领导协调,导致江苏省老年教育发展缺少顶层系统设计,管理也无法可依,只能依靠社会团体性质的江苏省老年大学协会对其中的老年大学(协会)成员进行管理。然而,老年大学协会属于民间自治组织,不具有强制约束力,也并非所有老年教育机构都是老年大学协会成员,这就使得部分老年教育机构的日常管理存在真空地带。

(二) 老年教育的主管部门不明确,多头管理缺乏有效协调

老年教育法律法规的缺失直接导致老年教育的管理体制不清。老年教育横跨教育、养老、文化等多个领域,老年教育的主管部门也不统一。以江苏省级老年大学为例,如表 10-3 所示,事业单位性质的老年大学分散于老干部局、文化厅、教育厅、妇联等部门管理,民办非企业单位则统一由民政部门管理。老年教育的多部门管理虽然有利于因地制宜,但不利于教育资源整合,容易在各部门之间形成信息壁垒,造成资源浪费。

表 10-3 江苏省级老年大学主管部门一览表

老年大学	办学性质	主管部门
江苏省老年大学	事业单位	江苏省委老干部局
江苏省老年文化大学	事业单位	江苏省文化和旅游厅
江苏省女子老年大学	事业单位	江苏省妇女联合会
江苏省空中老年大学	事业单位	江苏省教育厅
江苏青春老年大学	民办非企业单位	江苏省教育厅委托南京鼓楼区教育局管理
江苏夕阳红老年大学	民办非企业单位	江苏省民政厅

资料来源:根据各老年大学官方公布资料整理。

(三) 政府职能还存在越位、缺位和错位现象

由于老年教育的发展无法可依,主管部门权责不清,老年教育的发展不得不依靠政府不断出台政策文件进行推动,而这难免造成政府在政策出台过程中对自身角色的定位有误。

老年教育是一种民生服务,目前定位为非基本公共服务。当前进入老年大学学习需要缴纳一定的费用,并且有入学名额限制,进而产生竞争性和排他性。萨缪尔森等人对准公共物品都有一定的理论研究,并且提出采用 PPP、BOT、TOT、BT 等模式来规避政府失灵,更高效地提供公共物品和服务。我国自 2003 年起,开始大力推广

PPP模式,政府与社会资本的成功合作案例也屡见不鲜。但在老年教育的供给中,政府功能过度发挥,各类企业、社会组织等主体发挥的空间受限,并未形成多元主体合作共建的局面,协同发展的格局尚未形成。

首先是政府服务生产角色的越位。政府引导扶持老年教育无可厚非,促进构建基层老年教育体系是政府对人民负责的举措。但是,老年教育本身具有一定的排他性和竞争性,可以由市场提供,也应当充分发挥市场主体的作用,政府对老年教育的过度提供会挤压相关市场主体的生存发展空间。

其次是政府制度提供角色的缺位。政府作为整个国家的掌舵者,更多的是提供制度安排并进行监督管理,维护市场的公平竞争并促进其健康发展。政府提供的制度安排包括合同承包、补助、凭单等,但在江苏省级发布的有关老年教育的政策文件中,虽然提到"采取政府购买服务……鼓励社会组织各界支持参与老年教育","推动部门、行业、企业、院校举办的老年大学进一步面向社会开放",等等,但尚未有切实可行的实施方案,政府政策文件依然停留在空中楼阁的阶段。

再者是政府公共资源安排角色的错位。我国土地、森林、矿产等自然资源均归国家所有,由政府统一规划安排,保证了国家安全和人民利益。但在老年教育领域,政府在对资源拥有垄断地位的同时,并未给予社会和市场发展老年教育的资源条件,市场和社会力量发展困难重重。

(四)多元主体供给格局尚未形成,经费过度依赖政府财政

与政府服务生产角色的越位缺位和错位相伴随而来的是,老年教育办学的社会主体参与不够,资金筹集过分依赖政府财政。

一个服务体系的长远发展必然离不开其健康运转和足够的资金支持,良性的资金运转和投资回报是市场长久持续运行的基本条件之一。根据中国老年大学2019年发布的《中国老年教育发展报告

(2019—2020)》,我国老年教育的主体可以分为政府办学、公办民助、民办公助、社会办学集中,其中政府办学的比例达 71.4%。[①] 可以看出,我国老年教育办学主体依然是以政府为主导,并未形成多元主体供给格局。

基本公共服务应由政府财政大力支持,以维持制度的稳定性和社会安定,对公众的基本生产和生活需求进行制度和财政兜底,非基本公共服务则更多地需要交由市场部门,政府发挥政策制定、监管和一定的资源支持的作用,政府财政资金应当只是资金来源的渠道之一。

当前江苏各类老年教育机构可以分为两大类:一是自负盈亏的行业、企业类老年大学;二是政府主办或财政支持的各类老年大学、社区教育机构。其中,行业、企业类老年大学仅存在于各设区市中,在老年教育机构中占比较少,政府主办或财政支持的各类老年教育机构是当前江苏老年教育发展的主体。考虑到老年群体的支付能力和支付意愿,无论是企业办老年教育机构还是政府办老年教育机构,对入学的老年人收费都较低,仅靠收费难以维持老年教育机构的正常运转,大部分只能依靠政府,给政府带来财政压力。因此,若仅依靠政府财政力量,老年教育难以得到长足发展和真正长久持续的推广,"老有所学"目标难以实现。

(五)老年教育发展不平衡,优质教育主要集中在城市

以上各种因素堆叠,加之区域、城乡经济发展格局不均衡,在老年教育发展的具体落实上就体现为老年教育发展的不均衡问题。

老年教育发展存在区域差距。江苏省内根据经济发展水平从高到低划分为苏南、苏中、苏北,三地区老年教育发展存在明显差异。

[①] 中国网.《中国老年教育发展报告(2019—2020)》发布全方位展现中国老年教育发展全貌[EB/OL].(2021-10-19)[2022-08-21]. http://photo.china.com.cn/2021-10/19/content_77819748.htm.

从老年教育参与率来看,江苏省内三个区域的老年教育参与率存在明显差距,苏南五市参与率是苏中三市的2倍多,是苏北五市的4倍多,具体参见表10-4。①

表10-4 江苏省三地区老年教育参与率

地区	苏南	苏中	苏北
老年教育参与率	14.56%	6.25%	3.49%

资料来源:《江苏省老年大学协会简报》,2021年第3期。

老年教育城乡发展存在差距。在城乡生产生活方式的不同和多年来城乡二元结构的影响下,城乡老年教育发展差异明显。从老年教育的起源来看,老年教育最早的对象是本单位的退休老干部,目的是丰富其老年精神生活,这部分群体数量较少,多居住于城市内,且文化水平较高。随着人口老龄化程度的提高,老年教育逐步走向社会化,但由于客观上的城乡差距,老年教育城乡资源不均;从城乡教育办学上看,当前江苏省老年教育资源多集中在市级区域内,乡镇等基层老年教育资源较少,如江苏省老年大学、江苏省老年文化大学等省级政府主办的老年大学均在南京市区,各地级市公办或民办老年大学也均集中于市内,老年教育资源向城市倾斜,即使已有乡镇街道社区等老年学校,但往往办学资源有限,办学质量也远不及城市,基层老年教育参与率远不及城市。②

四、国内外发展老年教育的先行做法

(一) 提供老人实现自我价值的渠道,激发老人活力

2022年7月13日,全国首支绝大部分成员由65周岁以下的老

---

① 江苏省老年大学协会. 江苏省老年大学协会简报(2021年第3期)[EB/OL]. (2021-11-27)[2022-08-21]. https://mp.weixin.qq.com/s/XqCgnCvilZ6GBMfGl7oXmg.

② 南京市江宁区人民政府. 对江宁区政协十二届五次会议第JNZX1205138号提案的答复[EB/OL]. (2021-07-19)[2022-06-08]. http://www.jiangning.gov.cn/jnqrmzf/202107/t20210719_3079083.html.

年人组成的助老出行志愿服务队在北京成立,志愿服务队目前有1 000 多名志愿者,覆盖了北京 120 个社区,被称为"银发少年团"。这是中国老龄事业发展基金会和高德地图合作启动的"助老打车暖心车站"公益行动的一部分,将在全国范围内建设助老打车暖心车站。银发少年团的新老年人们,就在暖心车站覆盖的社区,面对面、手把手地帮助社区里的其他老年人学习使用"助老打车"。有些热心志愿者,还会响应一些老年人出门走走的心意,陪他们逛逛公园。

银发少年团的出现,让老年人帮老年人的互助方式,延伸到了出行服务领域,填补了一块服务空白。①

(二)完善老年教育法律法规

目标的完成、政策的落地需要法律保障和政府的政策支持及明确的行动指南。首先是政策条例的制定,目前上海、福建、宁波等省市出台了终身教育条例,其中包含老年教育内容,安徽、山东、天津出台了老年教育条例,明确老年人接受老年教育的权利和相应的管理工作;其次是具体的实施方案。当前江苏省对于老年教育有明确的规划阐述,但总体来说只进行了目标制定和阶段划分,并未给出具体的政策措施和行动方案。国内已有其他省市发布具体的实施方案,以保障老年教育工作的落实,如 2022 年 5 月 25 日安徽省委、省政府办公厅印发《老有所学行动方案》,明确分阶段实现总目标,从容量、师资、职能、管理五个方面采取政策措施,并明确政府财政资金在老年教育上的投入标准,保障目标举措"能落地"。②

(三)明确政府管理责任主体,有针对性地开展老年教育

政府需要明确老年教育主管部门,并建立稳定高效运行的行政

---

① 半月谈."银发少年"互助模式,助老出行开辟新路径[EB/OL].(2021-07-15)[2022-07-24].https://mp.weixin.qq.com/s/ARs1KMShwv-SpHXRvWNniQ.

② 安徽省教育厅.安徽省《老有所学行动方案》让 430 万老人"学得了""学得好"[EB/OL].(2021-06-10)[2022-07-09].http://jyt.ah.gov.cn/xwzx/jyyw/40569294.html.

管理体系引导、推动、规范老年教育的发展。高程度的人口老龄化让日本较为注重老年人力资源的开发和利用,对有劳动能力和无劳动能力的老年人进行划分,明确各自老年教育的政府管理责任主体,有针对性地开展老年教育:针对有劳动能力的老年人,将其纳入终身教育体系,并由文部科学省制定政策,国立教育政策研究中心提供支持,终身教育促进中心进行落实;针对退出劳动力市场的老人,由老人全托中心负责保健知识和手工艺等方面的老年教育。

(四)有限政府与有为政府相结合,促进老年教育多主体供给

有限政府是指政府不能大包大揽,职能定位要有边界;有为政府则要引导推动老年教育的发展,激发包括老年教育机构本身在内的各供给主体的能动性,促进老年教育实现社会共建的目标。从国内看,各地已有积极探索的先例。上海市老干部大学为提高课程与教学的专业化水平,先后与上海师大、上海音乐学院、复旦大学上海医院等高校和科研院所签订合作办学协议,提出"一系一校、合作共建、资源共享、推动发展"的办学思路。宁波市江北区在浙江省率先打造"没有围墙的老年大学",建立由政府、教育机构、企事业单位、社区和居民社团共同参与的多元管理体系。[①]

从国外看,发达国家和较早步入老龄化的一些发展中国家已经具有相对完备的老年教育供给体系。在美国,既有由当地机构和社区提供的老年教育,也有以社会团体形式形成的自学组织,同时非营利性机构也在老年教育中扮演重要角色。由于政府对于老年教育的投入减少、功能削弱,私营机构、非营利组织在美国老年教育中成为主角。[②] 日本公民馆被称为日本"教育的最后一站",为市町村等区域内的公民提供教育和社会学习,地方政府福利部门建立老年学院

---

① 杨雪飞.论社区老年教育"品质课程"建设的实践路向——以宁波江北区为例[J].宁波广播电视大学学报,2019,17(3):1-4.
② 杨德广.美国老年教育的发展及启示[J].世界教育信息,2017,30(4):34-38.

为老年人提供学习机会,专业老年学院非营利组织让每个老年人都有可能参与到老年教育的教与学中,同时大学向老年人开放学习机会。[1]

(五)多途径与方式筹集资金,实现资金来源多样化

宁波市在这方面的做法值得借鉴。它们采用"五个一点"即政府投一点、部门助一点、专项补一点、企业捐一点、个人收一点的老年教育经费筹措运作办法,由市级层面出台文件,将老年教育正式纳入公共财政保障范围,明确落实财政专项预算、政府购买服务、项目合作等具体办法,支持和鼓励民间资本、社会资本以不同方式举办或参与老年教育,对非营利性民办老年教育机构采取根据学位进行补贴、基金奖励、捐资激励等扶持措施,形成多元化、可持续的老年教育经费筹措机制。

国外也有较为丰富的资金筹集方式。英国第三老龄大学设立信托基金,接受社会捐助;美国利用慈善机构整合公私部门资源;[2]法国则主张企业对员工的老年教育负有责任,1971年颁布的《德洛尔法案》要求企业必须给员工支付占工资比例1.5%以上的教育费[3]。

五、促进江苏老年教育发展的对策建议

老年教育直接关系到每个人的老年精神文化生活,以及社会参与和融入程度,人口老龄化速度的加快愈加凸显老年教育的重要性,而且公众对老年教育的需求是多层次、多样化的。结合上述分析,江苏省在"十四五"时期乃至未来更长时期内,应当积极谋划老年教育

---

[1] 谭琨,仝婷婷,谭智勇.日本老年教育分析研究及其启示[J].继续教育研究,2022(5):65-69.

[2] 林春成.中国老年教育发展困境与国际经验借鉴[J].泉州师范学院学报,2020,38(3):71-75.

[3] 焦佩.从积极老龄化看终身教育中的老年教育转型[J].中国成人教育,2016(4):130-133.

的持续、稳定、高质量发展。鉴于此,必须坚持供给侧结构性改革思路,推进老年教育高质量发展,并构建起政府主导、多部门协同参与的监管体系。

(一) 开启银发互助新模式,激发老年人活力

老年人内生动力和活力的激发可以通过互助模式来实现,马斯洛的需求层次理论说明自我价值实现是人类的最高需求,能够给个人带来无限的精神动力,发掘个人潜力,提供行动动力。江苏老年人口多,老年人口比重大,并且有一部分高学历或高技能老年人,同时老年人更了解老年人的需求,对老年人所面临的困境更能感同身受,因此,可以由当地政府支持,在街道、社区、村镇组建老年互助小组,既拓展老年群体的交友范围,又能进行老年人与老年人之间的互帮互助,相互学习,开启多彩"第三人生"。

(二) 完善老年教育政策法律体系

我国《老年人权益保障法》已经明确规定老年人具有受教育权,但具体的细化内容尚未有明确的法律规定。江苏省至今未出台省级层面的老年教育条例,各地级市也缺少相应的法律条文,仅依靠政府出台政策文件推动老年教育的发展是不够的。因此,江苏省可以探索出台老年教育条例,从法律层面厘清老年教育的事权、财权,对老年教育涉及的各种关系予以法律层面的界定,实现"有法可依、有法必依、执法必严、违法必究"。

(三) 厘清管理体制,明确老年教育主管部门

行政管理体制关系到整个系统的运行效率,老年教育政出多门,处于"九龙治水"的状态,老年教育资源分散割裂。因此,在立法之外还要理顺老年教育的管理体制、机制,明确交由教育部门或老龄部门统一管理,政府予以支持,协同有关部门统筹规划资源,实现资源最大化利用率。如将老年教育纳入教育部门成人继续教育,并依据年龄划分老人和非老人继续教育,共享继续教育资源。

（四）找准政府角色定位，激发社会力量参与发展的活力

以往的经验表明，非基本公共服务领域由政府大包大揽容易造成"政府失灵"，非但无法解决当前的供需矛盾，反而会增加政府负担，公共服务陷入形式主义的陷阱。因此，政府应当找准定位，避免越位、缺位、错位的情况出现。

1. 政府深化"放管服"管理，做好掌舵人

"政府失灵"提醒政府万事不能亲力亲为，需要借力打力。简政放权、放管结合才能优化服务。江苏省在发展老年教育的过程中要继续深化"放管服"管理，制定老年教育服务清单，明确老年教育服务的标准，降低老年教育市场的准入门槛；同时注意"市场失灵"的发生，加强监管及调控，并制定兜底性政策，做好掌舵人，保证老年教育体系的稳定运行。

2. 提供明确的支持性政策，动员各类主体提供老年教育

老年教育服务的提供需要大量的人力、物力、土地、资金等。无论是营利性企业还是非营利性主体都需要考虑老年教育服务提供的物质基础，没有物质基础的构想都是空谈，不具有可行性。有一些资源提供主体可以自行解决，有一些则需要政府的支持。政府若要吸引外部力量投入老年教育服务中来，则需要明确具体的支持政策，打消投资者的顾虑和疑问。

首先是明确对公办和民营老年教育机构的经费补贴标准。老年教育机构建立前期投入大，盈利空间小，为吸引老年人入学，政府需要提供一定的财政支持，帮助机构维持正常运转，如启动资金补贴、免息贷款、根据入学人数进行补贴、发放教师工资补贴、推行老年教育券等。

其次是明确政府对老年教育机构的场地支持。例如，江苏省经济较为发达，城市中的老年群体具有一定的支付能力，希望拥有高质量的老年精神生活，但城市寸土寸金，一定规模的办学机构仅靠私人力量难以实现。根据当前江苏省老年大学发展的情况来看，规模较

大、人数较多、地理位置优越的老年大学多为政府部门下属事业单位,有政府的大力支持,办学场地具有先天优势。因此,政府部门应当明确对老年教育机构的土地、场所等支持,通过政策支持降低老年教育机构的行业准入门槛,培育老年教育市场主体,激发老年教育市场活力。

再者是积极培育社会企业,对政府和市场之外的市场空白进行补充。在老年教育服务上,政府作为掌舵者起到兜底线的作用,只能提供较低层次的需求;市场上的营利企业作为以营利为目标的主体,追求投资回报率,所提供的老年教育的价格必然相对较高,并非人人都有相应的支付能力。社会企业是按照营利性企业的市场化方式运行,主要依靠提供产品与服务的经营收入来抵补其运行成本,兼具营利性企业和传统非营利组织的部分优势,[①]因此,更能提供满足绝大多数中低收入者对于老年教育的需求。

(五)借鉴国内外先行做法,通过多种渠道与方式筹措资金

正确定位政府角色,发挥有限政府功能,意味着不能完全依靠政府财政支持老年教育发展。为了保障老年教育的正常运转和发展,需要资金来源多渠道、多元化、多形式,同时经费的来源充足可以使老年教育机构拥有更多的自主发展空间。借鉴国内外经验,江苏省可以根据当地经济情况探索南北中不同的资金来源方式,如苏北地区经济相对落后,可以加大政府财政支持,苏南经济较为发达,可以探索公益慈善、非营利组织、企业、政府共同出资的老年教育机构财务模式。

---

① 高传胜. "十四五"时期推进非基本公共服务高质量发展研究[J]. 经济研究参考,2021(1):16-30.

第十一章 农村人口老龄化形势下养老资源供需矛盾及其破解

受青壮年人口大量外流、生育率下降等诸多因素的影响,我国农村人口老龄化形势要比城市更加严峻,养老资源的供需矛盾也更加突出。《乡村振兴战略规划(2018—2022年)》明确提出要加快建立以居家为基础、社区为依托、机构为补充的多层次农村养老服务体系。2019年4月国务院办公厅印发的《关于推进养老服务发展的意见》,则进一步提出要大力发展政府扶得起、村里办得起、农民用得上、服务可持续的农村幸福院等互助养老设施。可见,积极应对严峻的农村人口老龄化形势,加强农村养老资源有效供给,已经成为国家的重要政策议程。江苏省作为我国较早人口老龄化的省级地区,农村人口老龄化形势亦比较严峻。总体而言,江苏农村的养老资源供给在不断增加,但供需矛盾依然比较突出。因此,加强对农村人口老龄化形势的分析,增加农村养老资源有效供给,是"十四五"时期江苏需要研究的重要课题。

一、江苏农村人口老龄化形势分析

(一)相较于城镇,农村老年人口数量更多,老龄化程度更高

根据2020年江苏省第七次全国人口普查结果,江苏省人口平均预期寿命已经进一步上升至79.32岁,比2010年第六次人口普查时的76.63岁提高了2.69岁。人均预期寿命不断延长,是江苏人口老龄化程度不断加深的原因。普查数据还显示,2020年江苏60岁及

以上人口为 1 850.53 万，占到江苏常住人口的 21.84%，65 岁及以上人口为 1 372.65 万人，占到常住人口的 16.20%。与 2010 年第六次全国人口普查数据相比，60 岁及以上人口和 65 岁及以上人口的占比分别上升了 5.85 个和 5.32 个百分点。2021 年江苏 60 岁及以上、65 岁及以上人口占常住人口的比例已经进一步上升至 22.15%、17.04%。

表 11-1 2020 年江苏 60 岁及以上人口的城乡分布

	全省	城镇	农村
60 岁及以上老年人口（万人）	1 850.53	910.23	940.3
总人口（万人）	8 474.8	6 224.24	2 250.56
60 岁以上老年人口占比（%）	21.84	14.62	41.78

数据来源：根据江苏省第七次全国人口普查数据及江苏省民政厅数据整理得出。

受工业化、城市化水平不断提高的影响，江苏农村人口占总人口的比例呈明显下降趋势，加之青壮年人口的大量外流，农村人口老龄化程度则在不断提高，进而导致农村地区的老龄化率高于城镇。根据江苏省第七次全国人口普查数据，江苏省农村 60 岁及以上人口为 940.3 万人，占到农村常住总人口的 41.78%，农村人口老龄化率比城市高出 20 多个百分点[①]，具体数据可参见表 11-1，由此可见江苏农村人口老龄化程度之高、形势之严峻。

（二）农村人口老龄化程度的区域差异比较大

江苏省人口老龄化在不同地区之间存在显著差异。包括扬州、泰州及南通等 3 个地级市在内的苏中地区和包括徐州、连云港、盐城、宿迁、淮安等 5 个地级市的苏北地区的人口老龄化程度高于包括

---

① 江苏省人民政府：农村老龄化率高于城市 20 个百分点，"未备先老"更突出补齐短板，让"田园养老"更普惠可及[EB/OL]. (2021-12-17)[2022-07-15]. http://www.js.gov.cn/art/2021/12/17/art_60095_10217268.html.

南京、无锡、常州、苏州及镇江等5个地级市在内的苏南地区。南通是全省老龄化最严重的地区,2020年全市65岁以上人口占总人口比达到了22.67%;苏州则是全省老龄化程度相对较低的城市,但2020年65岁以上人口占总人口比也达到了12.44%。相较于较为发达的苏南农村地区,苏北、苏中农村的青壮年人口流出会更多,因而,农村人口老龄化程度也会呈现出明显的区域差距。

(三)相较于城镇,农村"未富先老"的特征更加明显

根据《2021年江苏省国民经济和社会发展统计公报》提供的数据,按常住地分,2021年江苏省城镇居民人均可支配收入为57 743元,而农村居民只有26 791元。但农村人口老龄化程度明显高于城市,因而,相较于城镇,农村"未富先老"的特征更加明显。

二、人口老龄化给江苏农村养老带来的挑战分析

综观国内外,人口老龄化势不可挡。而相对于城镇,我国农村的人口老龄化形势则更加严峻,江苏也不例外。愈发严峻的人口老龄化形势必然会给江苏农村养老带来诸多方面的挑战,老年抚养负担、养老保障、养老服务等则是其中受到直接影响的几个重要方面。

(一)增加家庭老年抚养负担

由于区域经济发展差距和城乡二元经济的客观存在,大量农村青壮年劳动力选择外出务工仍然是较为普遍的现象,于是一些农村老人不得不承担起繁重的农业劳动。农村社会养老保险的待遇水平比较低,因此目前农村老年人的主要收入来自农业收入和子女的接济。但受"计划生育"政策的影响,江苏省城乡居民家庭的规模和结构已经发生了较大变化,特别是生育率下降的累积效应已经使家庭户规模大幅度下降。2010年"六普"时户均人口规模为3.09人,较"四普"时下降了0.32人。但受"单独二孩"政策实施的影响,2016年又上升至3.17人。之后又有所下降,2020年已经下降至3.09

人。2020年,江苏农村平均每户家庭从业人口为2.10人,每一农村从业人口的抚养负担人数为1.38人,而城镇两个指标则分别为2.25人、1.32人,农村家庭的抚养负担略高于城镇家庭。

家庭规模的小型化已经成为江苏省城乡家庭结构变化的重要特征,这势必给农村家庭老年抚养负担带来一定影响。以前农村多代同堂的大家庭可以给老人提供更多的养老资源,而如今农村家庭规模越来越小型化,家庭中子女数量越来越少,这必然导致家庭赡养系数提高,加重子女的养老负担,减弱农村家庭承载力。对于独生子女家庭而言,"4-2-1"的家庭结构则会进一步加剧家庭养老负担。

(二)加剧社会保障制度面临的可持续性挑战

人口老龄化对养老保障制度的持续运行必然会带来冲击。目前我国城乡居民已经合并实施了统一的社会养老保险、基本医疗保险和城乡居民大病保险制度。老年人口比例的上升、劳动年龄人口的减少、人均预期寿命的延长,势必影响到这些社会保险制度的收支状况,毕竟,领取养老金的人数越来越多,领取时间越来越长,而缴费人数却越来越少。鉴于城镇从业人员大多数都参加了城镇职工社会保险制度,因而,城乡居民社会保险制度的参加主体应该大多数是农村居民,故以此来分析制度面临的可持续性挑战。

如图11-1所示,江苏城乡居民社会养老保险制度的参保人数现已大体稳定,其中的领取待遇人员总体上有所增长,而领取待遇人数占参保人数的比例则总体上呈现上升趋势,尽管近两年略有下降,由此反映出现行养老保险制度老年抚养比非常高,2018年甚至达到47.03%,即使略有下降的2020和2021年,也高达46%左右,若不是目前城乡居民社会保险基金都主要来源于财政补贴,这一制度的可持续性便可想而知了。事实上,不仅养老保险制度会受到人口老龄化的严重冲击,医疗保险制度同样会面临类似的问题,毕竟,老年人身体的脆弱性增强是客观趋势,因而,越来越多的老年人需要更多的其他人来为他们分担越来越高的医疗费用。相较而言,医疗保险不仅受到人口老龄化的冲击,而且受到社会成员整体的健康状况的影响,只是目前没有细化的统计数据来反映这种双重影响。因此,总体而言,人口老龄化会给社会保障制度持续运行带来严峻挑战。

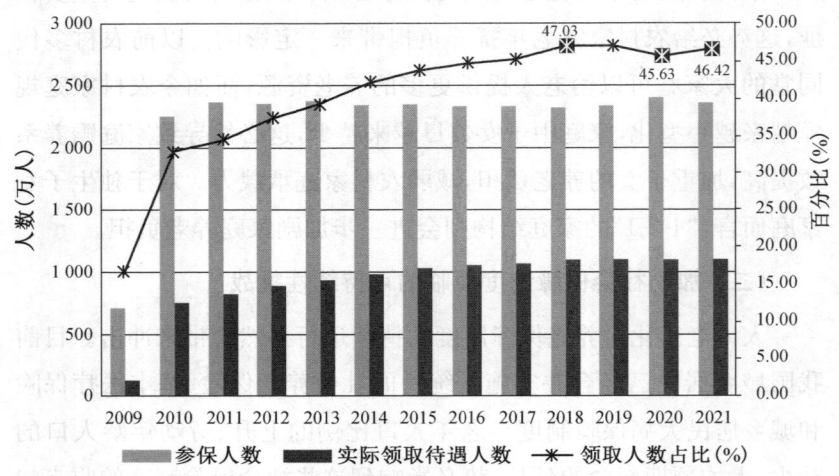

图 11-1 江苏城乡居民社会养老保险制度运行状况

数据来源:相应年份的《江苏省人力资源和社会保障事业发展统计公报》。

(三)养老服务面临严峻的人力资源供给挑战

家庭抚养负担、社会保障制度可持续运行会受到农村人口老龄化的严重冲击,养老服务供给同样如此,毕竟,越来越多的老年人需要有人来为他们提供各种各样的养老服务。问题在于,随着农村青壮年劳动力的不断转移,农村劳动力大量减少,年轻一代在养老服务供给中严重缺位。目前,包括江苏在内的诸多地区的农村都在积极探索互助养老模式,实际上就是农村劳动力持续减少、老龄化越来越严重状况下的不得已选择。

三、江苏农村养老资源供给面临的主要问题

不断加深的农村人口老龄化给江苏农村养老带来一系列挑战。跟国内其他很多地区类似,江苏早已认识到农村养老存在不少短板与弱项,解决农村养老问题具有艰巨性、复杂性,因而一直都在积极探索,例如 2022 年 7 月由江苏省民政厅等 12 部门联合发布了《关于推动农村养老服务高质量发展的指导意见》。该意见针对农村养老存在的突出问题,提出要构建与江苏省农村地区人口老龄化形势相协调、与经济社会发展水平相适应、与老年人需求相匹配的养老服务体系。事实上,农村养老,不仅存在服务供给不足等问题,社会保障水平太低同样不可忽视。

(一) 养老保障供需矛盾突出

1. 养老金保障水平低

城乡居民养老金待遇水平直接影响到城乡老年居民的基本生活保障状况。自"城居保"与"新农保"合并以来,江苏省连续 11 年提高城乡居民基本养老保险基础养老金待遇,2022 年省定最低标准已经提高到 187 元,比国家规定标准高出 94 元。对于城乡居民可以选择的缴费档次,目前江苏分为 100 元、300 元、400 元、500 元、600 元、700 元、800 元、900 元、1 000 元、1 500 元、2 000 元、2 500 元等 12 个档次[①],对于不同缴费档次,地方政府给予的补助不同,其中省定 500 元以下补贴每人次 30 元/年,500 元以上补贴每人次 60 元/年。缴费档次与缴费年限共同决定最终领取的养老金水平。2021 年江苏省城乡居民基本养老金为人均 303.67 元/月,远低于同期最低生活保障标准 803 元/月,保障水平非常低。

2. 社会福利、社会救助力度较小

江苏涉及农村老年人的社会福利主要有护理津贴、高龄津贴及养老服务补贴。其中护理津贴及养老服务补贴覆盖人群较少,以经济困难的高龄、失能、失独老年人为主。《2020 年江苏民政事业发展

---

① 江苏省人力资源和社会保障厅. 对省政协十二届五次会议第 0573 号提案的答复[EB/OL]. (2022-04-29)[2022-09-26]. http://jshrss.jiangsu.gov.cn/art/2022/4/29/art_77353_10556654.html. [2022-9-26].

统计公报》显示,2020年底,享受护理补贴的老年人12.1万人,享受高龄补贴的老年人245.9万人,享受养老服务补贴的老年人221.3万人,与同时期65岁及以上老年人口的1 372.7万基数相比,三者比例分别只有0.88%、17.91%、16.12%。在农村社会救助方面,只有针对农村家庭的最低生活保障,2021年省平均保障标准为803元/人•月①。随着农村人口老龄化的加深与经济发展水平的提高,针对老人的社会福利和救助还有进一步改革优化的空间。

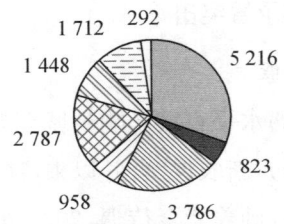

图11-2 2020年江苏省农村常住居民人均生活消费支出(单位:元)

数据来源:《江苏统计年鉴—2021》。

3. 农民支付能力较为有限

农民的支付能力对于其领取养老金水平有着重要影响。现实生活中,相较于城镇居民,农村居民收入水平本就不高,大多数农村老年人在达到一定年龄时没有额外的收入来源,日常开支依靠年轻时积累下的财富。2020年江苏省农村常住居民人均可支配收入24 198元,人均生活消费支出总额为17 022元,用于日常衣食住行支出就达到了12 612元,具体可参见图11-2。《江苏统计年鉴—2021》的数据显示,2020年农村低收入户的人均可支配收入仅有9 346元,难以达到满足农村居民日常衣食住行支出的平均水平。在

---

① 江苏省人民政府. 民政事业[EB/OL]. (2022-05-19)[2022-9-26]. http://www.jiangsu.gov.cn/art/2022/5/19/art_31387_2424606.html.

第十一章　农村人口老龄化形势下养老资源供需矛盾及其破解

支付能力有限的现实状况下,大多数农村老人在缴纳城乡居民养老保险费时都倾向于选择较低的缴费档次,这必然导致未来领取的养老金水平也较低。

(二)养老服务供给短板突出

在城镇化背景下,我国养老服务体系建设呈现出"重城市、轻农村"的特征,各项养老资源优先供给于城市,江苏亦不例外。养老服务发展滞后和相关配套政策不完善势必影响江苏发展。目前针对农村地区普遍存在的失能老年人照护能力不强、专业养老服务人员不足、养老服务市场化水平不高等问题,2022年中江苏省民政厅等12部门联合出台了《关于推动农村养老服务高质量发展的指导意见》,其中提出要强化农村失能老年人照护服务、壮大农村养老服务人才队伍、推动农村养老服务市场化发展等。但据不完全统计,江苏省农村人口平均老龄化程度高于城市5个百分点以上[①],农村养老服务依然存在诸多短板弱项。相较于城市,农村地区"未富先老""未备先老"问题更为突出。

1. 养老服务基础设施不完备

受家庭经济支付能力及养老服务商品属性影响,用来满足农村老年人养老需求的社会服务需要政府建设基础设施。但在城乡二元经济结构长期存在的现实背景下,政府公共财政支出往往偏向于城市,这势必造成农村基础设施远不如城市完备。就目前在农村推进的互助养老模式而言,2020年底,江苏互助型社区养老服务设施中农村有386个,床位共2 584张,但由于配套设施不完善等多方面原因,老年人入住意愿并不高,农村服务人员与设备的匹配性也不高,"一人难求"怪象严重,具体数据可参见表11-2。

---

① 江苏省民政厅.【荔枝湾】养老不离村!江苏因地制宜绘制农村养老新图景[EB/OL].(2022-07-27)[2022-9-26]. http://mzt.jiangsu.gov.cn/art/2022/7/27/art_55087_10554132.html?from=singlemessage.

表 11-2 江苏省互助型养老服务机构和设施情况

机构和设施	互助型社区养老服务设施（个）	社区日间照料床位数（张）	全托照料服务人次（人次）	社区全托服务床位数（张）	社区养老服务人次数（人次）
全省	870	11 082	1 003	3 825	32 762
农村	386	2 584	241	1 242	6 342

数据来源：《中国民政统计年鉴—2021》。

健康需求作为老年人的首要需求，同样需要配备相关设施。2020年，江苏省共有行政村 18 073 个[①]，而《2020年江苏省卫生健康事业发展统计公报》显示，全省共有村卫生室 15 020 个，平均每个自然村尚不到一个村卫生室，村卫生室的数量明显不足。除此之外，目前农村地区拥有的民办或公办养老机构，多数暂不具备医养结合能力，难以满足老年人医养结合等方面的健康需求。配套设施与供给不完备已经成为制约农村养老服务发展的一大短板。

2. 农村养老服务供给主体较为单一

一般而言，家庭、政府、市场和社会部门都可以是养老服务的提供主体。居家养老作为养老服务体系的基础，在农村地区较为普遍；但是，随着青壮年人口的不断外流，传统意义上的家庭养老和居家养老都受到很大影响，社区养老、机构养老则可以在一定程度上弥补这一状况。从一些地区看，在机构养老与社区养老模式中，政府几乎包办了农村地区老年人的养老服务供给，如成立农村敬老院和农村互助幸福院等机构，提供文化娱乐、老年教育、法律维权等农村养老服务相关设施。事实上，无论是政府财政还是政府的其他经济资源都是十分有限的，因而，如果仅仅依赖政府的力量，不可能充分满足农村地区老年群体不断增长的多元化、多层次服务需求。此外，不少地

[①] 国家统计局城市社会经济调查司. 中国城市建设统计年鉴（2020）[M]. 中国统计出版社，2021.

区的企业和非营利组织对农村社会化养老服务的参与力度比较小，农村养老服务尚未形成多方高效协同供给的局面。

3. 农村养老服务供给内容有限

2019年江苏出台的《省政府关于进一步推进养老服务高质量发展的实施意见》[①]对居家养老服务内容做出了具体阐述，即以家庭为核心，以社区（村）为依托，由公益性组织或中介服务机构向居家老年人提供以生活照料、家政维修、医疗保健、精神慰藉、安全防护、文化体育等为主要内容的社会化养老服务。受供给主体参与不足的制约，这些居家养老服务往往很难真正做到。农村老年人大多是留守老人，对情感与归属等这些心理需求更加渴望，但现阶段农村养老服务显著缺少对精神慰藉的服务供给。除此之外，由于中国目前推行的分级诊疗制度受诸多方面的影响，并没有有效缓解医院与基层医疗卫生机构的"冰火两重天"状况[②]，毕竟，基层医疗卫生机构在医疗设施和设备、医护人员的专业能力和水平，以及医药品种丰富性等诸多方面在未来可预见的相当长时间内都是难以赶超医院的。受地域性与资源分配因素等的影响，适老化改造、智能守护等依托于居家养老方式的服务内容，也难以充分满足农村老年人的需求。

4. 农村养老服务人才队伍匮乏

我国农村养老服务人才长期匮乏，人才供给严重不足。不仅养老护理员很缺乏，养老服务管理人员数量同样不足，一些农村敬老院管理人员缺乏以致运营难以为继的情况并非个别现象，人才供需严重失衡。江苏农村人口老龄化加速发展的同时，农村养老服务人才的需求不断提高，但由于农村养老服务体系建设起步较晚，目前还不

---

① 江苏省人民政府:省政府关于进一步推进养老服务高质量发展的实施意见[EB/OL].（2019-12-31）[2022-07-15]. www.jiangsu.gov.cn/art/2019/12/31/art_46143_8896595.htm.

② 高传胜,雷针.高质量发展阶段分级诊疗政策的效果与走向[J].中州学刊,2019(11):65-72.

够完善,养老服务缺乏职业保障,责任又大,职业风险高,职业吸引力差,很多人尤其是年轻人不愿意从事此工作。跟其他很多地区类似,江苏省农村养老服务人才队伍都有不稳定问题,人员流动频繁,流失率较高。根据一些地区的调查,养老护理员年平均流失率在30%～40%,部分地区甚至达50%～60%,"用工荒"经常发生,人才供需严重失衡。

根据《中国民政统计年鉴—2021》,以社会服务机构和服务设施为基数匡算,江苏省2020年共有32 598个社会服务机构和服务设施,持证社会工作师1 143个,平均每个社区服务机构和设施拥有持证社会工作者为0.035人,相关专业人才严重缺失。同时,农村养老专业护理人员培训不足,专业护理人员缺少专业知识和技能[1],导致专业服务水平一直处于较低水平。护理人员专业服务水平差、服务水平低但费用不低的现状,使得需要护理服务的老人既"买不到服务",也"买不起服务"。[2]

四、加强养老资源有效供给的政策建议

江苏在应对人口老龄化上走在全国前列。未来仍然需要抓住"十四五"规划的关键机遇,做好农村人口老龄化的政策准备,积极采取有效的策略和措施,直面农村人口老龄化的现实挑战,建设更加符合江苏实际的农村养老服务体系。

结合前文问题分析,江苏加强农村养老资源有效供给,不仅要不断提高城乡居民社会保险的筹资水平,进而提升养老保障水平,而且需要构建适合江苏省情的农村养老服务供给体系。

---

[1] 韩俊降,张箴薇.我国"医养结合"养老模式发展政策探讨[J].中国劳动,2017(3):28-32.
[2] 陈显友.乡村振兴背景下农村养老服务供给问题研究[J].广西社会科学,2021(11):8-16.

（一）想方设法，不断提高农村养老保障水平

1. 构建养老保险缴费激励机制、引入自动缴费机制

"多缴多得"与"长缴多得"是城乡居民基本养老保险制度的核心。前者主要体现为，缴费档次越高，政府补贴越多，累积资产越多，养老保障水平越高；后者主要表现在缴费年限越长，累积资产越多，养老保障水平越高。但是，在现存政策中，由于补贴较为固定且相对较少，激励效果并不明显，而农民对激励效果的不敏感则导致缴费惰性及逆向选择。

为此，一是可以根据经济发展水平改善现状，进一步提高财政补贴水平，同时优化补贴方式，如改补缴费为补账户资产利息；二是可以考虑设置缴费年限养老金，按缴费年限计发，充分体现长缴多得，引导城乡居民长期缴费。

同时，政府应积极发挥引导作用，在多层次、多支柱养老保险体系中统筹布局个人养老金；充分发挥市场作用，营造公开、公平、公正的竞争环境，调动各方面积极性；严格监督管理，刃实防范风险，促进个人养老金健康有序发展。[①]

2. 引导农村劳动力回流创收、提高支付能力

农民是乡村振兴最主要的建设者和参与者。江苏省可以考虑给予返乡农民工创业政策扶持，落实好一次性创业补贴，鼓励在乡创新创业。制定合理的激励政策和就业保障机制，使返乡劳动力创业有保证，由少量返乡创业者吸引更多人返乡创业。返乡创业者成功在乡村创业后，能够在为原无业村民提供就业的基础上，促进外出务工人员返乡就业，由此吸引更多流失人口返乡。此外，有效运用公益力量，通过公益组织的作用和影响力为乡村创造更大价值，向具有返乡创业意愿的人员提供支持和优惠政策，推行与返乡创业人群需求相

---

① 国务院办公厅关于推动个人养老金发展的意见[EB/OL].（2022-04-21）[2022-07-15]. http://www.gov.cn/zhengce/content/2022-04/21/content_5686402.htm.

匹配的优惠政策。劳动力作为家庭养老的重要支付主体,其收入增长对于养老服务的满足具有重要意义。

除此之外,在引导农村外流劳动力回流的同时,还可以充分发挥农村村集体补助功能,全面优化转移支付机制,提高城乡居民养老保险筹资水平。再者可以用减税方式推动个人和企业支持城乡居民养老保险发展。

(二)加强改革创新与探索,构建适合农村的养老服务供给体系

补齐江苏农村养老服务短板,促进农村养老服务高质量发展,需要深化供给侧结构性改革,构建新型农村养老服务供给体系,改革的方向包含深化农村养老服务体制机制改革、推动农村养老服务基础设施完善、培育农村养老服务供给主体、创新农村养老服务人才培养机制、推动养老服务模式创新。

1. 深化农村养老服务体制机制改革

2022年7月,江苏省民政厅联合发改委等12部门出台了《关于推动农村养老服务高质量发展的意见》,明确提出"十四五"期间针对农村养老服务高质量发展的诸多举措。在行政体制机制改革层面上,应该厘清政府与行业部门之间的关系。在县级层面上应成立由民政、社保、卫生、财政、宣传等部门主要负责人组成的农村社会养老服务发展委员会,负责统筹规划本地区农村社会养老服务发展,将其纳入国民经济和社会发展总体规划。各级政府应围绕农村社会养老服务体系建设,制定包括鼓励、优惠、法律责任等在内的相关政策,强化组织领导,形成高效的工作机制。对于运营体制改革层面,可推进乡镇敬老院民营改革,提升其可持续运营能力,有效缓解乡镇敬老院供需错配局面。公开招标应通过广泛征求意见与实地考察等方式择优选择有资质的运营方,提供专业化养老服务。

2. 推动农村养老服务基础设施完善

养老基础设施具有普惠性、全民性和非营利性。在精神文化需求方面,应与农村地区老人的分散居住特征、传统生活习惯相匹配,可以划拨部分体育场馆新建资金用于社会养老服务中的娱乐场馆建设，也可以充分利用当前的村级活动中心，引进棋牌等多种娱乐类型，提升农村老年人娱乐质量。除此之外，还可以根据各地实际情况按需兴建农家书屋，丰富老年人的精神文化生活。对于医疗保健方面的需求，可以充分融合地方资源，促进部分医疗设备和医疗人员转型，塑造医养结合型农村社会养老雏形。保证农村养老机构能以不同形式为入住的老年人提供基本医疗服务，提高综合照护能力，加快补齐农村养老服务短板。

3. 培育农村养老服务供给主体

家庭结构小型化、农村劳动力外流、生活方式转变使得子女与被赡养老人之间的距离被拉大，家庭在养老服务供给中所能发挥的作用有所弱化，政府在农村养老服务中承担的角色更多体现在制度统筹与政策安排及落实上，市场可作为辅助力量参与农村养老服务，目前社区的力量也逐渐受到重视。就目前情况而言，市场主体在农村养老服务中参与率低，社区与各主体联动效应发挥不明显，因此可从以下几方面入手。

（1）鼓励民办养老机构进入农村。农村老年人口的大量增加为民办养老机构的发展带来巨大市场。民办养老机构进入农村，为农村老年人提供阶梯式有偿机构养老服务，可以在一定程度上有效缓解当前农村养老资源的供给不足，为不同经济条件下的农村老年消费群体提供多元养老服务供给。相比于公办养老机构只能提供养老基本服务和日常照顾，民办养老机构可以根据一些老人的特殊需求提供更精细化的养老服务供给。

（2）引导非政府组织积极参与农村养老服务。非政府组织在农村养老服务供给过程中具有天然的优势，非政府组织本身具有民间性和志愿性，其养老服务供给具有其他供给主体无法比拟的灵活性，能更好地针对农村老人的实际养老需求，提供针对性的产品与服务。另一方面，非政府养老服务组织的成员都有一定的志愿者精神，他们的奉献精神更强,在为农村老人提供养老服务时,能站在农村老人的角度上,共情度高。

（3）重构家庭基本养老服务供给。一方面,要加强对当前年轻子女的孝道文化教育。另一方面,考虑到当前农村子女外出务工的必要性和不能留在老人身边尽其赡养义务的现实情况,要着力探索创新家庭养老供给模式,用协议监督子女的赡养责任和义务,而子女也可以通过购买养老产品和服务,满足农村父母的多样化养老需求,最大程度上减轻因务工外出导致家庭结构缩小,而给农村老人生活和精神上带来负面影响。

4. 创新农村养老服务人才培养机制

在壮大农村养老服务人员队伍方面,首先要利用多种渠道宣传当前农村人口老龄化形势的严峻及人才队伍的缺失,奠定意愿人员的认知基础。其次,应发挥农村留守人口的作用,将农村妇女、中老年、灵活就业人员和待业人员组织起来,盘活银发老人资源,进行养老服务培训,使其具备养老服务所需知识和技能,吸纳其投入养老服务工作,缓解从业人员不足现状。

在提高农村养老服务人才福利待遇方面,除利用常规性培训激励外,还需保障其工作环境与工作条件,对到农村提供养老服务的专业人才给予特殊补贴与扶持。

在农村养老服务人才培养机制方面,应鼓励并支持高等学校、中等职业学校和培训机构设置养老服务相关专业或者培训项目,在养老机构设立实习基地,培养养老服务专业人才。

5. 推动养老服务模式改革创新

传统家庭养老模式不能满足农村养老需求,机构与社区养老出现诸多问题,在此情况下政府应根据江苏省不同地区的农村实际情况,探索适宜的农村养老模式,如"互联网＋养老""个人养老金制度＋养老""时间银行嵌入互助养老""党建＋农村互助养老"等。

总之,人口老龄化背景下江苏农村养老资源供给面临着养老保障供需矛盾突出、养老服务短板突出等问题,需要从提高养老保障水平、构建新型农村养老服务供给体系等方面优化养老资源供给,积极应对人口老龄化给江苏带来的挑战,实现农村养老资源供需均衡发展。

第十二章　严峻的人口老龄化趋势下社会保障制度如何深化改革？*

　　进入新发展阶段的中国，在完成了脱贫攻坚、全面建成小康社会的历史任务之后，已经迈上全面建设现代化强国的新征程。然而，国内外发展环境越发错综复杂，我国人口形势亦更加严峻。这势必对我国经济社会高质量发展产生广泛而又深远的影响，而推进高质量发展不仅是我国"十三五"时期，而且是"十四五"时期国民经济与社会发展的共同主题。因此，国家"十四五"规划纲要进一步明确，要继续坚持以深化供给侧结构性改革为主线，以改革创新为根本动力，以满足人民日益增长的美好生活需要为根本目的，推进经济社会高质量发展。社会保障制度不仅是经济社会高质量发展不可或缺的重要内容，而且其本身要实现高质量发展，这样才能更好地满足人民群众的美好生活需要，解决社会主要矛盾。

　　尤其重要的是，我国以社会保险为主体的社会保障制度正受到日益严峻的人口老龄化形势的直接冲击，因为我国社会保险制度中包含了越来越多、具有很强现收现付制特征的内容。从学理上而言，相对于具有完全积累制特征的社会保险制度，现收现付制社会保险

---

* 本章部分内容参见：高传胜. 当前我国社会保障制度存在的问题及改革策略[J]. 社会科学辑刊，2018(5)：70-76.

第十二章　严峻的人口老龄化趋势下社会保障制度如何深化改革？

制度先天性地存在内在缺陷,不适合人口老龄化不断深化的人口形势,此其一。其二,进一步健全完善包括社会保险在内的社会保障制度,不仅可以从财富准备方面更加积极地应对人口老龄化,而且对拉动我国老龄服务业高质量发展也具有至关重要的促进功能与作用。江苏南通和苏州在长期护理保险制度方面的积极探索实践表明,建立包括长期护理保险在内的社会保险制度,对护理院等专业性养老服务机构充分发展具有积极的支撑保障作用。鉴于此,在新发展阶段,有必要紧密结合我国日益严峻的人口老龄化形势,进一步探讨社会保障制度的深化改革与高质量发展。

一、严峻的人口老龄化形势要求推进社会保障制度改革优化

无论是全国还是江苏省,人口老龄化形势均比较严峻。而且,与此相伴而生的还有少子化不断和劳动年龄人口业已连续减少的态势。江苏不仅人口老龄化来得早,而且老龄化程度高于全国平均水平,在全国省级地区中更是位居前五。这势必通过保障基金筹集与偿付等环节而对现行社会保障制度产生直接冲击,因而,人口老龄化与劳动年龄人口减少会影响制度的可持续运行与发展,这又会反过来进一步影响民众参保缴费的积极性与保险待遇水平。而健全完善的社会保障制度,不仅本身可以通过更好的财富准备来积极应对日益严峻的人口老龄化,而且可以通过更强的资金支撑来拉动老龄服务业高质量发展。然而,经过多年的运行,我国现行社会保险制度存在的一些问题已经逐渐暴露出来,这彰显了进一步深化改革、推动高质量发展的必要性与迫切性。

具体而言,一是由于当初缺乏政策经验与远见,所选择的社会保险制度模式经过多年的实际运行与实践检验已经暴露出其内在缺陷与不足。比如:当初在制定职工基本养老和医疗保险制度时,我国选择了社会统筹与个人账户相结合(简称"统账结合")的混合型制度模

式。但经过多年的制度运行后发现,社会统筹账户由于激励约束机制不健全而使社会保险制度面临可持续发展挑战,而个人账户则不仅缺乏有效的互助共济功能,而且其中的基金资源也未得到有效管理与充分利用。再如:本该具有自动稳压器和逆经济周期调节功能的一些社会保障制度,由于政策设计与管理环节等多方面的原因,未能充分发挥出应有的灵活性与调节功能,如现收现付制社会保险费率缺乏弹性,失业保险和救助等社会保障制度原本应有的逆经济周期的调节功能并不明显。此外,无偿给付式互助共济方式,也使得社会保险与救助制度存在着先天性道德风险(moral hazard)问题。

二是因为一些在经济高速发展阶段未曾显现的制度性问题,在经济发展新阶段和经济下行压力下日益凸显出来。比如:较高水平的"五险一金"名义缴费率在经济下行压力较大的形势下,给那些对用工成本较为敏感的企业带来了较大的用工成本压力,因而一些企业选择迁往劳动力成本更低的国家和地区,还有的企业则开始用机器逐渐替代人工。同时,中国实行的间接税体制,还面临与直接税体制的激烈国际竞争,2016年末曹德旺、宗庆后等知名企业家对国内企业负担的坦诚呼声已经得到了决策层的重视与政策回应。再者,在"十四五"时期依然是我国经济社会发展主线的供给侧结构性改革所包含的"降成本"任务,与包括住房公积金在内的社会保障制度适时适当地降费也有着很大关系。而且,降低费率可以减少偷逃费、拒绝参保等动机,让更多的民众可以参保缴费,扩大制度覆盖面。此外,较高的社会保险缴费费率,还可能产生一定的挤出效应,在某种程度上会抑制企业年金、个人储蓄型保障、商业保险、个人养老金等补充性社会保障制度的充分发展。国家主要承担基本保障,充分发挥市场和社会组织的作用,构建多层次、多支柱社会保障体系,是社会保障领域供给侧结构性改革的重要"调结构"任务。

二、现收现付制社会保险费率调整与制度深化改革

中国选择的是以社会保险而不是社会救助为主的社会保障体系。从财务模式看,社会保险制度主要分为现收现付制、完全积累制和二者相混合的部分积累制三种基本类型。现行社会统筹与个人账户相结合的职工基本养老和医疗保险都属于部分积累制。如果做进一步分析,其中的社会统筹账户和失业保险、生育保险、工伤保险以及城乡居民基本医疗保险,都接近于现收现付制,尽管并非严格意义上的现收现付制;而其中的个人账户和城乡居民基本养老保险,则更接近完全积累制。我国住房公积金制度实行个人账户制,实质上也接近于完全积累制,但与上述社会保险中的个人账户制有着根本不同,其重要区别在于住房公积金是通过基金借贷融通方式发挥互助共济功能,而上述一些社会保险中的个人账户,如果按照现行政策严格执行的话,在绝大多数地区都没有互助共济的社会功能,只有自我保障功能。但是浙江省除外,因为浙江省在 2012 年、2016 年多次出台政策,完善职工基本医疗保险制度中的个人账户功能,其中包括厘清个人账户当年和历年结余资金使用范围,推动个人账户的家庭共济互助功能,并在此基础上,进一步提出符合条件的参保人员可使用个人账户历年结余资金为其本人、近亲属购买商业健康保险的探索性改革思路。①

现收现付制社会保险,按照短期(通常为一年)横向收支平衡原则筹集社会保险基金,亦即根据当期社会保险支出需要来确定社会保险收入筹集规模,然后按适当费率向分担者征收。但为了避免费率调整过于频繁,通常按照"以支定收、略有结合"原则确定费率②。

---

① 浙江省人力资源和社会保障厅等 4 部门关于进一步调整完善职工基本医疗保险个人账户有关政策的通知[EB/OL]. (2016-07-05)[2022-09-15]. http://www.zjhrss.gov.cn/art/2016/07/05/art_2341_2234791.html.

② 林义. 社会保险基金管理[M]. 北京:中国劳动社会保障出版社,2007.

尽管如此,当影响社会保险基金收支两方面的主要因素发生趋势性变化时,追求自主平衡和可持续发展的社会保险制度,理应对保险费率进行定期调整。在人口老龄化不断深化的客观趋势下,现收现付制社会保险费率通常会随着时间演化而呈现出阶梯状上升形态。我国正在发生人口结构的双向不利变化,客观上也要求对相关社会保险费率进行定期调整。一方面老龄人口数量和比例一直在持续上升,另一方面劳动年龄人口比例自2010年已经开始下降,绝对数量也从2013年开始下降。若以职工基本养老保险为例,即使不考虑政府每年以行政方式提高养老金待遇水平,保险费率也应定期调整以适应人口结构的变化趋势。职工基本医疗保险按理亦应如此,因为不断增长的老龄人口通常也会增加医疗保险基金支出,在现收现付制下必然要求对缴费费率做出相应调整,更何况,我国退休职工目前还是不用缴费的。然而,实际情况是,我们既没有定期调高职工基本养老保险费率,也没有调整医疗保险费率,反而考虑经济下行压力和疫情影响而降低缴费费率。

在人口结构出现双重不利变化情况下,不对社会保险费率做出相应调整以自动实现保险基金自主平衡,必然会使保险基金面临可持续发展挑战。根据财政部公布的历年全国社会保险基金收入与支出决算数据,事实上,自2008年起职工基本养老保险待遇支出增速便开始超过保险费收入,当年超出了1.5个百分点;2009年、2010年均超出2个百分点,虽然2011年保险费收入增速又反超待遇支出7个百分点,但此后连续6年保险待遇支出增速均超过保险费收入,2012—2016年间的差距分别为3.9、6.4、8.2、4.1、8.3个百分点。尽管2017年和2018年,保险费收入增长又分别超出待遇支出增长6.3、5.1个百分点,2019年、2020年待遇支出增长率再次超过保费收入增长率,分别超出7.9、39.0个百分点,2020年主要是考虑到疫情的影响,国家出台了保费等减缓缴费政策,全年职工基本养老保险费收入比上年少了接近1万亿元。也正因为如此,2021年保费收入增长率高达 68.0%,远超过待遇支出增长率 7.6%。由此可见,如果撇开财政补贴,职工基本养老保险基金面临的可持续发展挑战已经不可小觑。

不仅现收现付制要求社会保险费率随影响因素的变化状况而进行定期调整,而且经济形势变化客观上也需要社会保险费率适时做出适当调整,以便促进社会保障与经济发展的良性互动,更何况,这还是社会保险"费"比"税"更具灵活性的优势所在。回溯过去,现行职工基本社会保险制度是在经济上升时期、高速发展阶段建立的,彼时工资水平比较低,因而以此为基数缴纳的社会保险费对企业并没有构成较大的成本压力。然而,前些年美日欧三大经济体相继爆发了危机性事件,将世界经济拖入衰退状态,此后来不少国家仍然复苏乏力,这也给中国经济发展带来了很大冲击。与此同时,一些国家贸易保护主义抬头,美国甚至还积极推动制造业回流。美国前总统特朗普在尚未上任时便通过喊话等方式极力挽留本想外流的企业投资。这样,便产生了中美两大世界经济体之间的直面竞争问题。2016 年末著名企业家曹德旺、宗庆后等关于国内企业负担及与美国比较的讲话即反映了这一问题,同时也揭示出两种不同税费体制的直面竞争态势。在中国间接税体制尚未做出根本性变革,却又面临美国直接税体制激烈竞争之际,适时降低包括社会保险费在内的企业税费负担水平,正是严峻的国内外形势下中国进行"降成本"并积极应对国际竞争的重要着力方向。

除此之外,现行现收现付制社会保险制度还存在另一个尚未得到根治的内生性问题,即道德风险问题,具体表现为参保者在既定缴费水平下都会想方设法多使用社会保险基金,在养老保险中主要表现为退休者都想提高自己的养老金待遇水平,在医疗保险中则表现为患者都想多报销医疗费用。这不仅影响到制度可持续发展,在社会保险的全面强制参保方式还存在实施漏洞的情况下,还会反过来影响所有人的参保缴费积极性,无论是低风险者,还是高风险者。有人认为,这里道德风险问题产生的根源在于信息不对称,比如在医疗保险中,因为存在着信息不对称,保险经办方往往难以全面监控患者的就医行为,医患双方甚至还会相互"合作"以便多使用社会保险基金。实质上,问题的根源主要在于现收现付制下待遇与缴费之间缺乏紧密精算关系、社会保险基金产权的公共性,以及因此采取的无偿给付型互助共济方式。如果待遇与缴费之间建立紧密的精算关系,如果社会保险基金产权归缴费者个人并采取借贷融通性互助帮扶方式,上述道德风险问题便可望得到极大缓解。当然,借贷融通利率水平也会影响到参保者的行为特征,就像住房公积金贷款那样。至此,已经可以推知现收现付制社会保险制度的未来改革取向,尽管不少人目前还难以接受如此之深的改革举措。

三、完全积累制社会保险的功能缺陷与深化改革

经典的个人账户制社会保险制度采取的是完全积累制财务模式,或称基金制。该模式以远期纵向收支平衡为原则,在预测未来时期社会保险支出需求的基础上,确定一个可以保证在相当长时期内收支平衡的平均保险费率,然后分摊到参保者整个投保期;每一期筹集到的社会保险收入全部记入个人账户,主要用于社会保险基金积累,当参保人遇到该制度所要分散的风险时再从个人账户支取保险金用作补偿。[①] 这种模式在大多数国家和地区主要用于养老保险,包括我国城乡居民基本养老保险制度、职工基本养老保险制度中的个人账户。需要指出的是,这并不是说医疗保险制度不可以采用个人账户,新加坡的公积金制度即采取个人账户制,而其中便设有保健储蓄户头(MediSave),我国的职工基本医疗保险制度中同样设有个人账户,尽管 2010 年出台的《社会保险法》中已经不再提及个人账户,2022 年国家医保局更是出台了新政策,调整了个人账户资金的

---

① 殷俊,赵伟.社会保障基金管理新论[M].武汉:武汉大学出版社,2007.

来源与使用方式。此外,我国住房公积金实行的实质上也是一种个人账户制,而且它更具有创新意义与特征,因为这是一种个人大账户,其中基金资产产权归属于个人,但可以通过借贷融通而不是无偿给付方式实现互助共济,这是非常值得现行社会保险制度借鉴学习的新型财务模式,其原因在于基金的个人产权属性和借贷融通方式,不仅可以同样发挥互助共济功能,而且具有更强的激励约束机制,有助于规避基金公共产权属性和无偿给付方式可能带来的道德风险问题。

然而,我国现行职工基本养老保险和医疗保险制度中设立的个人账户,如果严格按照现行政策执行的话,其中的资产并未充分发挥互助共济功能,而主要是起到自我保障作用,因而,有人据此质疑这还是不是社会保险。这一质疑无疑有其合理性,但自我保障也是社会保障体系中的重要支柱。对于职工医疗保险中的个人账户,浙江多次出台相关政策加以完善,以提高其中资产的使用绩效和社会互助功能。相较于仅限于参保人自我保障而言,将基金资产拓展到家庭成员、近亲属的互助共济,其社会功能已经前进了一大步,但仍然有进一步提升空间。比如,可以借鉴名义账户制(Notional Defined Contribution,NDC)的核心思想[①]和我国住房公积金制度的实践做法,将尚未使用的个人账户累积资产通过借贷融通方式借给其他人使用,而融资借入者不仅将来要偿还本金,而且要支付相应的利息,毕竟,个人账户资产本来就是要追求保值增值并按一定利率计息的。这样不仅可以解决现行基本职工医疗保险制度中个人账户资产未能得到有效利用问题,而且能够在更大范围内发挥互助共济作用,充分体现出社会保险的社会属性。对于职工基本养老保险制度中的个人账户,进行同样的改革则能发挥出风险分散与分担的社会互助功能,

---

① 郑秉文."名义账户"制:我国养老保障制度的一个理性选择[J]. 管理世界,2003(8):33-45;郑秉文. 从做实账户到名义账户——可持续性与激励性[J]. 开发研究,2015(3):1-6.

甚至还可以取消个人账户余额的继承性,通过短寿补长寿来实现风险的横向分散与分担。

上述针对职工基本医疗保险和养老保险制度中个人账户的改革思路,实质上都是对传统的完全积累制社会保险制度模式的颠覆性创新与深层次改革。完全积累制社会保险模式,其核心思想在于通过风险的纵向分散来实现自我保障,保险基金资产的产权归个人,具有非常强的激励约束作用,有利于调动民众参保缴费的积极性。当然,激励作用的有效发挥还有一个重要前提,即个人账户累积的基金资产能够得到有效的保值增值,抵御通货膨胀可能带来的贬值压力,否则,其激励效应也将大打折扣,就像我国现行职工基本养老保险基金由于长期缺乏有效的投资管理,贬值问题一直饱受包括学界在内的社会各界的广泛诟病。也正因为如此,国务院于2015年8月出台了《基本养老保险基金投资管理办法》(国发〔2015〕48号),相关管理部门和投资管理机构(比如全国社会保障基金理事会)经过一年多的准备已经基本就绪,2017年正式推进基本养老保险基金进入更大范围的投资管理,而不仅仅是存银行、买国债。从全国社会保障基金理事会的投资运营结果看,保值增值的效果比较明显。除了需要有效的投资管理以实现保值增值之外,经典的完全积累制社会保险制度还有其他方面的缺陷,其中最关键的就是互助共济的社会功能比较弱,这也是很多国家没有采取完全积累制的最重要原因。实质上,从学理上而言,完全积累制下的个人账户基金余额是不允许继承的,这样便可以发挥出短寿补长寿的互助共济功能。然而,我国社会保险制度设计恰恰允许个人账户基金余额继承,这样便破坏了原来可以具备的互助共济功能,此其一。其二,如果允许完全积累制下个人账户资产进行借贷融通,就像我国住房公积金那样,那么,也可以解决现行社会保险制度中个人账户政策的先天缺陷问题。

我国职工基本养老保险和医疗保险采取社会统筹与个人账户相结合的混合模式,初衷也许是为了充分发挥社会统筹的互助共济功能和个人账户的有效激励功能。但是,由于个人账户所占的比例低,且远低于社会统筹账户,因而其激励功能并未充分显现出来,加之个人账户无论是制度还是管理方面都存在一些缺陷,所以学界和政界对此出现了褒贬不一的两种争论与改革呼声。事实上,这两种声音都过于囿于经典的社会保险理论,并将社会互助共济与自我保障、有效激励对立了起来。如前所述,通过深层次改革与创新,完全可以把看似对立的两个方面融合起来,既保留个人账户的激励性和自我保障功能强的优点,又增添社会互助功能。如果更进一步,将原先的社会统筹与个人账户部分合并为个人大账户,同时建立起基金资产的借贷融通机制,则可以形成更强的激励约束机制,既有助于调动职工参保缴费的积极性、增强自我保障功能,又可以充分发挥社会互助与共济功能。不仅如此,相较于无偿给付型社会互助方式,借贷融通型社会互助方式还有利于激发各参保主体的责任感,并对经典模式下制度内生性道德风险起到更强的约束与抑制作用,而这都是经典的社会保险理论未曾重视并加以解决的重大理论与政策问题。建立基金资产可借贷融通的大个人账户制,也有助于实现资源优化配置与有效利用,可以更好地实现社会保障与经济发展的良性互动。

四、部分社会保障制度逆周期调节功能及其增强

从学理上追溯,一些社会保障制度原本便具有自动稳压器和逆经济景气周期的调节功能,这样有助于实现社会保障与经济发展的良性互动,其中比较典型的如失业保险、失业救助等制度。首先以失业保险为例。在经济景气水平较高时期,就业人数往往比较多,工资水平比较高,而以工资为基数缴纳的失业保险费及其他社会保险费都会相应增加,这客观上起到抑制就业人员可支配收入和消费过快增长,进而调节经济过快扩张的作用;与此同时,领取失业保险金的人通常比较少,因而,总体而言,失业保险收入增多,支出减少,当期基金会有结余。而当经济景气状况不佳时,失业人数相对较多,领取

失业保险金的人亦会增多,这在客观上会起到减缓消费下降、稳定经济增长的作用;与此同时,缴纳失业保险的人和工资基数都会减少,因而,总体而言,失业保险支出增多,收入减少,当期基金结余相对减少甚至出现赤字。如果失业保险制度不是追求短期(比如一年)收支平衡,而是有着更长远的政策时间视野,则可以充分利用经济景气时期不断增多的累积结余基金来弥补经济景气不佳时期结余不断减少甚至出现赤字的基金缺口,这样便可以进一步增强失业保险制度的自动稳压器和逆经济周期调节功能,更加有效地实现社会保障与经济发展的良性互动与共同发展。

在绝大多数国家和地区,失业保险待遇的享受时间通常都并不长,而且享受时间长度一般与失业前缴纳失业保险费的累计时间相关。以我国为例,按照现行《失业保险条例》,领取失业保险金的最长期限为 24 个月,而其前提条件则是失业人员失业前所在单位与本人按照规定累计缴费时间达 10 年以上。如果累计缴费时间满 1 年而不足 5 年,领取失业保险金的最长期限只有 12 个月。正因为如此,失业保险通常与失业救助配套实施,在失业保险期满后,仍未找到工作时,失业救助才开始发挥作用。① 虽然失业救助基金并非来源于失业者缴费,而主要来源于财政收入,但它与失业保险类似,同样具有逆经济周期调节功能,而且失业救助政策的制定与实施视野越长,其调节功能越强。在经济景气时财政收入增多,救助支出却较少,在经济不景气时财政收入较少,救助支出却较多,这本身就具有自动稳压器和逆向调节功能,如果失业救助政策按照更长的时间而不是短期(如一年)进行预算管理和实施,那么,经济景气与不景气时期的基金余缺状况便可以实现纵向调剂,在经济景气状况较好时发挥紧缩财政、抑制经济扩张的作用,在经济景气不佳时则发挥扩张财政、稳定甚至拉动经济增长的作用,从而发挥更强的逆经济周期调节功能。

---

① 杨团、关信平.当代社会政策研究[M].天津:天津人民出版社,2006.

因此,视野更长的失业救助制度更有助于实现社会保障与经济发展的良性互动与协同发展。绝大多数社会救助甚至面向重点人群的社会福利制度的情况,跟失业保险与救助类似,如果设计时考虑得比较周全,运行管理也有更加长远的时间视野,都应该具有逆经济周期的调节功能。

表 12-1 我国经济增长率与失业保险基本情况

	GDP 增长率（%）	参保人数（万人）	领取人数（万人）	发放金额（亿元）
1994	13	7 967.8	196.5	5.1
1995	11	8 237.7	261.3	8.2
1996	9.9	8 333.1	330.3	13.9
1997	9.2	7 961.4	319	18.7
1998	7.8	7 927.9	158.1	20.4
1999	7.7	9 852	271.4	31.9
2000	8.5	10 408.4	329.7	56.2
2001	8.3	10 354.6	468.5	83.3
2002	9.1	10 181.6	657	116.8
2003	10	10 372.9	741.6	133.4
2004	10.1	10 583.9	753.5	137.5
2005	11.4	10 647.7	677.8	132.4
2006	12.7	11 186.6	598.1	125.8
2007	14.2	11 644.6	538.5	129.4
2008	9.7	12 399.8	516.7	139.5
2009	9.4	12 715.5	483.9	145.8
2010	10.6	13 375.6	431.6	140.4
2011	9.6	14 317.1	394.4	159.9
2012	7.9	15 224.7	390.1	181.3
2013	7.8	16 416.8	416.7	203.2
2014	7.4	17 042.6	422	233.3
2015	7	17 326	456.8	269.8
2016	6.8	18 088.8	483.9	309.4

(续表)

	GDP 增长率（%）	参保人数（万人）	领取人数（万人）	发放金额（亿元）
2017	6.9	18 784.2	458.1	318.2
2018	6.7	19 643.5	452.3	357.6
2019	6	20 542.7	461.2	396.8
2020	2.3	21 689.5	515.1	413.9
2021	8.2	22 958	259	492.6

数据来源：国家统计局和人社部。

然而，现实情况是：一方面，我国失业保险的参保人数比较少，基金规模也比较小，其自动稳压器和逆经济周期调节功能还不够显著；另一方面我国没有专门的失业救助制度，失业救助功能主要通过城市最低生活保障、就业救助和相关的扶贫制度来实现。首先看失业保险情况。目前我国失业保险主要针对城镇企事业单位职工，并没有覆盖数量较大的城乡居民。即使是城镇职工，失业保险参保人数也没有职工基本养老保险、职工基本医疗保险和工伤保险参保人数多，尽管各自参保人数都还在不断增长。根据人社部公布的《2021年度人力资源和社会保障事业发展统计公报》和国家医保局公布的《2021年全国医疗保障事业发展统计公报》，2021年我国失业保险的参保人数为22 958万人，不仅远远低于职工基本养老保险参保人数34 917万人、基本医疗保险参保职工人数26 106万人，而且也远低于工伤保险参保人数28 287万人。进一步从纵向来看，如表12-1中的数据所示，参保人数和失业保险金发放金额总体上都在不断增长，与经济增长状况并没有显著的逆向关系。而领取失业保险金的人数，尽管在不同年份之间有所波动，但与经济增长状况之间的逆向关系也不甚明显。因此，从总体上而言，失业保险的逆经济景气调节功能并不显著，需要按照上述学理分析那样，进一步深化改革以增强其调节功能。

第十二章 严峻的人口老龄化趋势下社会保障制度如何深化改革？

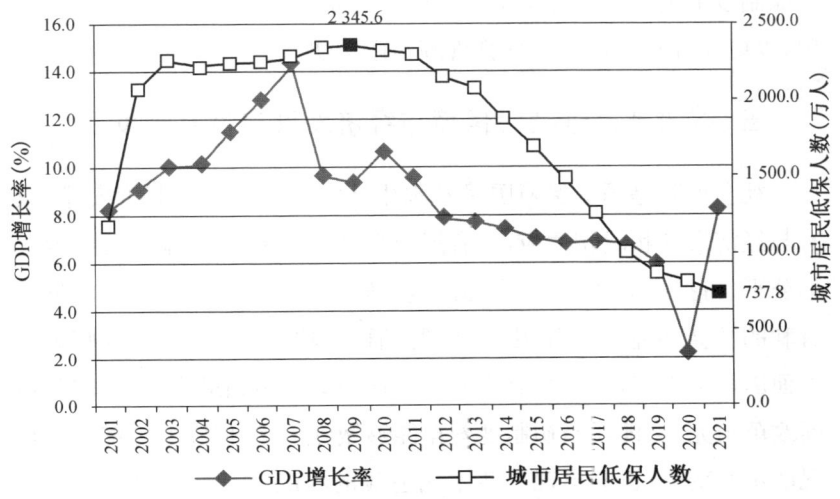

图 12-1　我国 GDP 增长率与城市最低生活保障人数

数据来源：国家统计局。

目前我国没有单独的失业救助制度，其功能主要体现在城乡最低生活保障、就业救助和相关扶贫制度中。以最为相关的城市居民最低生活保障为例，如图12-1所示，自2001年制度开展以来，救助人数在不断增长，到2009年已升至2345.6万人，此后一路下降，到2021年已经降至737.8万人。若对照2007年以来中国经济增长总体下行态势看，城市低保制度并没有表现出逆经济周期调节功能，城市低保人数与经济发展状况没有负相关性。其成因无疑是多方面的，如：制度尚处于建立健全过程，管理办法与实施日益规范和严格，贫困治理重心向农村转移，不断推进的城市化给城市居民带来更多机会与益处。此外，资金来源亦是不可忽视的重要原因。低保资金主要来源于中央、地方多级政府，中央出资比例在东、中、西部地区有很大差异，中央出资比例较大的地区有更强动机增加资助总额，管理却越来越规范和严格，因而城市低保资金总额一度在不断增长，资助人数却在下降。低保资金供给与经济状况的紧密性不强，主管部门在工作绩效考核时过多关注每年资金余缺，这些情况都不利于增强低保制度的逆周期调节功能。为此，需要深化改革，完善政策和管理，以更长视野进行资金预算管理与政策实施。

五、以改革推进社会保障与经济发展良性互动发展

社会保障是国家保障国民基本生活需要的基础性制度安排，只有与经济发展状况相适应，二者形成良性互动关系，才能实现制度更加公平、可持续地发展，并为国民过上安居乐业的美好幸福生活创造有利的社会环境。然而，由于受理论研究、政策经验与时间视野等多方面因素的限制，初始性制度安排往往未必能做到最优，因而需要不断改革与完善；即使当初制度安排能够做到最优，但随着经济社会状况的不断变化，也会出现一些不相适应的状况，需要与时俱进，适时做出适当调整与优化。中国现行社会保障制度建立的时间虽然不长，但经过一段时间的运行与实践检验，制度存在的一些内在不足与缺陷已经暴露出来，需要进一步深化改革；而且，现行制度绝大多数都是在经济高速发展阶段面向正规就业人员而建立起来的，由于受国内外诸多因素的复杂影响，如今不仅中国经济已经进入新发展阶段，下行压力明显加大，而且现行制度对大量流动人口和非正规就业人员的不适应性凸显出来，因而，新形势新发展阶段对制度又提出了新的改革要求。鉴于此，只有深化改革，才能更好地推动社会保障与经济发展实现良性互动与协同发展。

中国现行社会保障体系实际上有多种制度模式。职工失业、工伤和生育保险以及城乡居民基本医疗保险更接近现收现付制模式，城乡居民基本养老保险、职工住房公积金更接近完全积累制模式，而职工基本养老和医疗保险采取的是社会统筹与个人账户相结合的混合模式。从制度运行与实践检验看，"统账结合"型制度模式存在着内在缺陷与不足，主要表现在社会统筹部分的激励约束机制不健全，个人账户则缺乏互助共济的社会功能。借鉴名义账户制的核心思想和城乡居民基本养老保险制度、职工住房公积金制度的实践经验，采

取大个人账户制并通过基金借贷融通方式实现社会互助，这不仅有助于解决上述两个方面的问题，而且可以规避现行制度由于基金的公共产权属性和实行无偿给付式互助方式而带来的内生性道德风险问题。而这都是被经典社会保险理论和各国政策实践忽视掉的重要理论与政策问题。也正因为如此，上述有针对性的改革思路，虽然具有很强的颠覆性创新特征，但由于涉及制度转型成本问题，因而未必能够被包括学界和政界在内的社会各界广泛接受。

在经济进入新发展阶段和经济下行压力加大的新形势下，现行社会保障体系起码面临两方面改革任务。（1）名义综合缴费率较高的五种职工社会保险和住房公积金制度需要适应经济发展新态势，适时适当降低费率。这样，既有利于减轻企业负担与成本压力，增强企业活力与动力，让中国间接税费体制能够直面美国直接税费体制的激烈竞争与严峻挑战，又可以为企业年金、个人储蓄型保障、商业保险等补充性社会保障支柱提供更大的发展空间。（2）深化制度改革与管理优化，恢复并进一步增强社会保险与救助等制度的自动稳压器与逆经济周期调节功能，尤其需要建立起与经济状况紧密相连、具有更长时间视野的社会保障基金预算制度与管理机制，推动社会保障与经济发展的良性互动与协同发展。只有这样，才能将创新、协调、绿色、开放和共享等包容性发展新理念真正落到实处，将全面深化改革和供给侧结构性改革稳步推进下去，让国民对未来能够形成安全稳定预期，真正过上安居乐业的美好幸福生活，国家和民族因此繁荣昌盛，并早日实现建成现代化强国的奋斗目标。

参考文献

1. 英文文献

CHATTERJI P, BURSTEIN N R, KIDDER D, et al. Evaluation of the program of all-inclusive care for the elderly (PACE) demonstration—the impact of PACE on participant outcomes [M]. Boston: Abt Associates, 2003.

CINCINNATOS, DE WEVER B, VAN KEER, et al. The influence of social background on participation in adult education: applying the cultural capital framework[J]. Adult education quarterly, 2016, 66(2): 143-168.

HELTERBRAN V R. Lessons in lifelong learning: earning a bachelor's degree in retirement[J]. Adult learning, 2016, 28 (1): 12-19.

TAM M. Later life learning experiences: listening to the voices of Chinese elders in Hong Kong[J]. International journal of lifelong education, 2016, 35(5): 569-585.

World Health Organization. China country assessment report on ageing and health[R]. 2015. https://apps.who.int/iris/handle/10665/194271.

World Health Organization. World report on ageing and health[R].

2015. https://apps.who.int/iris/handle/10665/186463.

World Health Organization. Decade of healthy ageing: baseline report [R]. 2020. https://apps.who.int/iris/handle/10665/338677.

2. 中文著作

吉尔伯特,特雷尔. 社会福利政策导论[M]. 黄晨熹,周烨,刘红,译. 上海:华东理工大学出版社,2003.

黄晓勇,徐明,郭磊,等. 中国社会组织报告(2021)[M]. 北京:社会科学文献出版社,2021.

尤努斯. 新的企业模式——创造没有贫困的世界[M]. 鲍小佳,译. 北京:中信出版社,2008.

3. 期刊论文

边恕,黎蔺娴. 积极老龄化视角下的我国多维养老服务体系研究[J]. 辽宁大学学报,2019,47(2):83-91.

陈功,赵新阳,索浩宇."十四五"时期养老服务高质量发展的机遇和挑战[J]. 行政管理改革,2021(3):27-35.

陈立新,姚远. 社会支持对老年人心理健康影响的研究[J]. 人口研究,2005(4):73-78.

陈天勇,李德明,李贵芸. 高学历老年人心理健康状况及其相关因素[J]. 中国心理卫生杂志,2003(11):742-744.

程杰,李冉. 中国退休人口劳动参与率为何如此之低?——兼论中老年人力资源开发的挑战与方向[J]. 北京师范大学学报(社会科学版),2022(02):143-155.

崔月琴,朱先平. 关系嵌入性视角下社区居家养老服务差异化研究[J]. 吉林大学社会科学学报. 2022(1):79-91,235,236.

戴卫东. 中国养老服务事业的转型、定位与发展[J]. 安徽师范大学学报,2020(3):22-31.

邓大松,李玉娇.医养结合养老模式:制度理性、供需困境与模式创新[J].新疆师范大学学报(哲学社会科学版),2018(01):107-114.

董蕾红,李宝军.社会企业的法律界定与监管——以社会企业参与养老产业为分析样本[J].华东理工大学学报(社会科学版),2015(3):108-116.

杜鹏,王永梅.乡村振兴战略背景下农村养老服务体系建设的机遇、挑战及应对[J].河北学刊,2019(4):172-178.

房莉杰,周盼."多元一体"的困境:我国养老服务体系的一个理解路径[J].江苏行政学院学报,2020(1):60-66.

封铁英,南妍.医养结合养老模式实践逻辑与路径再选择[J].公共管理学报,2020(3):113-125,173.

高传胜.社会企业的包容性治理功用及其发挥条件探讨[J].中国行政管理,2015(3):66-70.

高传胜.社会企业与中国老龄服务供给[J].社会科学研究,2015(3):115-120.

高传胜.以老龄服务业包容性发展破解中国养老难问题[J].中州学刊,2015(9):73-77.

高传胜."十四五"时期推进非基本公共服务高质量发展研究[J].经济研究参考,2021(1):16-30.

高传胜.包容性治理与"十四五"医疗卫生治理现代化[J].人民论坛,2021(14):24-26.

葛延风,王列军,冯文猛,等.我国健康老龄化的挑战与策略选择[J].管理世界,2020(4):86-95.

郭丽君,鲍勇,黄春玉,等."医养结合"养老模式的国际成功制度与政策分析[J].中国老年学杂志,2019(4):975-981.

郭小艳,王振宏.积极情绪的概念、功能与意义[J].心理科学进展,2007(5):810-815.

胡秋明,高凯.混合组织治理机制下商业养老保险与养老服务融合发展研究[J].社会保障评论,2020(4):19-37.

黄健元,杨琪,王欢.我国养老服务体系发展:从医养结合到整合照护[J].中州学刊,2020(11):86-91.

黄石松,伍小兰."十四五"时期中国老年健康服务体系建设的路径优化[J].新疆师范大学学报(哲学社会科学版),2021(5):126-134.

贾玉娇,王丛.结构二重性视角下智慧居家养老服务体系释析——从"人技隔阂"到"人技融合"[J].社会科学战线,2020(12):212-220.

焦佩.从积极老龄化看终身教育中的老年教育转型[J].中国成人教育,2016(4):130-133.

金世斌.英国社会企业的发展历程、规制体系与启示[J].中国发展观察,2020(Z4):121-125.

景圣琪,马素萍,高洪波.基于供给侧教育改革的老年教育创新实践与探索——以南通市老年教育为例[J].南京广播电视大学学报,2017(3):1-4.

林宝.积极应对人口老龄化:内涵、目标和任务[J].中国人口科学,2021(3):42-55,127.

林宝.康养结合:养老服务体系建设新阶段[J].华中科技大学学报:社会科学版,2021(5):9-18.

林春成.中国老年教育发展困境与国际经验借鉴[J].泉州师范学院学报,2020(3):71-75.

刘怿,解韬.基于原居安老的居家环境适老化改造服务研究:澳大利亚的经验与启示[J].老龄科学研究,2021(7):64-77.

陆杰华,阮韵晨,张莉.健康老龄化的中国方案探讨:内涵、主要障碍及其方略[J].国家行政学院学报,2017(5):40-47.

陆杰华,沙迪.新时代农村养老服务体系面临的突出问题、主要矛盾与战略路径[J]新疆师范大学学报(哲学社会科学版),2019(2):78-87.

栾文敬,杨帆,串红丽,等.我国老年人心理健康自评及其影响因素研究[J].西北大学学报(哲学社会科学版),2012(3):75-83.

穆光宗.不分年龄、人人健康:增龄视角下的健康老龄化[J].人口与发展,2018(1):11-13.

潘屹.社区综合养老服务体系建设:挑战、问题与对策[J].探索,2015(4):70-80,2.

青连斌,刘天昊.夯实居家养老在养老服务体系中的基础地位[J].理论视野,2021(3):56-59.

瞿小敏.社会支持对老年人生活满意度的影响机制——基于躯体健康、心理健康的中介效应分析[J].人口学刊,2016(2):49-60.

孙鹃娟.健康老龄化视域下的老年照护服务体系:理论探讨与制度构想[J].华中科技大学学报(社会科学版),2021(5):1-8,42.

谭琨,仝婷婷,谭智勇.日本老年教育分析研究及其启示[J].继续教育研究,2022(5):65-69.

谭馨海,尔古玛玛.发挥市场监管职能作用 营造社会企业发展良好环境[J].中国市场监管研究,2020(1):40-43,64.

唐钧,冯凌.长期照护的全球共识和概念框架[J].社会政策研究,2021(1):18-38.

王欢欢.人口老龄化背景下江苏省老龄服务的现状问题和建议[J].人口与健康,2021(12):41-45.

王杰秀,安超."元问题"视域下中国养老服务体系的改革与发展[J].社会保障评论,2020(3):62-76.

王雯.推行"医养结合"养老服务模式的必要性、难点和对策[J].中国老年学杂志,2016,(10):2538-2540.

王阳,田帆,范宁玥,等.老年人对医养结合型医疗机构的认知、入住意愿及支付意愿——基于成都市的实证分析[J].中国卫生政策研究,2017(8):18-22.

王赟,曹勇,唐立岷,等.青岛市"医养结合"养老模式探索[J].卫生软科学,2015(2):72-73,77.

吴宏洛.社会企业提供老龄服务的公益逻辑与运行困境[J].福建师范大学学报(哲学社会科学版),2017(1):57-67.

吴玉韶.老龄服务热中的冷思考[J].北京社会科学,2014(1):40-45.

武萍,周卉.社会养老服务多元化供给的改革与借鉴[J].辽宁大学学报,2018(1):69-78.

玄冬冬,高传胜.养老服务政策:瓶颈与突破——基于江苏实践探索的学理思考[J].南京工程学院学报(社会科学版),2019(1):38-45.

杨翠迎,刘玉萍.养老服务高质量发展的内涵诠释与前瞻性思考[J].社会保障评论,2021(4):118-130.

杨德广.美国老年教育的发展及启示[J].世界教育信息,2017(4):34-38.

杨莉.医养结合的运营模式探究——以武汉市"互联网+居家养老"为例[J].学习与实践,2019(11):101-108.

杨雪飞.论社区老年教育"品质课程"建设的实践路向——以宁波江北区为例[J].宁波广播电视大学学报,2019(3):1-4.

岳春艳,王丹,李林英.老年人心理健康状况及与社会支持的相关性[J].中国临床康复,2006(18):53-55.

张建东,高建奕.西方政府失灵理论综述[J].云南行政学院学报,2006(5):82-85.

张思锋.中国养老服务体系建设中的政府行为与市场机制[J].社会保障评论,2021(1):129-145.

赵晓芳.积极老龄化视角下的"医养结合":英国的经验与启示[J].社会福利(理论版),2017(5):1-6,20.

钟昱.地方政策支持社会企业发展探究[J].合作经济与科技,2022(7):139-141.

朱孔来,朱孟斐,姜文华.对医养结合模式的实践探索和对策建议[J].山东社会科学,2020(7):132-137.

4. 电子文献

安徽省教育厅.安徽省《老有所学行动方案》让430万老人"学得了""学得好"[EB/OL].(2021-06-10)[2022-07-09].http://jyt.ah.gov.cn/xwzx/jyyw/40569294.html.

半月谈."银发少年"互助模式,助老出行开辟新路径[EB/OL].(2021-07-15)[2022-07-24].https://mp.weixin.qq.com/s/ARs1KMShwv-SpHXRvWNniQ.

国家开放大学老年大学.5万学员快乐"充电",老年教育成南京江宁新名片[EB/OL].(2019-09-01)[2022-06-09].http://www.lndx.edu.cn/Pages/NewsInfo/2019/09/01/8a3c2791-aea8-4e37-b8aa-8af165cd7150.html.

国家统计局.中华人民共和国2021年国民经济和社会发展统计公报[EB/OL](2022-2-27)[2022-4-25].http://www.stats.gov.cn/tjsj/zxfb/202202/t20220227_1827960.html.

国家医疗保障局.2021年全国医疗保障事业发展统计公报[EB/OL].(2022-6-8)[2022-8-18].http://www.nhsa.gov.cn/art/2022/6/8/art_7_8276.html.

江苏省老年大学协会.江苏省老年大学协会简报(2021年第3期)[EB/OL].(2021-11-27)[2022-08-21].https://mp.weixin.qq.com/s/XqCgnCvilZ6GBMfGl7oXmg.

江苏省人民政府.对省十三届人大四次会议第5015号建议的答复(关于推动我省养老服务高质量发展的建议)[EB/OL].(2021-08-10)[2022-06-08].http://www.jiangsu.gov.cn/art/2021/

8/10/art_59167_9970005.html.

江苏省人民政府.省卫生健康委:《江苏省"十四五"老龄事业发展规划》一图读懂文字[EB/OL].(2021-12-31)[2022-06-09]. http://www.jiangsu.gov.cn/art/2021/12/31/art_32648_10263295.html.

江苏省人民政府.教育事业[EB/OL].(2022-5-19)[2022-06-08]. http://www.jiangsu.gov.cn/col/col31384/index.html.

江苏省统计局.江苏省第七次全国人口普查主要数据情况[EB/OL].(2021-05-18)[2022-06-08]. http://tj.jiangsu.gov.cn/art/2021/5/18/art_4031_9816523.html.

教育部.第七次全国人口普查数据结果显示十年来我国人口受教育水平明显提高[EB/OL].(2021-5-12)[2022-08-20]. http://www.moe.gov.cn/jyb_xwfb/s5147/202105/t20210512_530993.html.

南京市江宁区人民政府.对江宁区政协十二届五次会议第JNZX1205138号提案的答复.[EB/OL].(2021-07-19)[2022-06-08]. http://www.jiangning.gov.cn/jnqrmzf/202107/t20210719_3079083.html.

南京市委老干部局.南京市委老干部局以党的十九届五中全会精神为指引积极谋求"老有所学"教育事业发展[EB/OL].(2020-11-11)[2022-06-09]. http://lgbj.nanjing.gov.cn/gzdt_68248/202011/t20201111_2709938.html.

叶南客.城市老年教育发展取得的主要成就[EB/OL].(2022-06-22)[2022-07-09]. https://mp.weixin.qq.com/s/pK0eaeZtz4454-a-Vydc_A.

中国成人教育协会老年教育研究中心.第八届老年教育国际研讨会举行发布老年教育蓝皮书[EB/OL].(2022-1-13)[2022-06-09]. http://www.goschool.org.cn/lnjyxx/zxtz/2022-01-23/37897.

html.

中国网.《中国老年教育发展报告(2019—2020)》发布全方位展现中国老年教育发展全貌[EB/OL].(2021-10-19)[2022-08-21]. http://photo.china.com.cn/2021-10/19/content_77819748.htm.

后 记

这部专著可以说是我们团队近几年阶段性研究成果的总结与汇报。2021年7月至2022年12月,我主持完成了江苏省社会科学基金重大项目"江苏实施积极应对人口老龄化战略与基于老龄服务业高质量发展的对策研究"(21ZD010)。其间我们不仅撰写了多篇研究报告,还发表了一系列学术论文。这部专著就是这个项目的主要研究成果,内容分为十二章,其中各章作者分别为:高传胜(第一章、第六章和第十二章)、宋佳莹和高传胜(第二章)、高传胜和王雅楠(第三章、第四章)、汪喆贤和高传胜(第五章)、姚琛和高传胜(第七章)、英洁和高传胜(第八章)、马嘉蕾和高传胜(第九章),以及许程诚(第十章)和郭璟(第十一章)。

本书也是国家社会科学基金重点项目"民生服务领域实施供给侧结构性改革研究"(22AZD037)的阶段性研究戍果。在此,要特别感谢支持项目申请的同仁同门以及南京大学政府管理学院社会保障系的学子们,他们是林闽钢教授、江静教授、严新明教授、徐彪教授、张月友副研究员、刘丹鹭副教授、曲绍旭副教授,以及博士生宋佳莹、王雅楠、马嘉蕾、姚琛、郭璟、英洁和硕士生许程诚(已毕业,现供职于深圳市医保局)、汪喆贤、王冬晨(已毕业,现供职于大连市民政局)、王健(已毕业,现供职于北京协和医学院)、贺晴雯、单潇洒、刘婧等等。

在此,还要特别感谢我在南京大学商学院读博士研究生期间的导师刘志彪教授(刘老师是国家高端智库建设培育单位"长江产业经济研究院"创始院长,也是教育部文科首批长江学者特聘教授),感谢他一直以来给予的无数指导与帮助!

同时,要感谢南京大学政府管理学院院长孔繁斌教授一直以来给予的大力支持与热心帮助,其中包括对本书出版的资助。

最后,对南京大学出版社施敏主任及其同仁为本书出版发行而做出的大量辛勤工作致以特别谢意!

高传胜
2023 年秋于南大圣达楼